Fürsten- und Königshäuser in Europa

Für Herbert-O.

Wir gehören nicht dazu, aber reinschauen kann man ja mal! Viel Spaß!!

Deine Uraltfreundin

Weihnachten 1994

Autoren: Bobby Andström (Schweden), François Billaut (fortlaufender Text), Bodil Cath (Dänemark), Philippe Delorme (Belgien), Ismael Fuente (Spanien), Vincent Meylan (fortlaufender Text), Annemor Møst (Norwegen), Mirjam J. Spiering (Niederlande) und Judy Wade (Großbritannien).
Bildmotive (Innenteil): ***Belgien***: Crochet, Darryl, Marc Deville, Dhont, Geeraerts, Lebrun, Yves Smets, Versele. *Büros*: Archives Point de Vue (PDV), Nordfoto, Photonews/Gamma. ***Großbritannien:*** Alan Band, Jayne Fincher. *Büros:* Bandphoto, Berlingske Tidene, Nordfoto, Photographers International Ltd. ***Dänemark***: Palle Hedemann, Jørgen Jessen, Allan Moe, Klaus Møller, Stær. *Büros:* Inga Aistrup Foto, Berlingske Tidene, Nordfoto. ***Niederlande***: Werry Crone, Van Dam, Ato Davis, Bart Hofmeester, Rob List, Han Schenk, Paul Stolk, Jan Versnel. *Büros:* Algemeen Nederlands Persbureau (ANP), Anefo, Capital Press, Fotobureau Thuring, Koninklijk Huisarchiv, Nationaal Foto Persbureau (NFP), NOS-Televisieproduktie, Rijksvoorlichtingdienst (RVD), Vorsten. ***Norwegen***: Bjørn Aslaksen, Nils Bjåland, Knut Falch, Hans-Olav Forsan, Reidar Fure, Furulund, Jan Greve, Pål Hansen, Hender, Erik Johansen, Tore Kristiansen, Campbell Norgaard, Olav Olsen, Åge Pedersen Trond Solberg, Bjørn Thunes, O.S. Tøllefsen, Olav Urdahl. *Büro:* Scan-Foto A/S. ***Spanien***: Dalda, Agencia Efe. *Büro:* Agencia Efe. ***Schweden***: Bobby Andström, Studio Granath, Charles Hammarsten. *Büros:* Aller Photo Press, Pressens Bild. ***Sonstige***: S. Allen, Francis Apesteguy, Jimmy Bolcina, Luc Castel, J. Delorme, Fellens, Jayne Fincher, Mettler, Roemer, Seren, H. Vassal. *Büros:* Archive personnelle, LAS, Nordfoto, PDV, Photographers International Ltd., Photonews/Gamma.
Illustration Seite 6 und 7: Jüri Kann/Penhouse.
Wir danken den Belgischen, Dänischen, Holländischen und Norwegischen Botschaften, dem Holländischen Außenministerium (das die Erlaubnis gab), dem Dänischen Außenministerium und dem Schwedischen Hof für ihre freundliche Hilfe.
Lektorat und Koordination: Bodil Andersson, BOA Förlagsservice AB. Bjärred, Schweden.
Layout: Hans Christiansen, Informationsgruppen AB Stockholm, Schweden.
Litho: 71 Film Interscan Schweden AB

Übersetzung aus dem Englischen ins Deutsche: Carola Niemann, Köln
Umschlagentwurf: Bernd Röhrig, Köln
Bildmotive des Umschlagentwurfs: dpa
Gesamtherstellung: Naumann & Göbel Verlagsgesellschaft mbH in der VEMAG Verlags- und Medien Aktiengesellschaft, Köln
ISBN 3-625-10691-4

Fürsten- und Königshäuser in Europa

NAUMANN & GÖBEL

Fürsten- und Königshäuser in Europa

Inhalt

Seite

Schloß Windsor

Schloß von Vaduz

Stammbaum der belgischen Königsfamilie

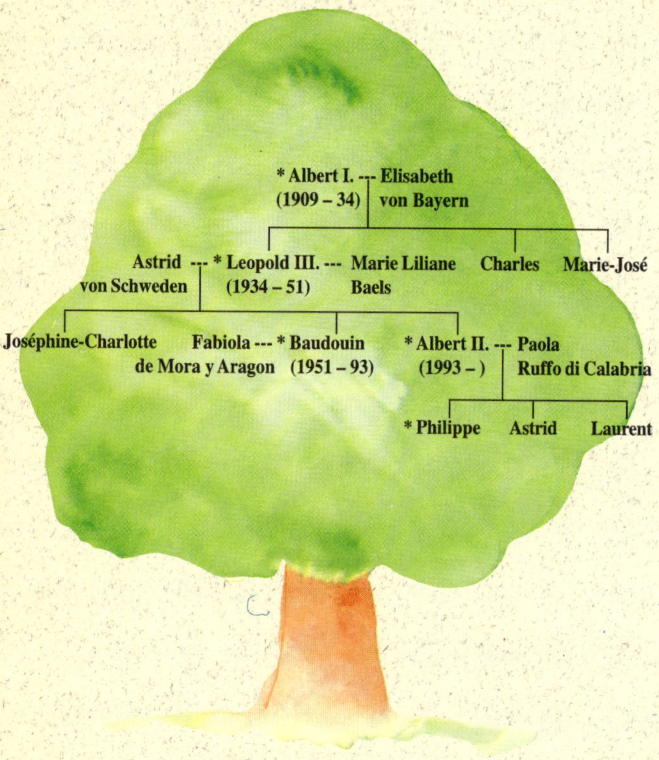

Stammbaum der britischen Königsfamilie

Stammbaum der dänischen Königsfamilie

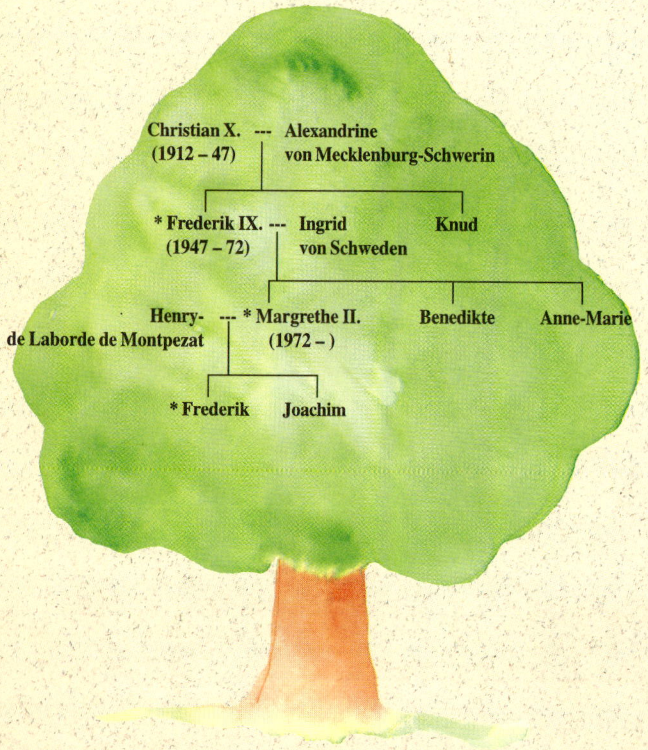

Stammbaum der holländischen Königsfamilie

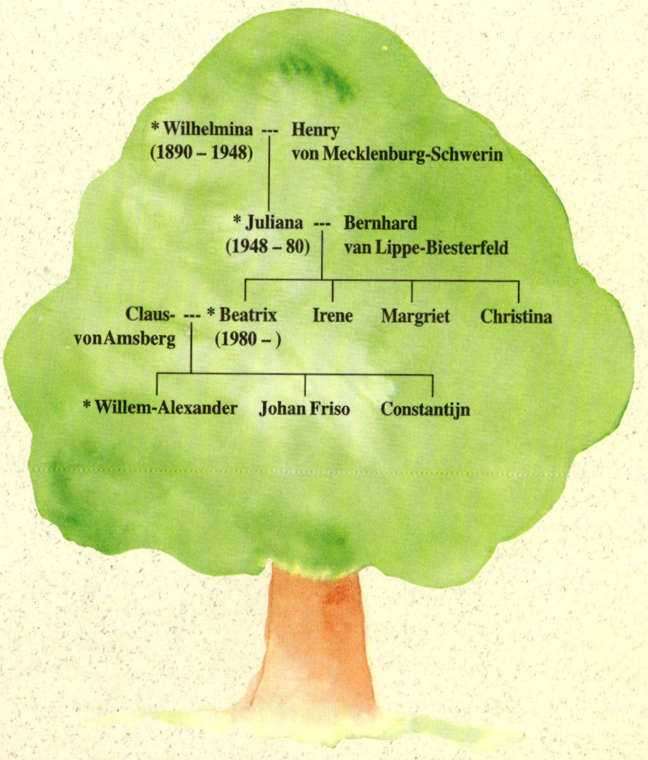

Stammbaum der norwegischen Königsfamilie

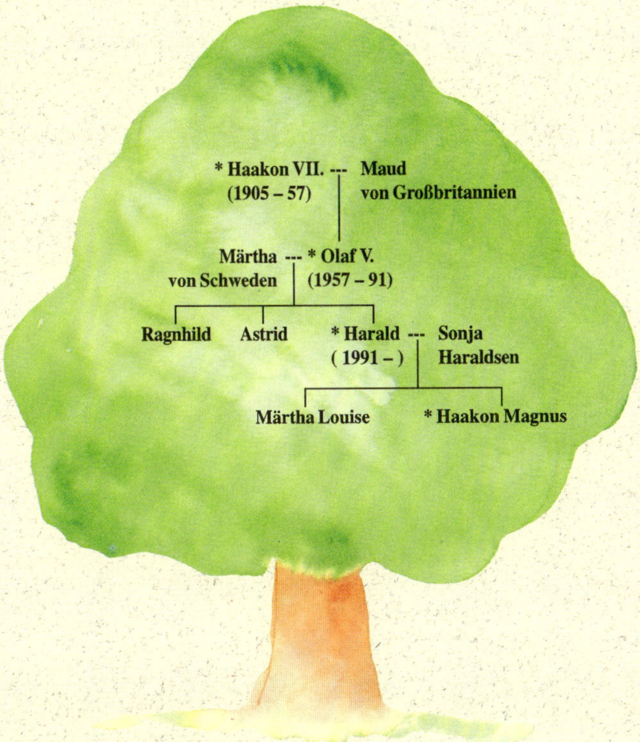

Stammbaum der spanischen Königsfamilie

Stammbaum der schwedischen Königsfamilie

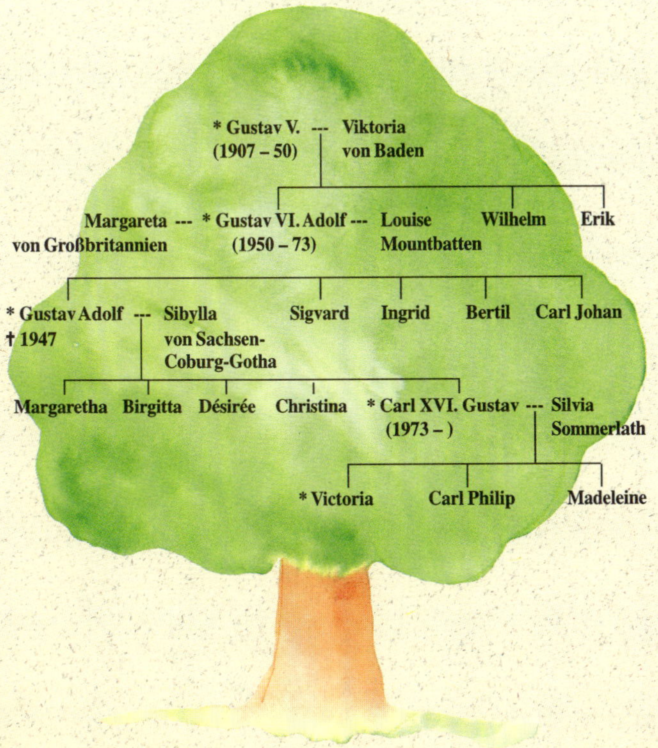

Die Familienstammbäume auf diesen Seiten zeigen vier Generationen der herrschenden Königshäuser in Europa.

Die erste Generation ist lediglich durch den König/die Königin mit Ehefrau/Ehemann dargestellt. Bei den folgenden Generationen sind neben König/Königin mit Ehefrau/Ehemann auch die Geschwister aufgeführt.

Die Jahreszahlen in Klammern geben die Jahre der Herrschaft an.

Vorwort

Die Geschichte der Königshäuser in Europa hat die Menschen immer schon sehr bewegt. Ihre Schicksale sind häufig eng miteinander verflochten. Oft haben Mitglieder verschiedener Königsfamilien untereinander geheiratet, um so den Fortbestand ihrer Häuser zu sichern.

Nicht weniger aufregend ist die gegenwärtige Situation. Obwohl Könige und Königinnen längst nicht mehr dieselbe politische Macht ausüben wie früher, wird die derzeitige Geschichte der Monarchie immer noch von Ereignissen innerhalb der Königshäuser beeinflußt.

Der wachsende Einfluß der Massenmedien hat die Türen zu den Königshäusern geöffnet, die noch vor einigen Jahrzehnten fest verschlossen waren. Diese Entwicklung hat nicht nur positive Auswirkungen. Die Beziehung der Öffentlichkeit zu „ihrem" Königshaus ist zwar enger und persönlicher geworden, gleichzeitig werden aber auch viele Mitglieder von den Massenmedien geradezu verfolgt.

Dieses Buch zeigt die Königsfamilien von Europa sowohl aus historischer als auch aus zeitgenössischer Sicht. In Bildern und Berichten folgen wir ihnen überallhin, wir beobachten sie bei der Arbeit und in ihrer Freizeit und lernen ihr öffentliches Leben und ihr Leben in heimischer Umgebung kennen.

Leon Zitrone

Belgien

von Philippe Delorme

Am 9. August 1993 zeigt sich das neue Königspaar, Albert II. und Paola, mit Fabiola auf dem Balkon des Königspalastes in Brüssel.

„Es gibt Wallonen und Flamen, aber nur einen Belgier – den König".

Dieser Satz, den Jules Destrée in einem offenen Brief 1912 an Albert I. schrieb, umschreibt ganz treffend ein Gefühl, das heute noch in ganz Belgien vorherrscht. Der belgische König ist tatsächlich eines der letzten lebenden Symbole einer rasch zerbröckelnden nationalen Einheit.

Geschichte

Da das Königreich von Belgien von unüberwindbaren Kräften zu einer Teilung verdammt zu sein scheint, sollte vielleicht der historische Ursprung des Staates, der aus einer Revolution im Jahre 1830 hervorging, näher untersucht werden.

Vor der Eroberung durch Julius Cäsar 57 v. Chr. reichte Belgien-Gallien von der Seine bis zum Rhein. Der Vertrag von Verdun von 843, in dem die Enkel Karl des Großen die Teilung des Gebietes zwischen Frankreich und Lothringen

Die drei Kinder von Leopold I. und Louise von Frankreich: Kronprinz Leopold II., Philippe, Graf von Flandern und Charlotte, die spätere Kaiserin von Mexiko.

festlegten, begründete das spätere Schicksal Belgiens als Grenzstaat zwischen der romanischen und germanischen Kultur. Als Folge mußten die Grafen von Flandern im gesamten Mittelalter Kontributionen an die Kapetinger zahlen, während Brabant, Hinault, Limburg und Luxemburg im kaiserlichen Machtbereich blieben. Ende des 14. Jahrhunderts strebten die Herzöge von Burgund danach, ihren Traum von einem großen westlichen Königreich durch die Vereinigung der „niederen Landen" zu verwirklichen. Nach dem Tode Karls des Kahlen ging sein Erbe jedoch zunächst an das spanische Königshaus, dann an Karl V.

Die Reformation rief neue Rivalitäten hervor. Im Norden bekannten sich Bürger und Kaufleute von Holland zum Protestantismus, und die calvinistischen „Vereinigten Provinzen" erhielten 1573 ihre Unabhängigkeit. Der katholische Süden blieb unter der Herrschaft Madrids. Mit dieser Teilung war bereits der Grundstein für die heutigen Königreiche Holland und Belgien gelegt. Im 18. Jahrhundert übernahmen die Habsburger in Wien die Macht ihrer spanischen Vetter. Nach den Ereignissen von 1789 in Versailles und Paris verbreitete die Idee der Freiheit sich in ganz Europa. Die Österreicher wurden von der Brabanter Revolution vertrieben. Am 11. Januar 1790 verkündete der General der Brüsseler Staaten die Unabhängigkeit der Vereinigten Belgischen Staaten. 1814 wurde das spätere Belgien, das zunächst von der französischen Republik, dann vom französischen Kaiserreich annektiert worden war, gemeinsam mit Holland, den früheren österreichischen Besitztümern, und dem Bistum Lüttich zu einem großen Königreich der Niederlande unter der Herrschaft Wilhelm I. von Oranien-Nassau vereinigt. Unfähig, Widerstand zu leisten, mußten die Belgier ihren Ärger unterdrücken. Eine weitere Revolution in Paris gab ihnen den Mut, sich vom Joch der Unterdrücker zu befreien.

Am Abend des 25. August 1830 fand im Theater La Monnaie in Brüssel eine Aufführung von „Die Stumme von Portici" statt, eine Oper von Auber, basierend auf einem Libretto von Scribe, in dem die neapolitanische Revolte gegen die spanische Herrschaft verherrlicht wird. Die vorgeführte Situation war der Unterdrückung der Belgier durch Holland so ähnlich, daß die Reaktion des Publikums in einen Aufstand umschlug, der sich bald bis auf die Straßen ausdehnte. Das belgische Bürgertum, mit liberalen Gedanken aus den französischen Zeitungen vertraut, hegte schon lange den Wunsch, Wilhelm I., einen überzeugten Absolutisten, vom Thron zu stürzen. Der alte religiöse

Konflikt zwischen dem protestantischen Holland und dem katholischen Belgien verlieh ihren politischen Forderungen zusätzlichen Sprengstoff.

Der Kronprinz, Wilhelm II., wurde sofort von seinem Vater mit einem 6000 Mann starken Heer ausgesandt, um die Ordnung wiederherzustellen. Er scheiterte jedoch, und ein zweites Heer mit 12.000 Mann, das von seinem Bruder Frederick von Nassau angeführt wurde, marschierte am 23. September in Brüssel ein. Nach einem viertägigen Kampf mußte die holländische Armee die Stadt verlassen. Abgesehen von der Festung Antwerpen war schon bald ganz Belgien frei. Eine Regierung der Aufständischen verkündete am 4. Oktober die Unabhängigkeit. Einige Wochen später, am 24. November, stimmte ein von Besitzständigen gewählter Nationalkongreß für die Abschaffung der Nassau-Dynastie.

Auf einer Konferenz in London wurde Belgien im folgenden Januar von den Großmächten als unabhängige Nation anerkannt. Es blieb nun dem Land überlassen, einen Souverän zu finden. Die erste Wahl des Nationalkongresses fiel auf den sechzehnjährigen Herzog von Nemours, den zweiten Sohn des französischen Königs Louis-Philippe. Die Entscheidung wurde jedoch zurückgezogen, da die Engländer ihr Veto dagegen einlegten, daß in Paris und Brüssel die gleiche Familie regierte. Am 4. Juni 1831 erhielt Prinz Leopold von Sachsen-Coburg-Gotha 152 von 196 Stimmen des Nationalkongresses.

Mit 41 Jahren war Leopold der ideale Kandidat. Er stammte aus einer kleinen Herzogsfamilie in Süddeutschland und war mit der unglücklichen Prinzessin Charlotte, Kronprinzessin von England, verheiratet gewesen, die 1817 im Kindbett starb. Ihre Nichte war die junge Prinzessin Viktoria, die 1837 zur Königin von England gekrönt wurde. Außerdem war der Prinz ein Franzosenfreund und verstand sich ausgezeichnet mit Louis-Philippe. Nach einigem Zögern – Leopold hatte bereits die Krone von Griechenland abgelehnt – stimmte er zu und wurde erster König der Belgier.

Am 21. Juli 1931 feierte Brüssel den „glorreichen Einzug“ des neuen Monarchen in die Stadt. Eine eindrucksvolle Tribüne war auf dem Place Royale vor der Kirche Saint-Jacques sur Coudenberg aufgebaut worden. Leopold kam hoch zu Roß, stieg ab, schritt die Stufen hinauf und nahm seinen Platz unter einem Baldachin des Regenten, Surlet de Chokier, ein. Viele Menschen waren gekommen. Mit ruhiger Stimme und einem leichten deutschen Akzent leistete Leopold den Eid, „die Verfassung und die Gesetze des belgischen Volkes zu achten und die Unabhängigkeit der Nation und die Integrität des Territoriums zu schützen“. Die Menschen waren begeistert. Sie hatten soeben die Geburt einer neuen Dynastie miterlebt.

Leopold I. hatte bestimmt nicht erwartet, diesen Eid so bald bekräftigen zu müssen. Am 2. August, zwei Wochen nach seinem Einzug, drang die Armee des Königs von Holland trotz des Waffenstillstands in Belgien ein. Da die belgische Armee in keiner Weise darauf vorbereitet war, bat Leopold Frankreich um Hilfe, während England Wilhelm I. ersuchte, die Kriegshandlungen einzustellen. Die Niederlage kostete Belgien Maastricht, halb Luxemburg und Limburg und das Mündungsgebiet der Schelde. Bis 1839

Leopold von Sachsen-Coburg-Gotha zu Beginn seiner Herrschaft.

weigerten sich die Holländer, die Antwerpen immer noch besetzt hielten, die Unabhängigkeit ihrer Nachbarn anzuerkennen.

Der König, der die Freiheit Belgiens gerettet hatte, richtete nun sein Augenmerk auf die Zukunft der jungen Dynastie. Am 9. August 1832 nahm er die älteste Tochter Louis-Philippes zur Frau und festigte damit die Verbindung mit Frankreich. Prinzessin Marie-Louise von Orleans war 19 Jahre alt. Diese Wahl, die in erster Linie aus diplomatischen Gründen getroffen wurde, erwies sich am Ende als eine glückliche Entscheidung. Die erste Königin der Belgier war gottesfürchtig und wohltätig wie ihre Mutter Marie-Amélie, liebte die Freiheit und war Neuerungen gegenüber aufgeschlossen. Sie leistete Leopold wertvollen Beistand und erfüllte ihre Pflichten in bewundernswerter Weise, als sie dem Thron zwei männliche Erben schenkte – den späteren Leopold II. und Philippe, Graf von Flandern – sowie eine Tochter, Prinzessin Charlotte, die für kurze Zeit Kaiserin von Mexiko war, bevor sie auf tragische Weise in geistige Umnachtung verfiel.

Die Engländer, durch die Heirat Leopold I. beschwichtigt, ermächtigten die französische Armee, die Festung von Antwerpen zurückzuerobern. Belgien, immer noch ein Land in den Kinderschuhen, vertraute fest auf die staatsmännischen Fähigkeiten seines Königs. „Ich bin Atlas, auf dessen Schultern mein kleines Königreich lastet“, sagte Leopold I. häufig. Er empfand die Rechte, die ihm die Verfassung einräumte, als zu begrenzt, während sich die Abgeordnetenkammer bemühte, die königliche Macht auf

König Leopold II. und seine morganatische Ehefrau Caroline Delacroix, Baronin von Vaughan.

die Grundrechte zu beschränken. Denen, die der Ansicht waren, „der König solle herrschen, aber nicht regieren", entgegnete Leopold: „Ich glaube, er muß beides tun." Zur Erweiterung des Handels unterstützte der König den Bau der Eisenbahn und die Entwicklung der Industrie.

Trotz seiner politischen Tätigkeiten langweilte Leopold I. sich bald. Seiner Frau entfremdet, verbrachte er viel Zeit damit, in den Wäldern der Ardennen zu jagen und zu reisen. Marie-Louise führte während dieser Zeit mit ihren Kindern ein zurückgezogenes Leben auf Schloß Laeken in der Nähe von Brüssel. 1848 wurden die Bourbonen endgültig vom französischen Thron vertrieben. Das Überleben der belgischen Monarchie war ausschließlich dem König zu verdanken, der erklärte: „Ich habe mich konsequent und bewußt an das verfassungsrechtliche System gehalten und bereue dies nicht; wie unser Volk sagt: sollen andere von einer Republik reden. In unserem Land herrscht größere Freiheit als in den meisten Republiken." Die unglückliche Marie-Louise überlebte den Untergang und den Tod ihres Vaters nur kurze Zeit. Der alte König, Louis-Philippe, starb 1850 im Exil in England. Seine Tochter schied, ausgezehrt von einer Lungenkrankheit, drei Monate später aus dem Leben. „Ihr Tod war so heilig wie ihr Leben", trauerte Leopold, der nicht gerade ein verläßlicher Ehemann gewesen war. Tatsächlich wartete der König nicht lange und suchte schon bald Trost in den Armen von Arcadie Meyer, seiner langjährigen Geliebten.

Am 2. Dezember 1852 bestieg ein Kaiser in Frankreich den Thron. Leopold betrachtete Napoleon III. als einen gewöhnlichen Unruhestifter, fürchtete aber ein Erwachen alter bonapartistischer Ambitionen. Er bat das Parlament um eine Verstärkung der nationalen Streitkräfte. Um sich außerdem der Freundschaft Österreichs zu versichern, verheiratete er 1853 seinen ältesten Sohn mit der Erzher-

Albert I. in einem Flugzeug während des Ersten Weltkrieges.

Albert I. und Elisabeth von Bayern mit ihren drei Kindern: Leopold, Charles und Marie-José.

zogin Marie-Henriette, Tochter des Prinzen Ernst von Ungarn. „Die Verbindung zwischen einem Stallknecht und einer Nonne", sagte die alte Prinzessin von Metternich und fügte hinzu: „Die Nonne ist natürlich der Herzog von Brabant!" Aus menschlicher Sicht sollte sich der diplomatische Zug als Fehlschlag erweisen. Der spätere Leopold II. und seine Ehefrau hatten nichts gemein und führten schon bald ein getrenntes Leben. Kurzfristig jedoch konnte Leopold I. seinen Erfolg genießen. Am 21. Juli 1856, dem Silberjubiläum seiner Krönung, nahm er stolz in den Straßen von Brüssel in Begleitung der Prinzen, seiner Söhne, eine Parade ab. Seine Herrschaft sollte noch weitere 10 Jahre dauern, in denen das parlamentarische System durch Auseinandersetzungen zwischen Liberalen und Katholiken auf die Probe gestellt wurde. 1862 wurden beim König Gallensteine diagnostiziert. Nach einer Operation schloß der König am 10. Dezember 1865, in der Gewißheit, seine Pflicht erfüllt zu haben, für immer die Augen.

Der neue König hieß ebenfalls Leopold und war 30 Jahre alt. Geschichtsschreiber aus jener Zeit bezeichneten ihn als scharfsinnig, geduldig und sarkastisch. Er hatte die lange Nase der Orleans geerbt und war ein zäher Arbeiter mit einer Erziehung, die ihn auf den Dienst für sein Land gut vorbereitet hatte. Seine Gesundheit jedoch gab Anlaß zur Sorge, da er von seiner Mutter die Anfälligkeit für Lungenkrankheiten geerbt hatte und schon frühzeitig aufgrund einer Ischiaserkrankung hinkte. Der junge Mann hatte eine wenig anziehende Erscheinung und das wichtigtuerische Auftreten eines alternden Weisen. Als Herzog von Brabant und Thronanwärter war er Vorsitzender eines Komitees zur Verschönerung von Brüssel gewesen. Seine Aufenthalte im Orient veranlaßten ihn, für den belgischen Handel einen Plan zur Entwicklung von Absatzmöglichkeiten in der südlichen Hemisphäre vorzustellen. Am 17. Februar 1860 verkündete er in einer Rede vor dem Senat: „Ich glaube, daß wir jetzt über unsere Grenzen hinaus expandieren müssen. Wir dürfen keine Zeit mehr verlieren, denn sonst werden die wenigen verbleibenden Möglichkeiten von Ländern ergriffen, die entschlossener sind als wir." Als König arbeitete Leopold II. zunächst unablässig daran, Belgien zu einer Kolonialmacht zu machen.

Am 17. Dezember 1865 erklomm Leopold II. im Nationalpalast die Stufen zum Thron, wiederholte den Eid seines Vorgängers und verpflichtete sich, dem guten Beispiel

Albert I. und der französische General Foch an der Front während des Ersten Weltkriegs (1914 – 1918): der Soldatenkönig.

Der spätere Leopold III. und Prinzessin Astrid von Schweden bei ihrer Verlobung.

seines Vaters zu folgen. Er erinnerte daran, daß er „der erste in Belgien geborene König" war. Und fuhr fort: „Ich glaube, daß die Zukunft Belgiens eng mit meiner Zukunft verflochten ist; einer Zukunft in einem freien, ehrbaren und mutigen Land, in die ich vertrauennsvoll blicke und der ich schon immer mit freudigen Gefühlen entgegengesehen habe." Unter Applaus definierte er seine Aufgabe als konstitutioneller Monarch als unabhängig von Meinungsverschiedenheiten, die nur die Nation selbst zu klären hätte.

Die Anfangszeit seiner Herrschaft war von beunruhigenden Ereignissen überschattet. 1866 wurden die Österreicher bei Sadowa vernichtend geschlagen und ganz Europa stand im Schatten der preußischen Vorherrschaft. In Frankreich spielte Napoleon immer noch mit dem Gedanken, von Belgien Besitz zu ergreifen. Das Unternehmen Mexiko entwickelte sich außerdem zu einer Katastrophe. Charlotte, die Schwester Leopolds II., bat Napoleon III. vergeblich um Hilfe, während ihr unglücklicher Ehemann Maximilian verbissen die Stellung hielt. Nach seiner Exekution am 19. Juni 1867 in Queretano wurde Charlotte geisteskrank.

In die demokratischen Schranken verwiesen, richtete Leopold II. seine Aufmerksamkeit wieder auf den Plan einer afrikanischen Kolonie. Im September 1876 organisierte er eine internationale geographische Konferenz in Brüssel mit dem Vorsatz, „die Flagge der Zivilisation auf dem Boden Afrikas zu hissen". Im folgenden Jahr erforschte der Engländer Stanley den Fluß Kongo. Leopold II. überzeugte ihn erfolgreich davon, noch einmal im Namen der Internationalen Afrikanischen Assoziation, deren Vorsitzender er war, aufzubrechen. Der König verfolgte seine Ziele unter größter Geheimhaltung und gegen den unerklärten Widerstand des belgischen Volkes. 1881 wurde die Stadt Leopoldville gegründet. Am 15. Februar 1885 wurde Leopold II. in der Schlußakte der Berliner Konferenz als Souverän des unabhängigen Staates Kongo bestätigt. Einige Wochen später ernannte das Parlament „Seine Majestät Leopold II., König der Belgier, zum Oberhaupt des von der Internationalen Assoziation des Kongo gegründeten Staates. Die Trägheit eines ganzen Volkes wurde von dem unbeugsamen Willen eines einzigen Mannes bezwungen.

Während der König sich ein Reich im Herzen Afrikas errichtete, verfolgten in Belgien verschiedene Lager eigennützige Interessen. Liberale und Katholiken stritten sich über ein Schulgesetz, bis eine schwere Wirtschaftskrise die Aufmerksamkeit des gesamten Landes auf wichtigere Themen lenkte. In einer pragmatischen königlichen Ansprache kündigte Leopold II. am 9. November 1886 eine ganze Reihe allgemeiner Richtlinien zur Sozialpolitik an:

„Folgende Maßnahmen sind erforderlich: Arbeitszeitregelungen für Frauen und Kinder, Verbot der Lohnzahlung in Form von Naturalien, Bau von Arbeiterwohnungen, Einrichtung einer Sozialversicherung ..."

Der König, ein Mann mit widersprüchlichem Charakter, war auf dem Höhepunkt seiner Macht angelangt. Als sechzigjähriger Lebemann mit einem rechteckigen Bart ging er trotz eines Gehstocks aufrecht. In der Abgeschiedenheit seines Arbeitszimmers ignorierte er seine Kritiker und schmiedete Pläne zum Wohl seines afrikanischen Königreiches. Obwohl Leopold II. schon zu Lebzeiten eine Legende war, wurde er auch für die schamlose Ausbeutung des Kongo und seine allzu offensichtliche Liaison mit Caroline Delacroix, die er zur Baronesse von Vaughan ernannte und mit Reichtümern überschüttete, heftig kritisiert. Der König war sich der Würde seines Amtes bewußt und pflegte sich in der dritten Person anreden zu lassen. Ungeachtet seiner Fehler gelang es ihm, Belgien in einen blühenden Staat zu verwandeln. Dank seiner Geschäftstüchtigkeit schuf er neue Absatzmöglichkeiten in China und Persien und machte das Land zur fünftgrößten Handelsnation der Welt.

Im Alter von 74 Jahren litt Leopold II. immer mehr unter rheumatischen Beschwerden. Im Sommer 1908 mußte er die Herrschaft über den Kongo an Belgien abtreten, das sich, nach Jahren der Gleichgültigkeit, langsam für die Reichtümer der Kolonie zu interessieren begann. Außerdem vermachte Leopold II. fast sein gesamtes unermeßliches Vermögen seinem Land als königliches Geschenk. In Berlin machte Kaiser Wilhelm II. keinen Hehl mehr aus seinen Kriegsabsichten. Das Schicksal war Leopold II. gnädig, und er starb vor Ausbruch des Krieges. Am 14. Dezember 1909 unterzog er sich einer Darmoperation, die seine Kräfte ganz beanspruchte. Es blieb ihm kaum die Zeit, ein Gesetz zur Einführung der allgemeinen Wehrpflicht zu unterzeichnen, als er am 17. Dezember im Hause Palmiers in Laeken aus dem Leben schied.

Im Juli 1951 wird König Baudouin I. unter dem königlichen Baldachin zum König von Belgien gekrönt.

Die Heirat Leopold II. war in vielerlei Hinsicht ein Fehlschlag. Marie-Henriette von Österreich hatte drei Töchtern das Leben geschenkt, aber nur einem männlichen Nachfolger, der 1859 geboren wurde. Der kleine Leopold, Graf von Hainault, starb vor seinem zehnten Geburtstag an einem Herzfehler und hinterließ einen untröstlichen Vater. Durch seinen Tod wechselte die Thronfolge auf Leopolds Bruder, Philippe Graf von Flandern, über. Dieser Prinz war jedoch taub und wenig geeignet für die hohe Stellung eines Königs. Leopold II. faßte dann als Nachfolger seinen Neffen Baudouin, einen fröhlichen und energischen jungen Mann, ins Auge. Aber das Schicksal meinte es nicht gut mit dem Hause Sachsen-Coburg. Mit 21 Jahren erlag Baudouin am 23. Januar 1891 einer Lungenentzündung und Nierenbluten. Der neue Erbe, Albert, der jüngere Bruder des Verstorbenen, war ein schüchterner, unbeholfener Mann.

1909 bestieg also Albert als dritter belgischer Souverän seit der Unabhängigkeit den Thron. Nach Beendigung seiner militärischen Ausbildung erregten die Wissenschaft, Technik und Industrie sein Interesse. Im Gegensatz zu seinem Onkel führte der in sich gekehrte Prinz ein erfülltes Leben. Am 2. Oktober 1900 heiratete er in München die liebenswerte Herzogin Elisabeth. Zwei Söhne und eine Tochter stammten aus dieser Verbindung, die aus Liebe geschlossen und vom belgischen Volk begeistert aufgenommen wurde. Als er am 23. Dezember 1909 seinen Eid ablegte, verlangten Zwischenrufe aus dem sozialistischen Lager nach der Einführung des allgemeinen Wahlrechts. Der Anführer, Vandevelde, nahm die Unruhe aber auch zum Anlaß, dem neuen König zu versichern, daß „wir nicht gegen Sie protestieren, sondern gegen das Gaunerpack in der Regierung!".

Die fast uneingeschränkte Beliebtheit Albert I., der er sich schon vor seiner Krönung gewiß sein konnte, erreichte im Ersten Weltkrieg ihren Höhepunkt. Sein heldenhafter Widerstand gegen die deutschen Angreifer brachte ihm den Spitznamen „Soldatenkönig" ein. Das Attentat auf Erzherzog Ferdinand am 28. Juni 1914 in Sarajewo trieb ganz Europa in den Krieg. Ohne Rücksicht auf die Neutralität des Landes fiel die deutsche Armee am 4. August in Belgien ein. An diesem Tag richtete sich Albert I., in Uniform

13. Mai 1945, König Leopold III. verzichtet im Exil im österreichischen Strobl auf sein Recht, nach Belgien zurückzukehren.

gekleidet, an das Parlament: „Ich glaube an unser Schicksal. Ein Land, das sich selbst verteidigt, verdient allgemeinen Respekt: dieses Land wird nicht zugrunde gehen."

Trotz des bewegenden Aufrufs zum Kampf und eines hartnäckigen Widerstandes wurde Belgien innerhalb weniger Wochen eingenommen. Die Deutschen marschierten bis zur Yser. Der König blieb dennoch als Oberbefehlshaber über die belgischen Streitkräfte in La Panne, einem kleinen Teil des Landes, der noch nicht besetzt war, und hielt von dort vier Jahre lang die Flamme der Hoffnung aufrecht. Die Königin an seiner Seite vergaß ihre deutsche Abstammung und widmete ihre gesamte Kraft den Verwundeten. Die Opfer des Krieges behielten sie als die „königliche Krankenschwester" in Erinnerung. Und als Albert I. am 22. November 1918 unter der Begeisterung seines Volkes in Brüssel eintraf, war gewiß, daß fortan die Existenz Belgiens eng mit der königlichen Familie verknüpft sein sollte.

Derart bestätigt in seiner Rechtmäßigkeit, konnte der König mit den wichtigsten Reformen, die er durchsetzen wollte, vor das Parlament treten: allgemeines Wahlrecht; gleiche Rechte für Wallonen und Flamen; eine gerechtere Gesellschaft mit „schöpferischer Disziplin, die nicht durch Unterwerfung und Zwang von außen mißbraucht wird, sondern in der Herz und Verstand in Einklang stehen".

Nach dem Ende des Krieges führten Albert und Elisabeth ein friedliches Familienleben. Der König übte einfache Sportarten aus, und in der Freizeit galt seine Liebe der Gartenarbeit, Motorrädern, Flugzeugen und den Bergen. Wenn Staatsangelegenheiten ihn beunruhigten, ging er in die Berge, um „das Gleichgewicht zwischen Körper und Seele wiederherzustellen", wie er es nannte. Zu diesem Zweck verließ er am Nachmittag des 17. Februar 1934 Brüssel, um bei Marche-les-Dames in den Ardennen einen Berg zu besteigen. Er wurde von einem herabstürzenden Felsbrocken getroffen, fiel 15 Meter tief und erlitt einen Schädelbruch. Sein Körper wurde bei Einbruch der Nacht gefunden ...

Der junge Mann, der vorzeitig die große Verantwortung an seiner Stelle übernehmen sollte, schien mit allen Eigenschaften, die für einen Erfolg erforderlich waren, ausgerüstet zu sein. Die Zeiten waren gewiß nicht einfach. Belgien steckte immer noch in einer tiefen Krise, unter der die gesamte Weltwirtschaft litt. Unheilvolle Ideologien gewannen in Italien und Deutschland immer mehr Einfluß, und die Stabilität Europas war wieder bedroht. Dessen ungeachtet strahlte der 32jährige Thronfolger den Optimismus und die Kraft der Jugend aus. Hervorragende Lehrer hatten seine intellektuellen Fähigkeiten, seine menschlichen Eigenschaften und seine Beobachtungsgabe geschult. Bei Ausbruch des Krieges besuchte Leopold gerade eine Schule in England. Mit seinem hartnäckigen Bestreben konnte er im Alter von dreizehneinhalb Jahren seinen Vater überreden, ihn in eine militärische Ausbildung zu schicken. 1915 absolvierte er eine sechsmonatige Grundausbildung, bei der er die Pflichten eines einfachen Soldaten ausübte.

Danach überquerte der Kronprinz noch einmal den Kanal – diesmal, um das mit efeuumrankten Mauern umschlossene, vornehme Eton College zu besuchen. Seine Ferien verbrachte er mit der Familie ... und dem 12. Regiment! Im November 1920 wurde er in die Militärschule aufgenommen, die er zwei Jahre später mit dem Rang eines Leutnants verließ. In den Nachkriegsjahren bereiste der spätere König Amerika, Ägypten und den Kongo. Seine Reisen kündigten in einiger Hinsicht bereits die Abenteuer eines anderen Belgiers – Tintin – an, der bald auf der Bildfläche erscheinen sollte! Sein Vortrag über die Situation in Afrika, den er 1925 beim 2. Brüsseler Kolonialkongreß hielt, war überaus kritisch. „Unser Erscheinen am Kongo hat die traditionellen Bräuche und den Gesundheitszustand der schwarzen Bevölkerung stark beeinträchtigt. Das hat moralische und körperliche Ursachen. Der plötzliche Kontakt unserer Zivilisation mit den Sitten und Bräuchen der Einheimischen sowie die Auflösung und Neuansiedlung von Eingeborenenstämmen hat tiefgreifende Auswirkungen auf das Leben der Eingeborenen gehabt und ihr Familienleben untergraben ..."

Dem stürmischen Prinzen fehlte nur noch eine wunderschöne Prinzessin. Im Frühling 1926 traf Leopold bei einem Aufenthalt in Stockholm Astrid von Schweden. Die dritte Tochter des Prinzen Karl, Herzog von Westgotland, war unkompliziert und hatte eine Ausbildung in Kinderpflege und Haushaltswirtschaft absolviert. Ihre Verlobung wurde am 22. September 1926 offiziell im Königspalast von Brüssel bekanntgegeben. Bis dahin war sich Astrid sicher, „nie einen Prinzen zu heiraten. Die Liebe ist für mich am wichtigsten.“ Wenn aber Liebe und Politik zusammenfallen ...

Die Trauung fand am 4. November in Stockholm in Anwesenheit von vier Königen, zwei Königinnen, fünfzehn Prinzen und zehn Prinzessinnen statt. Einige Tage später hielt die neue Herzogin von Brabant Einzug im Hafen von Antwerpen. Leopold, der zuvor mit einem anderen Schiff eingetroffen war, widersetzte sich dem Protokoll, als er auf die Brücke des schwedischen Kreuzers eilte und Astrid stürmisch küßte – zum Unwillen seiner Mutter, Königin Elisabeth. Das belgische Volk war von dieser spontanen Geste tief gerührt, und Astrid hatte in diesem Augenblick einen Platz im Herzen der Menschen erobert. Bei der Trauungszeremonie am nächsten Tag in der Kirche Saint-Gudule in Brüssel trug die Braut ein Bouquet aus Lilien und weißen Orchideen.

Das junge Paar führte ein ruhiges Leben auf Schloß Bellevue, wo Astrid den Haushalt führte und für die Zubereitung der Mahlzeiten sorgte. Ihr erstes Kind, Joséphine-Charlotte, wurde am 11. Oktober 1927 geboren. „Jetzt bin ich eine echte Belgierin“, erklärte Astrid. Obwohl sie wenig Interesse für die Etikette zeigte, nahm sie ihre Rolle als Ehefrau des Kronprinzen ernst. Sie studierte zielstrebig Französisch und Holländisch und begleitete Leopold bei seinen offiziellen Verpflichtungen. Leopold reiste auch weiterhin viel, aber jetzt in Begleitung seiner charmanten Frau. 1928 besuchten der Herzog und die Herzogin von Brabant das holländische Ostindien, 1932 die französischen Kolonien in Asien und im Jahr darauf den Kongo. In der Zwischenzeit feierte Belgien den 100. Jahrestag der Unabhängigkeit und am 7. September 1930 die Geburt des zukünftigen Königs, Baudouin, dessen Erziehung Astrid selbst übernehmen wollte. Ihr Interesse für junge Menschen bezog sich auf alle Kinder Belgiens. Als sie zufällig eine unflätige Bemerkung von einem kleinen belgischen Straßenjungen hörte, erwiderte sie: „Du solltest mich nicht nur als deine Königin betrachten, sondern auch als deine Mutter!“ Denn zu jener Zeit war Astrid, aufgrund des tödlichen Unfalls Albert I. bereits neue Königin der Belgier.

Sie arbeitete aufopferungsvoll an der Seite ihres Mannes, um die Not der Arbeitslosigkeit zu lindern. Die besonnene Astrid blieb aber auch ihren Prinzipien treu: „Die Königin hört dem Volk zu, und der König spricht.“ Am 6. Juni 1934 wurde das dritte Kind, Albert, geboren. Trotz eines Schwächeanfalls gründete Astrid 1935 ein Hilfskomitee, ein Schritt, der im ganzen Land eine Welle der Solidarität auslöste. Im Sommer wollte sie einige Tage Ferien mit Leopold in Küßnacht in der Schweiz verbringen. Dort endete auf einer Straße in Luzern, am Ufer des Vierwaldstätter Sees, Astrids Leben bei einem Verkehrsunfall. Ihr Lächeln wird uns immer in Erinnerung bleiben.

Baudouin stützte seine Antrittsrede auf Themen, die mit sozialem Fortschritt und wirtschaftlicher Entwicklung zusammenhingen.

Während sich Leopold III. in seiner Trauer zurückzog, wurde die Gefahr für das Land immer bedrohlicher. Belgische Faschisten folgten der deutschen Linie und rückten mit der Bildung des Flämischen V.N.V. (Vlaamsch Nationaal Verbond) und den wallonischen Rexisten unter der Führung Léon Degrelles, der in der Besatzungszeit einen zweifelhaften Ruhm erlangte, in den Vordergrund. Ein weiterer Krieg zeichnete sich ab. Der König befürwortete eine Politik „von, mit und für die Belgier“. Die Streitmacht wurde verstärkt, während Hitler immer wieder seine friedlichen Absichten beteuerte.

Das hielt die Soldaten des Dritten Reichs nicht davon ab, am Morgen des 10. Mai 1940 die Neutralität Belgiens zum zweiten Male innerhalb eines Vierteljahrhunderts zu verletzen. Einige Stunden später hielt der König eine bewegende Rede an sein Volk: „Belgien wird heute genauso wenig zwischen Verzicht und Entehrung schwanken wie 1914.“ Wie Albert I. übernahm Leopold III. den Oberbefehl über die Streitkräfte. Angesichts der Übermacht der deutschen Armee lag die Sorge des Königs bald nur noch darin, eine Niederlage zu verhindern. Am 26. Mai, als seine Minister nach Frankreich und England flüchteten, entschied sich Leopold III., die Stellung zu halten. Es gab kein Zurück mehr. Fortan stempelte ihn die Geschichte als Verräter ab.

Am 28. Mai kapitulierte Belgien. Diese traurige Neuigkeit gab Leopold im Radio bekannt: „Die bessere Ausrüstung und die Übermacht des Feindes haben uns zur Aufgabe gezwungen. Ich werde Sie in diesem Unglück, das über uns gekommen ist, nicht verlassen, sondern ich habe

Ein schwerer Übergang, der von Baudouin geschickt gemeistert wurde: die Unabhängigkeit des belgischen Kongo.

die Absicht, über Ihr Schicksal und das Ihrer Familien auch weiterhin zu wachen." Von diesem Zeitpunkt an sah der König seine Gefangenschaft unter den Nazi-Besetzern als Symbol für die Gefangenschaft des ganzen Landes. Trotzdem löste seine heimliche, nicht standesgemäße Heirat im Jahre 1941 mit Liliane Baels, die den Titel der Prinzessin de Réthy übernahm, bei vielen Belgiern Entrüstung aus. Sie waren der Ansicht, daß es nicht die rechte Zeit für ihren Monarchen sei, nur sein persönliches Glück im Auge zu haben.

Als die Allierten im Juni 1944 in der Normandie landeten, wurde der König nach Deutschland überführt. Als Belgien schließlich befreit wurde, befand sich Leopold III. noch in Deutschland und wurde daran gehindert, auf den Thron zurückzukehren. Sein jüngerer Bruder Charles, Graf von Flandern, der dem belgischen Volk nur wenig bekannt war, wurde zum Regenten gewählt. Geboren 1903, hatte er verschiedene englische Marineschulen besucht und sogar als Leutnant in der Königlichen Kriegsmarine gedient. Im Zivilleben vermied er die Öffentlichkeit und bevorzugte ein ruhiges Privatleben. Sein Interesse galt mehr der Kunst und schnellen Autos als der Politik und Sozialwirtschaft. Während des Krieges lebte er zurückgezogen in Brüssel. Um einer Inhaftierung durch die Deutschen zu entgehen, zog er 1944 in die Nähe von Spa, wo er unter dem Namen Richard Kontakt zur örtlichen Widerstandsbewegung aufnahm.

Am 7. Mai 1945 befreite die amerikanische 8. Division den König und seine Familie, die im österreichischen Strobl am Wolfgangsee festgehalten wurden. Drei Tage später traf sein Bruder mit einer offiziellen Abordnung ein und vertraute Leopold III. an, daß in der gegenwärtigen Situation in Belgien eine sofortige Rückkehr nicht ratsam sei. Der König akzeptierte dies und ließ am 13. Mai im belgischen Radio verkünden: „Der König hat seinen Bruder darüber informiert, daß es ihm sein schlechter Gesundheitszustand, als Folge seiner Gefangenschaft, nicht erlaubt, die Aufgabe, die ihm anvertraut wurde, weiterzuführen."

Die Sozialisten, von denen viele prorepublikanisch eingestellt waren, beschuldigten den König der Kollaboration und verlangten eine offizielle Abdankung. Andererseits war kein Politiker der Rechten gewillt oder in der Lage, eine Regierung zu bilden, die sich für die Rückkehr Leopold III. einsetzte. Die instabile Lage hielt bis 1950 an. Der König ließ sich im Exil in Prégny in der Nähe von Genf nieder und wartete auf das Ergebnis einer Volksabstimmung, die am 12. März 1950 durchgeführt wurde.

57,68 % der Belgier stimmten für Leopold III. In Wallonien jedoch erhielt der König weniger als 50% Prozent der Stimmen. Für die Monarchie, deren Hauptaufgabe darin bestand, als Symbol der nationalen Einheit zu dienen, war dieses Ergebnis gleichbedeutend mit einer Ablehnung. Die Lage wurde von dem bedeutenden Politiker Paul-Henri Spaak sehr gut eingeschätzt, als er dem König schrieb: „Ihre Majestät, da Ihre Politik und Ihre Führung von der Mehrheit des belgischen Volkes anerkannt wurde, begnügen Sie sich mit dem Sieg: Schicken Sie uns Ihren Sohn."

Leopold III. ignorierte diesen Rat und kehrte am 22. Juli 1950 nach sechsjähriger Abwesenheit in sein Land zurück. Ein Machtkampf war unvermeidlich. Die Wirtschaft des Landes war durch Streiks, die von Gewerkschaften und linken Parteien organisiert wurden, gelähmt.

Der König Belgiens im 21. Jahrhundert: Philippe, der Sohn Albert II. und Paolas

Straßenkämpfe drohten in einen Aufstand umzuschlagen. Am 1. August gab Leopold, der von seiner Regierung keine Unterstützung erhalten hatte, auf. Um die sogenannte „Königskrise“ zu beenden, trat der König die Macht an seinen Sohn, Prinz Baudouin, ab. Nach Ansicht des Königs war es „ein notwendiger Schritt auf dem Wege zu einer Lösung, die es dem Kronprinzen ermöglicht, beim Erreichen der Volljährigkeit meine Nachfolge anzutreten, wenn, wie ich hoffe und wünsche, die versprochene Aussöhnung um die Person meines Sohnes erfolgt ist.“

Am 16. Juli 1951, einige Woche vor seinem 21. Geburtstag und vor seiner eigentlichen Zeit, wurde einem schüchternen, kurzsichtigen jungen Mann im Königlichen Palast in Brüssel das hohe Amt übertragen. Der Vater richtete folgende Worte an den jungen Mann, der als fünfter König des Hauses Sachsen-Coburg gekrönt werden sollte: „Mein lieber Sohn, ich bin stolz, die edle und schwere Aufgabe, die mit der Krone Belgiens verbunden ist, in deine Hände zu legen. Ein Land, das trotz der schrecklichen Kriege und Umwälzungen nicht nur eine Einheit bildet, sondern auch moralisch frei ist und seine Traditionen bewahrt hat.“ Die Abdankung Leopolds III. kennzeichnete einen schweren Beginn für die Herrschaft Baudouin I. Welche Möglichkeiten hatte er, die zerbrechliche Monarchie zu erhalten? Mehr als 40 Jahre lang, bis zu seinem Tod am 31. Juli 1993, erwies sich Baudouin dem Vertrauen seines Vaters und der Treue seiner Untertanen würdig.

Militärische Aufgaben gehören immer noch zu den wichtigen Pflichten der belgischen Königsfamilie.

Das öffentliche Leben

Zum besseren Verständnis der belgischen Monarchie dürfte es sinnvoll sein, den Rahmen und die Grenzen der königlichen Prärogativen abzustecken. Seit 150 Jahren ist die Macht des Königs in der Verfassung vom 7. Februar 1831 festgelegt. Verfassungsgemäß ist Belgien seit seiner Gründung ein Königreich mit parlamentarischer Monarchie. Nach der Verfassung nimmt eine Einzelperson, die herrschen, aber nicht regieren soll, die Stellung eines Staatsoberhauptes ein, ähnlich wie nach der Charter von 1830, in der unter Louis-Philippe die französischen Institutionen geregelt wurden. Die Patrioten, die damals König Wilhelm I. von Holland von seiner Macht enthoben hatten, wollten verhindern, daß die Monarchie einem Autokraten von Gottes Gnaden anvertraut wird. Sie wünschten sich einen „König der Belgier“, keinen „König für Belgien“.

Unentbehrlich für das geteilte Land war zunächst ein unabhängiger Schiedsmann, der in der Lage sein sollte, die Regeln der Demokratie bei der Bevölkerung durchzusetzen. Als die Abordnung des Nationalkongresses Leopold von Sachsen-Coburg die Krone anbot, sagte er über die Verfassung: „Sie haben strenge Regeln für die königlichen Privilegien geschaffen.“ Dennoch nahm er die Herausforderung an. Die Möglichkeiten seiner Nachfolger, eine bedeutende Rolle bei Staatsangelegenheiten zu spielen, lag später vor allem an ihrer moralischen Autorität. Ungeachtet dieser Einschränkungen bewahrt der König eine beachtliche Machtposition.

Ein ideales Paar und lange Zeit Symbol der belgischen Nation: Baudouin und Fabiola.

Die Erziehung des zukünftigen Königs beinhaltet eine militärische Ausbildung. Albert II. verleiht seinem Sohn eine Auszeichnung.

Kapitel II der Verfassung enthält die Überschrift „Der König und seine Minister“ und ist in Abschnitte unterteilt. Der ursprüngliche Wortlaut des Artikel 60, die Einführung über die Rechte des Königs, lautete wie folgt: „Die konstitutionelle Macht des Königs wird in der direkten, natürlichen und gesetzlichen Erbfolge Seiner Königlichen Hoheit Leopold von Sachsen-Coburg an die männlichen Nachfolger nach dem Erstgeburtenrecht unter Ausschluß der weiblichen Erben und ihrer Nachfahren weitergeleitet.“ 1991 wurde das Salische Gesetz durch das absolute Erstgeburtenrecht abgelöst, so daß Prinzessinnen jetzt das gleiche Erbfolgerecht genießen wie ihre Brüder.

In Artikel 61 wird der Fall einer Nichtbesetzung des Thrones geregelt und Artikel 62 verbietet es dem König, zur gleichen Zeit das Amt des Staatsoberhauptes eines anderen Landes zu übernehmen, wenn nicht die Zustimmung einer Zweidrittelmehrheit beider Kammern vorliegt. Dieses Verfahren war für Leopold II. erforderlich, um den Thron des Kongo zu besteigen. Artikel 63 legt die Unverletzbarkeit der königlichen Person und die Verantwortungsbereiche der Minister fest. Der nächste Artikel über die ministeriellen Verantwortlichkeiten ist zweifellos am bedeutsamsten, da er die Möglichkeit willkürlicher königlicher Gesetze ausschließt: „Der König ist in seinen Handlungen an die Gegenzeichnung der Minister gebunden, die mit ihrer Unterschrift verantwortlich zeichnen.“

Der König nimmt dennoch an politischen Entscheidungen teil, da er zusammen mit der Regierung die Exekutive und mit der Abgeordnetenkammer und dem Senat die Legislative bildet. Ist in Artikel 65 nicht festgelegt, daß „der König die Minister ernennt und entläßt“? Diese Bestimmung hat dem König häufig eine Schlüsselposition in einer Regierungsform verliehen, die in einiger Hinsicht der 4. französischen Republik gleicht. Sie veranlaßte vor einigen Jahren einen Journalisten zu schreiben, „Baudouin I.“ habe „Martens IV.“ gekrönt. Der Politiker Martens war sein eigener Nachfolger als Premierminister in einer ganzen Reihe verschiedener Koalitionen.

Als Oberbefehlshaber über die Streitkräfte unterzeichnet

Der verstorbene König Baudouin I.

der König Verträge und verleiht militärische Auszeichnungen. Er ernennt Verwaltungsbeamte und Richter. Er kann Bestimmungen und Verordnungen zur Anwendung von Gesetzen erlassen, sie aber nicht außer Kraft setzen. In Artikel 69 ist festgelegt, daß „der König Gesetze billigt und verkündet". Aus diesem Grunde sah sich Baudouin I. im April 1990 gezwungen, für einige Stunden „den Thron zu räumen", um nicht die Verabschiedung eines Gesetzes zur Legalisierung von Schwangerschaftsabbrüchen zu behindern, das er nicht unterschreiben wollte.

Der König hat das Recht, das Abgeordnetenhaus und den Senat für einen Monat zu vertagen oder sogar aufzulösen (Artikel 71). Er kann Begnadigungen aussprechen, Geld prägen, militärische Ehrungen und Adelstitel verleihen, „ohne jedoch die Vollmacht zu besitzen, diese mit Privilegien jedweder Art zu verbinden".

In der Verfassung sind indessen die Befugnisse dieser königlichen Rechte geregelt. In Artikel 78 heißt es, daß „der König keine anderen als die von der Verfassung garantierten und in besonderen Gesetzen zur Verfassung festgelegten Rechte" besitzt.

Als Garant der Institutionen, Oberhaupt der Exekutive und Hüter der Legislative übt der belgische Monarch eine größere Macht aus als jeder andere europäische Herrscher, abgesehen von Rainier III. von Monaco. Vielleicht spürten deshalb seine Landsleute, die in Streitigkeiten verstrickt waren, die Notwendigkeit eines Schiedsmannes.

In der Verfassung ist jedoch nicht alles festgelegt. Die in über 160 Jahren und während der Herrschaft von fünf Königen gesammelten Erfahrungen haben dazu geführt, daß die königlichen Gesetze immer wieder geändert wurden.

Ein gegenüber den Bedürfnissen seiner Mitbürger aufmerksamer Souverän.

König Baudouin, sein Bruder Albert, seine Schwägerin Paola und sein zweiter Neffe Laurent. Der Fortbestand der Dynastie ist gesichert.

Prinzessin Astrid und ihr Ehemann mit ihren drei Kindern: Joachim, Amédéo und Maria-Laura.

Nach über dreißig Jahren herrschte immer noch vollkommene Harmonie zwischen dem Königspaar.

Das Privatleben

Die Hochzeit von Baudouin und Fabiola im Jahre 1960 beendete einen traurigen Abschnitt im Leben des jungen Königs.

Am 16. Juli 1951 wurde Baudouin I. zum fünften König der Belgier ernannt. In der Mittagszeit unterzeichnete Leopold seine Abdankung, mit der sein über 30jähriges inneres Exil begann. Nach seinem Tod am 25. September 1983, einige Monate, nachdem ein weiterer unglücklicher König, sein Schwager Umberto II. von Italien, gestorben war, sollte Leopold III., der sich für den Fortbestand der Dynastie geopfert hatte, dennoch die unerwartete Ehrerbietung seines Volkes erhalten.

Baudouin I., der damals zwanzigjährige „traurige König", hielt seinen Eid. Viele Jahre später erzählte er Journalisten, daß er als König zunächst „in Belgien eintrat" wie in einen religiösen Orden. Am Tage nach der Abdankung seines Vaters trat er vor die Kammern und sagte: „Die Harmonie, mit der meine Herrschaft beginnt, ist eine besondere Ermutigung für mich... Ich werde alle Maßnahmen zugunsten des sozialen, wissenschaftlichen und wirtschaftlichen Fortschritts tatkräftig unterstützen sowie intellektuelle und künstlerische Werte fördern."

Baudouin, der am 7. September 1930, als Belgien den hundertsten Jahrestag seiner Unabhängigkeit feierte, auf Schloß Stuyvenberg geboren wurde, hatte nicht immer ein einfaches Leben. Sein Großvater, König Albert, starb, als er noch ein Kind war, und ihm folgte seine Mutter, Königin Astrid, die bei einem Unfall ums Leben kam, als er noch keine fünf Jahre alt war. Vielleicht schlossen die Belgier den kleinen Jungen an diesem Tag in ihr Herz, dessen Blick immer von der Trauer über den frühen Tod seiner Mutter getrübt war. Baudouin genoß eine strenge, aber breitgefächerte Erziehung und wuchs mit gleichaltrigen Kindern unterschiedlicher Herkunft auf. Als Pfadfinder konnte er sich an der schönen Natur erfreuen und Beständigkeit angesichts von Not und Lebensfreude kennenlernen. Die Religion als Zuflucht sollte die Handlungen in seinem gesamten Leben mitbestimmen. Beim Einmarsch der Deutschen 1940 mußten die königlichen Kinder und ihre Lehrer aus Belgien fliehen. Sie flüchteten zuerst in die Bretagne, dann in den freien Teil Frankreichs und schließlich nach Spanien. Aus Sicherheitsgründen wurden Baudouin und sein Bruder nach ihrer Rückkehr am 1. August auf Schloß Ciergnon untergebracht, wo der spätere König unter der strengen Aufsicht zweier Privatlehrer weiter studierte. Der Unterricht fand abwechselnd auf französisch und holländisch statt, doch galt Baudouins besonderes Interesse den exakten Wissenschaften. Im Juli 1941 kehrten Baudouin und Albert nach Laeken zurück. Der König hatte soeben wieder geheiratet; seine neue Frau, Prinzessin de Réthy, war glücklicherweise

Albert II. und Paola, König und Königin von Belgien. Sie setzen das Bemühen Baudouins und Fabiolas, die Einheit des Landes zu bewahren, fort.

Bei ihrem ersten Auftreten eroberte Fabiola die Herzen der Belgier.

in der Lage, den drei Kindern Astrids die Zuneigung einer zweiten Mutter entgegenzubringen.

Das Jahr 1944 verbrachte Leopold III. mit seiner Familie in deutscher Gefangenschaft zunächst auf dem alten Schloß von Hirschheim an der Elbe, und später im österreichischen Strobl. Als der König in der Schweiz lebte, besuchte der Thronfolger einige Monate lang das berühmte Rosey College und das Saint-Antoine de Prégny College. Um verlorene Zeit wieder gutzumachen, stürzte er sich in das Studium der politischen Wirtschaft und des nationalen und internationalen Rechts. 1948 reiste Baudouin in die Vereinigten Staaten und auf die Westindischen Inseln. Die Geschichte sollte den jungen Mann jedoch bald einholen. Er wurde am 11. August 1950 anstelle seines Vaters zum Regenten bestellt und ein Jahr später zum König gekrönt.

Das Interesse des neuen Königs galt zunächst den notleidenden Menschen in seinem Königreich. Am 19. Dezember 1952 besuchte er in Begleitung von Abt Froidure und dem Gesundheitsminister das Elendsviertel Marolle. Innerhalb von wenigen Monaten nahm seine Beliebtheit erheblich zu. Allmählich befreite er sich von dem Einfluß seines Vaters und offenbarte seinen eigenen Charakter, eine Mischung aus Ernsthaftigkeit und Schlichtheit.

Am 15. Mai 1955 flog er in den Kongo, wo er feierlich empfangen wurde. Er war in weißer Uniform gekleidet, und die Eingeborenen, die ihn „Bwana Kitoko" („Schöner Mann") nannten, jubelten ihm zu. Als er eine Rede im Stadion von Leopoldville mit einigen Sätzen in der Landessprache beendete, schäumte die Menge vor Freude. Die Unabhängigkeit stand noch nicht auf der Tagesordnung, aber in einer Ansprache vor dem königlichen Afrikaclub in Brüssel betonte der König bei seiner Rückkehr die Notwendigkeit eines Wandels mit deutlichen Worten: „Der Zeitpunkt wird kommen, an dem wir unseren afrikanischen Kolonien einen Status verleihen werden, der den Fortbestand einer echten belgisch-kongolesischen Gemeinschaft sichert und allen Menschen – schwarzen und weißen – eine ihren Verdiensten und Fähigkeiten entsprechende Rolle in der Regierung des Landes garantieren wird."

Das Nachkriegsbelgien beteiligte sich am Aufbau Europas. 1958 wurde der europäische Markt geöffnet. Im gleichen Jahr fand die Weltausstellung in Brüssel statt. Diese beiden großen Ereignisse gaben Belgien und dem König die Gelegenheit, Zeichen für die Zukunft zu setzen.

Die königliche Familie wurde noch größer, als Astrid den Erzherzog Lorenz von Österreich heiratete (außen links und rechts).

Philippe von Belgien während der Ausbildung zum Soldaten.

Immer noch so verliebt wie am Hochzeitstag waren Baudouin und Fabiola noch nach vielen Jahren.

Erzherzogin und Erzherzog Lorenz von Österreich mit ihren zwei ältesten Kindern: Amédéo und Maria-Laura.

Prinzessin Astrid und ihr ältester Sohn Amédéo, geboren 1986.

„Viele Jahre harter Arbeit sind für die Anpassung unserer Einrichtungen und der Industrie erforderlich, um die lebenswichtigen Interessen unseres Lands durchzusetzen und gleichzeitig beständig am Aufbau eines neuen Europas mitzuwirken."

Zum Leidwesen der Boulevardpresse war der junge melancholische König so perfekt, daß es nichts über ihn zu berichten gab. Journalisten, die begierig darauf waren, etwas zu schreiben, spekulierten hin und wieder über seine Heiratsabsichten. Baudouin war offenbar ein eingefleischter Junggeselle, sogar noch, als Prinz Albert am 2. Juli 1959 eine wunderschöne italienische Aristokratin, Paola Ruffo di Calabria, heiratete.

Erst später wurde bekannt, daß Baudouin bereits eine Gefährtin gefunden hatte. Er zog es jedoch vor, aufgrund der beunruhigenden Ereignisse in Afrika, seine Verbindung geheimzuhalten und die Hochzeit auf einen späteren Zeitpunkt zu verschieben. Im Januar 1959 gab es im Kongo Unruhen. Aufstände gegen die Anwesenheit der Europäer im Land führten zum Tod von Hunderten von Menschen. Der König reagierte sofort. Am 13. Januar brachte er die Unabhängigkeit zur Sprache.

Die Halsstarrigkeit nationaler Politiker verhinderte einen Dialog. Am 30. Juni 1960 kehrte Baudouin I. nach Leopoldville zurück, um gemeinsam mit dem neuen Präsidenten, Joseph Kasavubu, den Machtwechsel zu überwachen. Der Urgroßneffe Leopolds II. wagte es, einige weise und freundliche Worte zu sprechen. „Fürchtet euch nicht, zu uns zurückzukehren. Wir werden immer darauf vorbereitet sein, euch mit Rat und Tat zur Seite zu stehen."

Prinzessin Astrid von Belgien, Erzherzogin Lorenz von Österreich, steht an dritter Stelle der dynastischen Folge.

Prinz Philippe bei einem Besuch auf der amerikanischen Militärbasis Cape Canaveral.

Paola hatte als Prinzessin von Liège bereits viele repräsentative Verpflichtungen.

Albert II., der jüngere Bruder Baudouins und neuer König Belgiens, heiratete 1959, ein Jahr vor Baudouin.

Albert II. hatte es vorgezogen, nach dem Tode Baudouins die Regentschaft selbst anzutreten, statt zugunsten seines Sohnes zurückzutreten.

König Albert II. und Paola auf der Rückfahrt nach ihrer Vereidigung.

Der kongolesische Premierminister, Lumumba, war verärgert und verletzt. Ein Gewaltausbruch im Kongo gegen die Belgier zwang Baudouin einige Wochen später, Fallschirmjäger zur Evakuierung der Belgier in den Kongo zu schicken.

Trotz der schmerzlichen Ereignisse war Baudouin endlich in der Lage, seine persönlichen Gefühle zum Ausdruck zu bringen. Am 16. September 1960 gab der belgische Premierminister Gaston Eyskens die Verlobung des Königs offiziell bekannt. Die Braut – Fabiola de Mora y Aragon – war weitgehend unbekannt. Sie wurde am 11. Juni 1928 geboren und war zwei Jahre älter als Baudouin. Als jüngstes von sieben Kindern kam sie aus einer Familie des gehobenen Madrider Adels. Sie war streng katholisch erzogen worden und harmonierte geistig und moralisch in idealer Weise mit dem König. Ihren Verlobten hatte sie bei einem „Jugendtreffen" im Hause ihrer Großmutter, Königin Viktoria-Eugénie, Witwe Alphonsos XIII., kennengelernt. Die alte Dame spielte in ihrem Schweizer Exil mit großem Vergnügen die Heiratsvermittlerin.

Am 17. September, als der König die zukünftige fünfte Königin der Belgier Fotografen und Kameraleuten in Ciergnon vorstellte, lag ein Lächeln auf seinem Gesicht. Die kirchliche Trauung fand am 15. Dezember in der Kirche Saints-Michel-et-Gudule in Brüssel statt, die für diesen Anlaß mit purpurnen und goldenen Wandteppichen geschmückt worden war. Vor der Hochzeitsreise sandte der König eine Botschaft an seine geliebten Staatsbürger: „Die Hochzeit, die soeben stattfand, besiegelt nicht nur die Bande zwischen mir und meiner Frau, sondern auch zwischen der königlichen Familie und ihrer Familie..."

Prinzessin Christine von Belgien.

Unzulänglichkeit diente Baudouin und Fabiola als Quelle tiefen Mitgefühls für die Leiden anderer Menschen.

Baudouin und Fabiola schenkten ihre ganze Zuneigung, die sie nicht auf eigene Kinder übertragen konnten, Kindern und Menschen in Not. Die Königin wurde zur „ersten Sozialarbeiterin" Belgiens.

Abgesehen von der stürmischen Periode im Kongo war die Herrschaft des Königs von keinen spektakulären Ereignissen gekennzeichnet. Die endlosen Streitigkeiten zwischen den französisch- und flämischsprechenden Belgiern sind kaum der Rede wert ... Die Arbeit des Königs der Belgier war indessen eher langfristig ausgelegt. Er war umsichtig und effektiv. Nach dem Frühstück mit der Königin und häufig nach dem Besuch der Messe verließ der König jeden Morgen Laeken und fuhr in den königlichen Palast nach Brüssel, wo sich die Amtsräume des Staatsoberhauptes befinden. Zwischen 9 und 10 Uhr traf er nacheinander seine einzelnen Mitarbeiter, stellte Fragen, las und unterzeichnete Dokumente, die ihm zur Genehmigung vorgelegt wurden – ungefähr 20.000 im Jahr! Dann hielt er Audienz. Morgens traf er selten mehr als vier Personen: Minister, Parlamentarier und wichtige Persönlichkeiten aus dem sozialpolitischen Leben.

Kraft seiner Position durfte der König keine Stellung beziehen. Er las Aufzeichnungen aufmerksam. Es ist Tradition, daß „die Krone nicht ausgestellt wird" und nach einer Audienz beim König nichts von dem Gespräch an die Öffentlichkeit gelangt.

Nach dem Mittagessen, das er gemeinsam mit der Königin in Laeken einnahm, verbrachte der König den Nachmittag mit seiner Korrespondenz, wenn keine öffentlichen Verpflichtungen vorlagen.

In der über vierzigjährigen Zeit auf dem Thron war Baudouin zum lebenden Gewissen der Nation geworden. Seine Haltung zur Abtreibung hat vor einigen Jahren die moralische Dimension seiner Stellung verdeutlicht. In den Morgenstunden des 4. April 1990 verkündete der Palast, daß der König nicht in der Lage sei, in Übereinstimmung mit Artikel 82 der Verfassung zu regieren. Nur so konnte es der König, der einen freiwilligen Schwangerschaftsabbruch ablehnte, umgehen, das Abtreibungsgesetz zu unterzeich-

Die neue Königin, die innerhalb weniger Stunden die Herzen der Belgier erobert hatte, fügte hinzu: „Vielen Dank für die Wärme und die Zuneigung, vielen Dank für den unvergeßlichen Empfang. Mein Herz und mein Leben sind nicht nur mit meinem Mann verbunden, sondern mit Ihnen allen."

Die Königin übernahm zahlreiche Aufgaben, die sie mit Bescheidenheit und getragen von Nächstenliebe ausübte. Ihre erste Handlung bestand darin, die Hochzeitsgeschenke einem Fond zu übertragen, der es ihr ermöglichte, einen Privatsekretär zu beschäftigen. Sie lehnte Bedienstete für sich ab.

Das Schicksal meinte es jedoch auch weiterhin nicht gut mit Baudouin. Nach einigen Fehlmeldungen gab Fabiola die Hoffnung auf, einen Thronfolger zu gebären. Ihre

Eine der Töchter von Leopold III. und Lilian Baels, Prinzessin von Réthy: die wunderschöne Prinzessin Marie-Christine von Belgien.

nen. Ohne die Unterschrift des Königs übernahm die Regierung vorübergehend die Funktion des Königs, um das Gesetz zu ratifizieren. 36 Stunden nach der „Abdankung" des Königs stellte das Parlament den ursprünglichen Status des Königs wieder her.

Die mutige Bestätigung seiner ethischen Werte haben ihm den Respekt aller, auch der Befürworter einer Abtreibung, eingebracht.

In unermüdlicher Arbeit und gegen alle Widerstände war der König über 40 Jahre lang – bis zu seinem Tod am 31. Juli 1993 – ein Befürworter der „Einheit", der belgischen Identität, sowohl als Entwurf als auch als Bestandteil der Europäischen Gemeinschaft. „Wir haben einen König verloren, Gott hat uns an seiner Stelle einen Fürsprecher und Beschützer Belgiens gegeben." Mit diesen Worten schloß daher auch der Kardinal Daneels seine Rede am Grab Baudouin I.

Christine von Belgien, Albert II. und Baudouins Halbschwester.

Die Zeremonie fand statt am 7. August 1993, in der Kathedrale Saint Michel zu Brüssel. Eine enorme Menge, Wallonen und Flamen vereint im Schmerz, hatte sich schon seit Stunden versammelt, um dem König das letzte Geleit zu geben. Hinter dem Sarg gingen zu Fuß die königliche Familie und zahlreiche Monarchen. Im Zentrum die Königin Fabiola, in Weiß.

Im Innern der Kathedrale nahmen die belgischen Regierungspersonen neben Vertretern aller Nationen Platz. Baudouin I. hatte sich, ohne Aufregung zu verursachen, aus dem Leben zurückgezogen, niedergestreckt durch eine Herzattacke am Abend des 31. Juli, in der Stadt Motril in Andalusien. Seit der schwierigen Operation einer Herzklappe im März 1992 in Paris schien Baudouin sich gesundheitlich gut erholt zu haben. Außerdem hatte er seine Kräfte nicht geschont, um dazu beizutragen, die schwere Identitätskrise, in die das Land geraten war, zu lösen.

Ein Kompromiß war schließlich, zu Beginn des Sommers, durch eine föderale Struktur gefunden worden. Baudouin hatte die Trennung der obersten Behörden bestätigt, um eine endgültige Spaltung zwischen frankophonen und niederländischen Gemeinden zu verhindern.

Lange hatte man geglaubt, daß Prinz Philippe seinem Onkel direkt auf den Thron folgen würde. In der Zwischenzeit hatte jedoch Albert, der jüngere Bruder des Königs, den Entschluß gefaßt, nicht zugunsten seines Sohnes zu verzichten. Die Neuigkeit wurde schon bald, am Tag nach dem Tod König Baudouins, bekanntgegeben. Auf diese Weise wurde der Artikel 60 der Verfassung, die Ordnung der absoluten Erstgeburt, respektiert.

Albert Félix Humbert Théodore Christian Eugène Marie, Prinz von Liège, wurde am 6. Juni 1934 geboren, vier Monate nach dem tragischen Tod des Königs Albert, seines Großvaters, von dem er den Vornamen als posthume Ehrbezeugung erhielt. Er ist das dritte Kind von Leopold III. und der reizenden Königin Astrid. Diese fiel einem unglücklichen Unfall zum

König Baudouin hat sein Leben Belgien gewidmet.

Prinz Laurent, geboren 1963.

stieg Albert bis zum Dienstgrad eines Admirals der Division auf. Als Präsident des Olympischen Komitees in Belgien war und ist er auch ein großer Liebhaber des Sports.

Zu unterschiedlichen Gelegenheiten hatte er den König im Ausland vertreten. So zum Beispiel im November 1958 bei Papst Johannes XXIII. Der belgische Botschafter hatte die römische Aristokratie dazu eingeladen, das Ereignis am Ende der Zeremonien zu feiern. Albert von Liège eröffnete den Ball. Und wie in einem schönen Märchen verliebte sich unser junger Prinz von 24 Jahren unsterblich in eine hübsche Prinzessin...

Geboren am 11. September 1937, ist Donna Ruffo di Calabria das jüngste der sieben Kinder des Don Fulco, Prinz von Calabrien, Herzog der Lombardei und Graf von Sinopoli. Sie gehört zu einer fast 1000 Jahre alten Adelsfamilie. Ihr Vater, Held des Ersten Weltkriegs, verstarb, als sie noch nicht einmal ein Jahr alt war. Die Verlobung wurde für den 12. April 1959 angekündigt. Mit einem Lächeln verzauberte Paola ganz Belgien. Wie die berühmte Königin Astrid. In wenigen Wochen wurde das junge Mädchen das bevorzugte Ziel der Paparazzi. Die Hochzeit wurde in der Stiftskirche Saints-Michel-et-Gudule in Brüssel gefeiert. Der Prinz und die Prinzessin von Liège ließen sich nach ihrer Heirat im Schloß Belvedere nieder, einem neoklassischen Gebäude in der Umgebung von Laeken. Die Hochzeit von Baudouin und Fabiola im Dezember 1960 versetzte Paola unvermittelt auf den zweiten Platz. Während Baudouin und Fabiola das Bild ehelichen Glücks vermittelten, konnten Albert und Paola ihre Unstimmigkeiten nur schlecht verbergen. Doch die Zeit heilt Wunden. 1979, anläßlich eines Balls der Militärakademie, an der ihr Sohn Philippe studierte, versöhnten sie sich schließlich wieder.

Als Pragmatiker hat sich Albert immer schon für wirtschaftliche Belange interessiert, insbesondere für den Export, der erheblich zum Wohlstand der Nation beiträgt. Er ist viel gereist. Tatsächlich hat er als Ehrenpräsident des belgischen Amts für Außenhandel mehr als hundert

Opfer, als Albert, ein lebhaftes Kind, kaum ein Jahr alt war. Albert wuchs in einem von den Nazis besetzten Belgien heran. Er teilte mit den Seinen das Unglück der Gefangennahme in Deutschland und dann das Exil in der Schweiz. Als sein Bruder 1951 den Thron bestieg, erhielt er den Rang seines direkten Nachfolgers. Er blieb es bis zu seinem Tode, da Baudouin keine Kinder hatte. Trotz der schwierigen Bedingungen in der Nachkriegszeit legte Albert brillante Abschlüsse im Studium der Philosophie, der Botanik und der Geographie ab.

Im Alter von 18 Jahren wurde er bereits Justizsenator gemäß Artikel 58 der Verfassung. Er absolvierte seinen Militärdienst in der Marine. Leidenschaftlicher Seefahrer,

Prinz Philippe von Belgien bereitet sich auf seine spätere Aufgabe vor.

Wird Prinz Philippe Infanta Cristina von Spanien heiraten?

Prinz Philippe in einer Soldatenbarracke.

Beim Einkaufen ist Prinz Philippe ein einfacher Bürger.

Philippe von Belgien bei einem offiziellen Besuch.

Geschäftsreisen ins Ausland unternommen. Neben anderen Aktivitäten ist Albert auch Präsident des belgischen Roten Kreuzes, der Staatlichen Vorsorge- und Rentenkasse.

Paola ihrerseits besucht gerne die Premieren von Theater- und Opernaufführungen. Sie verbirgt auch nicht ihre große Bewunderung für Maurice Béjart, von dem sie kein einziges Werk verpaßt. Im Laufe der Jahre, so scheint es, hat Paola die gleiche Beliebtheit wie Fabiola erreicht. Mit Hilfe ihres Privatsekretärs unterstützt sie das belgische Handwerk und widmet sich dem Naturschutz. Nächtlichen Vergnügungen zieht sie Abende vor dem Kamin vor, an denen sie Musik von Mozart, Bach oder Vivaldi hört. Schließlich teilt sie den Glauben Fabiolas und ist seit Jahren Mitglied derselben Gruppe der inneren Erneuerung.

Ebenso nach außen gekehrt wie sein älterer Bruder reserviert wirkte, wird der neue Monarch der Monarchie wahrscheinlich seine persönliche Note verleihen. Am Montag, dem 9. August, als die sterblichen Überreste Baudouins schon zwei Tage in Laeken aufgebahrt waren, wurde Albert der sechste König der Belgier. Seine Vereidigung, kurz und feierlich, fand im halbkreisförmigen Saal der Nationalversammlung in Brüssel statt.

Eine neue Seite ist aufgeschlagen. Wird das neue föderale Belgien die „individuellen und kollektiven Egoismen“, die Albert II. in seiner Antrittsrede angeprangert hat und die das Land zu zerreißen drohen, überwinden?

Die Zukunft wird es zeigen. Aber eines ist sicher: Trotz allem ist und bleibt der König der beste Garant – vielleicht auch der einzige – für den Fortbestand dieses ethnischen Konglomerats, das man noch Belgien nennt.

(Fabiola und Albert II.:) 7. August 1993: die ganze Welt bewundert Fabiolas gefaßte Haltung.

Die Kapelle im königlichen Palast von Brüssel.

Dänemark

von Bodil Cath

Margrethe legt bei den Entwürfen ihrer Kleidung selbst Hand an. Hier sehen wir sie in einer ihrer langen Roben von Jorgen Bender, die sie zu den Feierlichkeiten anläßlich ihrer Silberhochzeit auf Schloß Kronberg trug.

Vom Volk gewählt – Margrethe, Königin von Dänemark

Königin Margrethe II. von Dänemark ist die herrschende Monarchin des ältesten Königreichs der Welt. Ihre Vorfahren können 1000 Jahre zurückverfolgt werden bis in die Zeit des Gorm den Gamle, der um 950 n. Chr. starb. Als sie gefragt wurde, ob sie sich selbst als „gewählte" Königin betrachte, lautete ihre durchaus zutreffende Antwort: „Ich wurde im Grunde genommen zur Königin gewählt, als eine Volksabstimmung über die Möglichkeit einer weiblichen Thronfolge stattfand."

Bei einer Volksabstimmung im Jahr 1953 stimmten die Dänen mit „Ja" für Margrethe, als es um ein neues Gesetz zur Regelung der Thronfolge in Dänemark ging. Nach den geltenden Bestimmungen erbte nicht das älteste Kind den Thron, wenn es eine Tochter war und ihre Eltern nach ihr noch einen Sohn bekommen sollten. Bei der Thronfolge erhielt dieser Sohn den Vorzug gegenüber seiner Schwester.

Vor der Volksabstimmung konnten nur männliche Nachfolger den Thron besteigen. Das hieß, daß Frederik IX. trotz seiner drei Töchter, die Prinzessinnen Margrethe, Benedikte und Anne-Marie, keine Erben hinterließ. Die Nachfolge hätte sein Bruder, Prinz Knud, angetreten, der zwei Söhne hatte. Der älteste Sohn, Prinz Ingolf, heiratete wie auch sein jüngerer Bruder, Prinz Christian, eine Bürgerliche. Beide tragen den Titel Graf von Rosenborg.

Bis zur Verabschiedung des neuen Thronfolgegesetzes galt Prinz Knud als Kronprinz, nach der Volksabstimmung rückte er an die vierte Stelle der Nachfolge. Das deutliche

Ein bekanntes Bild mit vier Generationen dänischer Könige: Christian IX., Christian X., Frederik VIII. und im Vordergrund der Vater von Margrethe, Frederik IX.

Christian IX. beim Kartenspiel mit seinen Töchtern, Königin Alexandra von England, die verwitwete Zarin Dagmar von Rußland und Thyra, Herzogin von Cumberland.

Ergebnis der Volksabstimmung war eine Enttäuschung für Knud, da er das Gefühl haben mußte, daß der Status seiner Familie herabgesetzt worden war. Aber diese Enttäuschung durfte nicht gezeigt werden.

Das neue Thronfolgegesetz bedeutete, daß die älteste Tochter König Frederiks, Prinzessin Margrethe, in der vierten Generation ihrer Familie (das Haus von Glücksborg) in Dänemark herrschen würde. Ihre Stellung änderte sich grundlegend.

Das letzte Herrscherhaus, die Oldenborgs, starb 1863 mit König Frederik VII. aus. Sein Tod stellte gleichzeitig das Ende eines historischen Zeitalters dar. Ein neues Kapitel begann, als das erste Mitglied des Hauses von Glücksborg den dänischen Thron bestieg: Christian IX., geboren im April 1818, Sohn des Herzogs Wilhelm von Schleswig-Holstein Sonderborg Glücksborg. Christian von Glücksborg, König von Dänemark, wurde Vater von zwei Königen, einer Königin und einer Kaiserin, und man nannte ihn den Schwiegervater von Europa. Er war glücklich verheiratet und hatte mit Königin Louise sechs Kinder. 42 Jahre lang herrschte er in Dänemark, bevor er im Alter von 87 Jahren starb.

Die Familie Glücksborg war ein Nebenzweig der Oldenborgs, und Herzog Wilhelm von Glücksborg, der Vater Christian IX., war der Schwager König Frederik VI., des Königs von Dänemark aus dem Hause Oldenborg. Als Wilhelm starb, nahm König Frederik VI. Christian auf und sorgte für ihn wie für einen Sohn. Diese Pflegschaft entwickelte sich zu einer tiefen Zuneigung, und Frederik soll geklagt haben: „Wenn er nur mein Sohn wäre!“ Frederik VI. war ein einfacher, unkomplizierter Mann, der sich einen Sohn wie Christian sehr gewünscht hatte.

Christan X. liebte seinen Morgenausritt, und der König auf dem Pferderücken war ein gewohntes Bild in Kopenhagen.

Eine halbe Million Dänen begrüßten Prinzessin Ingrid im Mai 1935 in Kopenhagen nach ihrer Heirat mit dem dänischen Kronprinzen Frederik in Stockholm.

Königin Margrethe war von klein auf der Liebling ihres Vaters. Hier filmt der Kronprinz, der spätere Frederik IX., seine junge Tochter im Jahre 1941.

Als Christian erst 19 Jahre alt war, wurde der Plan geschmiedet, ihn mit der späteren Königin von England, Prinzessin Viktoria, zu verheiraten. Die Umstände änderten sich jedoch, und beide sollten glückliche Ehen mit anderen Gefährten führen. Merkwürdig ist dabei allerdings, daß zwei ihrer Kinder heirateten: die älteste Tochter Christian IX., Prinzessin Alexandra, heiratete den englischen Thronfolger, den Prinzen von Wales und späteren König Edward VII.

Die Ehe zwischen Christian IX. und Königin Louise war in jeder Hinsicht erfüllt – sie liebten sich, ergänzten sich im öffentlichen Leben und dienten einander als Stütze im Privatleben. 1842 fand ihre Hochzeit statt, und beide sollten noch ihren Goldenen Hochzeitstag erleben. Königin Louise war die Tochter des Landgrafen von Hessen und mit der dänischen Familie durch ihre Mutter, der Schwester König Christian VIII. von Dänemark, nahe verwandt.

Christian IX. war als sparsamer Mensch bekannt, der sein Geld nicht zum Fenster hinaus warf. Ein Flicken am Ärmel seines kaffeebraunen Mantels wurde weltberühmt – deutliches Zeichen für einen König, der nichts von übereilten Ausgaben hielt.

Der Schwiegervater von Europa

Der dänische Hof war zu jener Zeit Brennpunkt in Europa. Ohne eine Spur Extravaganz lebte die Familie glücklich auf Schloß Fredensborg, nördlich von Kopenhagen. Die Mahlzeiten der Familie waren formlos, und jeder bediente sich selbst. Königin Louise liebte Musik, und an den Abenden spielte sie gern im Musikzimmer mit ihren drei Töchtern Quartett.

1889 heiratete der älteste Sohn, Prinz Frederik, Lovisa, die Tochter König Karl XV. von Schweden. Der zweitälteste Sohn, Prinz Wilhelm, sollte König Georg I. von Griechenland werden.

Die älteste Tochter Alexandra heiratete den englischen Prinzen von Wales. Die mittlere Tochter, Dagmar, war anfangs mit dem Großherzog Nikolaus, dem russischen Thronanwärter, verlobt, aber dieser starb. Ein Jahr später heiratete Dagmar Nikolaus' Bruder, den Großherzog Alexander (der spätere Zar Alexander III.). Als russische Kaiserin nahm Dagmar den Namen Maria Feodorovna an. Die jüngste Tochter Thyra heiratete den Herzog von Cumberland, und vor seinem Tode erlebte König Christian außerdem die Krönung seines jungen Enkels Karl zum norwegischen König Haakon VII.

Das war die große Zeit auf Fredensborg, die Zeit Christian IX. und seiner Königin Louise. Zu jener Zeit trafen sich die Familien aus England, Rußland und Griechenland auf Schloß Nordseeland. Oft war die Riesenzahl der Zimmer des Schlosses belegt, und der Tisch war immer für ungefähr 100 Personen gedeckt. Allein die Hälfte gehörte zur dänischen Familie.

Jeden Sommer verbrachte hier der russische Zar Alexander mit Kaiserin Dagmar und ihren Kindern die Ferien. Der deutsche Kaiser Wilhelm und seine Familie waren ebenfalls Gäste von König Christian, und der König von Schweden segelte häufig mit der Königin über den Sund zu einem Besuch. Man war allgemein darauf bedacht, politische Diskussionen zu vermeiden. Alexandra von England liebte die Besuche bei ihren Eltern, und König Christian bezeichnete sie immer als „meine wunderschöne Tochter". Die Großherzogin Thyra von Cumberland war „seine gute Tochter", und Kaiserin Dagmar bezeichnete ihren Vater als den weisesten Mann, den sie je gekannt habe.

Die sechsjährige Königin Margrethe als Star der Lucia-Prozession, einem traditionellen Fest in Skandinavien.

1952 unternahm König Frederik eine lange Reise nach Grönland. Obwohl Ingrid und die drei Prinzessinnen ihn nicht begleiteten, erhielt jede Tochter ein herrliches Nationalkostüm als Geschenk.

Obwohl König Christian ein bescheidenes Leben führte, nahm seine geliebte Familie einen großen Platz in seinem Herzen ein. In den glücklichen Tagen von Fredensborg wollte Christian einmal mit seinen drei Töchtern mit einer Kutsche ausfahren. Der König hielt ein Gespann mit zwei Pferden für geeignet, aber seine Töchter waren anderer Meinung. Der König mußte schließlich nachgeben, und die vier erreichten das Schloß so, wie es die Töchter für standesgemäß hielten: in einem Vierspänner mit Kutschern.

Durch die verwandtschaftlichen Beziehungen waren die Stellung und der Ruf der dänischen Königsfamilie in Europa einzigartig – sogar heute noch ist Königin Margrethe mit über der Hälfte der königlichen Familien von Europa verwandt.

Sie ist zum Beispiel mit König Harald von Norwegen, dem ehemaligen König Konstantin und Königin Anne-

König Frederik IX. liebte seine drei Töchter: (von links) Prinzessin Margrethe, Prinzessin Anne-Marie und Prinzessin Benedikte. Prinzessin Ingrid kleidete ihre drei Töchter in jungen Jahren immer einheitlich.

Marie von Griechenland, Königin Elisabeth und Prinz Philip von England und König Albert von Belgien verwandt. Durch den griechischen Zweig des Hauses Glücksborg bestehen verwandtschaftliche Beziehungen mit der englischen und spanischen Königsfamilie und mit den adligen Häusern von Jugoslawien, Italien, Frankreich, Rumänien und Rußland.

Christian IX. hatte das Glück, die Monarchie bis in die vierte Generation gesichert zu wissen. Im Frühjahr 1899 wurde er mit der Geburt von Margrethes Vater, dem späteren König Frederik IX., im Alter von 82 Jahren Urgroßvater. Christians Enkel, der spätere Christian X., hatte ein Jahr zuvor Prinzessin Alexandrine von Mecklenburg-Schwerin geheiratet.

Der Nachfolger Christian IX., sein Sohn Frederik VIII., war weniger konservativ als sein Vater. Er war nur sechs Jahre lang König, von 1906 bis 1912, als er plötzlich im Alter von 68 Jahren an einem Herzanfall starb. Ihm folgte sein ältester Sohn Christian X. – ein humorvoller und schlagfertiger Mann.

In der Besatzungszeit nahm Christian X. eine harte Linie gegenüber den Deutschen ein, und sein Volk stellte sich hinter ihn. Man war ernsthaft besorgt über die Tatsache, daß der König, ein begeisterter Reiter, immer allein und ohne Schutz durch die Straßen von Kopenhagen ritt. 1942 hatte er einen schweren Reitunfall, von dem er sich nie ganz erholte. Er starb im April 1947 im Alter von 76 Jahren.

Königin Margrethe sagte einmal, sie erinnere sich an ihren Großvater nur als einen alten Mann im Rollstuhl, während sie viele glückliche Erinnerungen an ihre Großmutter, Königin Alexandrine, habe.

Der neue König, Frederik IX., Margrethes Vater, war in der Schule sehr gut gewesen, besonders in Sprachen. Er war eine Zeitlang mit Prinzessin Olga von Griechenland liiert, und 1922, als er 23 Jahre alt war, waren sie sogar so gut wie verlobt. Bevor die Romanze offiziell wurde, trennten sich Frederik und Olga jedoch.

Erst 1935 legte der 36jährige Kronprinz sein zukünftiges Glück fest in die Hände der Prinzessin Ingrid von Schweden. Die glanzvolle Hochzeit fand am 24. Mai 1935 in Storkyrkan, Stockholm, statt. Seine Wahl sollte er nie bereuen. Das Paar ergänzte sich hervorragend, und Margrethe hat, wie sie selbst sagt, in ihrer nun schon über 25jährigen Ehe immer das Beispiel ihrer Eltern vor Augen.

Margrethes Vater war ein sehr beliebter König. Er liebte das Meer, und seinem großen Freundeskreis gehörten viele Kapitäne an. Die Einwohner von Kopenhagen konnten beim abendlichen Spaziergang häufig Signale aus dem königlichen Fenster auf Schloß Amalienborg, dem Wohnsitz des Königs, aufleuchten sehen, die mit einem ungeheuren Gebläse von einem Dampfer beantwortet wurden. Mit diesen Signalen sandte der König Grüße an einen seefahrenden Freund. König Frederik segelte häufig auf der königlichen Jacht Dannebrog, wo er die Wasserspritzer auf dem Quarterdeck genoß – für ihn das Gesündeste überhaupt.

Margrethe hat viel Schwung – das zeigte sie bei den Übungen des Frauenluftwaffencorps. Die eleganten Sprünge als Ballettänzerin der Königin Margrethe sind sehr bekannt.

Königin Margrethe 1966 bei einer Übung an der Militärhochschule.

Weil Frederik das Meer und alles, was damit zusammenhing, liebte, ließ er sich als junger Mann tätowieren. Die Tätowierungen erregten viel Aufmerksamkeit, als der Kronprinz mit seiner Ehefrau die USA besuchte.

Er war außerdem ein sehr musikalischer Mensch und dirigierte gern große Symphonieorchester. Man sagte, daß er einer der besten Dirigenten Dänemarks hätte werden können, wäre er nicht König gewesen.

Elvis Presley kniet vor der dänischen Kronprinzessin Margrethe, als sie im Jahre 1960 die USA besucht.

Die Monarchin mit der besten Ausbildung

Von Königin Margrethe heißt es, sie habe als Monarchin die beste Ausbildung genossen. Sie besuchte die Zahles-Schule, ein privates Institut, und danach die dänische Luftwaffenschule für Frauen. Sie belegte Vorlesungen in Philosophie an der Universität von Kopenhagen, bevor sie in Cambridge Archäologie studierte. An der Universität Arhus begann sie ein Studium der politischen Wissenschaften, das sie an der Sorbonne und an der Londoner Wirtschaftsschule fortsetzte.

Neben ihrer Ausbildung und dem freiwilligen Dienst bei der Frauenluftwaffe ist Königin Margrethe Oberst des königlichen Regiments, Präsidentin der königlichen Gesellschaft für nordische Altertumsforschung, Vorsitzende des Königin-Margrethe-und-Prinz-Henrik-Fonds und Gründerin des Königin-Margrethe II.-Fonds für Archäologie. Darüber hinaus ist Margrethe Schirmherrin vieler Gesellschaften und Vereinigungen, darunter der königlich dänischen Gesellschaft für Wissenschaften und der dänischen Bibelgesellschaft. Die Religion liegt ihr sehr am Herzen. Die Königin hat außerdem viele Ehrungen erhalten, wie zum Beispiel die Ehrenmitgliedschaft der Londoner Wirtschaftsschule. Erst 1992 wurde sie zum Ehrenmitglied einer englischen Advokateninnung ernannt. Ihr wurden die Ehrendoktorwürde mehrerer ausländischer Universitäten und viele weitere Auszeichnungen verliehen. Margrethe II. hat auch im Bereich der Kunst und Wissenschaft deutliche Zeichen gesetzt.

Margrethe und Henrik heirateten am Nachmittag des 10. Juni 1967 bei einer herrlichen und glanzvollen Feier in der Holmenkirche. Den Spitzenschleier der Braut trug schon Königin Ingrid bei ihrer Vermählung.

Die Stellung der Königin

Margrethe bestieg am 14. Januar 1972, nach dem Tode ihres Vaters, König Frederik IX., den Thron. Mit 18 Jahren wurde sie als Mitglied des Staatsrates anerkannt (mit der Monarchin als Vorsitzenden) und ist in ihrer Eigenschaft als Königin Oberbefehlshaberin über die Streitkräfte. Ihre Geburt während der deutschen Besatzung war ein seltener Lichtblick in jenen dunklen Tagen.

Am 10. Juni 1967 heiratete Margrethe II. (Alexander Porhildur Ingrid), Königin von Dänemark, geboren am 16. April 1940 auf Schloß Amalienborg in Kopenhagen, Tochter von König Frederik IX. (verstorben 1972) und Königin Ingrid, den Prinzen Henrik von Dänemark (am 11. Juni 1934 als Henri Marie Jean-André de Laborde de Monpezat in Talence, Gironde, Frankreich, geboren), Sohn des Grafen André de Laborde de Monpezat und Gräfin Renée de Monpezat, geborene Doursenot. 1992, fünfundzwanzig Jahre später, feierten Margrethe und Henrik ihre Silberhochzeit mit königlichen Gästen aus ganz Europa und fuhren bei der Parade in der Staatskarosse durch Kopenhagen.

Margrethe trägt häufig Sealmäntel, weil sie sie liebt, aber auch, um gegen die ungerechten Anschuldigungen des grausamen Abschlachtens von Seehunden auf Grönland zu protestieren.

Margrethe bei der Übergabe der neuen Flagge an das Transportregiment von Jütland.

Die Verfassung

In der dänischen Verfassung ist festgelegt, daß die Legislative gemeinsam bei der Monarchin und dem dänischen Parlament liegt. Das ist zwar die formale Situation, die eigentliche Macht liegt heute jedoch beim Parlament. Obwohl Margrethe Gesetze unterzeichnet, spielt sie bei der Verabschiedung eines Gesetzes keine Rolle. Die Königin trifft den Premierminister einmal wöchentlich auf einer Versammlung der Staatsminister und hält sich über die Arbeit der Regierung und des Parlaments auf dem laufenden.

Leere Straßen, wenn Margrethe eine Ansprache hält

Jedes Jahr hält Margrethe am Silvesterabend eine Ansprache an ihr Volk. Die Ansprachen der Königin sind häufig kontrovers – sie werden viel bewundert, aber auch häufig kritisiert. Eine gemischte Reaktion rief auf jeden Fall ihre Ansprache hervor, in der sie ihr Volk an die Notwendigkeit erinnerte, die „Nachbarn zu lieben" und ihre Überzeugung zum Ausdruck brachte, daß Dänemark mehr Flüchtlinge aufnehmen sollte. Die Königin äußert sich zu vielen Themen, so redet sie zum Beispiel über Philosophie, Mut und Moral.

Sie nutzt bei jedem Auslandsbesuch die Möglichkeit, ihre Ansichten mitzuteilen. Bei einem offiziellen Besuch in Kanada, kurz nach dem Zusammenbruch der kommunistischen Herrschaft im Ostblock, sagte sie in einem Fernsehinterview, das von Millionen Zuschauern gesehen wurde: „Ohne Freiheit kann niemand glücklich sein." Die Königin sprach enthusiastisch über die Vorteile dieser Länder nach dem Niedergang des Kommunismus und erklärte, daß für sie bis zu dieser Zeit die Ostblockländer, metaphorisch betrachtet, ein Tiefkühlschrank ohne Tür gewesen seien.

Geld

Die Königin von Dänemark ist keineswegs eine reiche Frau. Die meisten Residenzen gehören dem Staat, obwohl sie ein Nutzungsrecht genießt.

Eines ihrer Häuser ist das Schloß von Christian IX., eines von vier Schlössern in Amalienborg im Zentrum Kopenhagens. Die Mutter von Königin Margrethe, Königin Ingrid, und Kronprinz Frederik wohnen in zwei anderen Schlössern von Amalienborg. Margrethe ist glücklich in ihrem Amalienborger Heim, wo ihr Ur-Ur-Großvater Christian IX. bis zu seinem Tod im Jahre 1906 lebte. Das Schloß stand nach dem Tode König Christians viele Jahre leer und wurde erst 1961 in eine Residenz für Margrethe, damals noch Kronprinzessin, umgewandelt.

Königin Margrethe hat Sinn für Humor und lacht sehr gern.

Als Margrethe und Henrik heirateten, wurde das Schloß grundlegend renoviert, und Margrethe selbst legte Hand an bei der Gestaltung der Inneneinrichtung, indem sie die Wände der neu hergerichteten Badezimmer mit Blumen, Bäumen und Vögeln bemalte.

Margrethe und Henrik wohnen in dem Teil des Schlosses, in dem die Große Halle liegt, der riesige und wunderschöne Festsaal, der zum Königlichen Platz angrenzt. Vom Balkon dieses Saales aus begrüßt das königliche Paar die Menschenmenge. Das Schloß hat ungefähr 30 Zimmer und einen dreieckigen Garten. Auch die Renovierung des Amalienborger Schlosses, in dem Christian VII. lebte und das jetzt für offizielle Gäste und feierliche Anlässe genutzt wird, ist schon im Gange. Der letzte Gast, der hier untergebracht war, bevor der umfangreiche Umbau begann, war Vigdis Finnbogadottir, der Präsident von Island. Mit dem Abschluß der Renovierungsarbeiten rechnet man frühestens 1996, und sogar dann werden nur die Vorder- und Hinterfassade fertiggestellt sein.

Der Staat bezahlt diese überaus notwendigen Reparaturen, während das königliche Paar die Kosten für die Innenausstattung übernimmt. Der Wohnungsbauminister ist in erster Linie verantwortlich für die Außenarbeiten am Schloß.

In ihrer Winterresidenz Amalienborg wohnen Königin Margrethe und ihr Ehemann von Dezember bis April. In der Osterzeit ziehen sie nach Marselisborg in Arhus, und im Sommer wohnt das königliche Paar auf Fredensborg.

Marselisborg ist ihre persönliche Residenz und das einzige Schloß, das der Königin selbst gehört. Das Jahreseinkommen der Königin in Höhe von DKK 37,4 Millionen ist steuerfrei, für ihr Schloß von Marselisborg, das ungefähr DKK 47 Millionen wert sein soll, zahlt sie jedoch eine Vermögenssteuer. 1990 wurde diese Vermögenssteuer auf DKK 5,5 Millionen geschätzt.

Marselisborg nimmt einen besonderen Platz im Herzen der Königin Margrethe ein, und es ist schon Tradition, daß sie hier die Oster- und Weihnachtsferien verbringt und sich häufig auch einige Zeit im Sommer in der Residenz aufhält. Prinz Henriks Weingut Caix in Cahors befindet sich ebenfalls im Privatbesitz der königlichen Familie und dient als Urlaubsresidenz. Einmal im Jahr, normalerweise im August, verbringen Margrethe und Henrik einen ausgedehnten Urlaub auf ihrem Schloß in Frankreich.

Im Jahre 1849, dem Ende der absoluten Monarchie, übergab der König seine Schlösser dem Staat, der die Verantwortung für den Unterhalt der Schlösser übernahm. Seitdem wird bei jeder Krönung eines Königs oder einer Königin ein neues Zivilgesetz verabschiedet, in dem festgelegt wird, welches Schloß dem herrschenden Monarchen

Königin Margrethe und Prinz Henrik sind stolz auf ihre Söhne, Kronprinz Frederik (rechts) und Prinz Joachim. Hier sehen wir sie in feierlicher Kleidung anläßlich des 50. Geburtstages ihrer Mutter.

zur Verfügung gestellt wird. Die Königin nutzt auch die kleine Eremitage als Jagdhütte, die mitten in Dyrehaven, einem der ältesten Wälder Dänemarks, liegt. Das Land der Eremitage (von der Königin nur selten genutzt) ist ein beliebtes Erholungsgebiet für die Bewohner von Kopenhagen. Bis vor einigen Jahren hielt Königin Margrethe ihr jährliches Jagdfrühstück gewöhnlich in einer anderen kleinen Jagdhütte, Badstuen bei Schloß Frederiksborg, ab.

Die königliche Jacht

Richtig ausspannen können Königin Margrethe und Prinz Henrik auf der königlichen Jacht Dannebrog, die jetzt 60 Jahre alt ist. Die Dannebrog liegt im Außenhafen von Kopenhagen an Boje Nummer sieben und gleicht einem auf dem Wasser treibenden Schloß mit jedem nur erdenklichen Luxus. Anfang der 80er Jahre wurden DKK 40 Millionen in die Restaurierung der königlichen Jacht investiert: 140 Personen waren zehn Monate lang mit den Streich-, Lackier- und Schleifarbeiten und mit dem Einbau des modernsten Brandschutzsystems beschäftigt; das Allerneueste an Komfort und Sicherheit wurde auf der Dannebrog eingebaut. Auf See ist das königliche Paar in seiner eigenen kleinen Welt. Die Prinzen Frederik und Joachim lieben die königliche Jacht ebenso wie ihre Eltern, und am Hauptmast wird, wie bei den Schlössern, die königliche Fahne gehißt, wenn die Königin sich an Bord aufhält.

Die Jacht muß die Königin und den Prinzen an ihre ersten Tage als Ehepaar erinnern, denn auf der Dannebrog gelang es den Frischvermählten, vor der Presse zu flüchten und ein wenig Frieden und Ruhe auf ihrer Hochzeitsreise zu finden.

Die Dannebrog, offiziell Marinejacht Nr. 1, befindet sich nicht im Privatbesitz von Margrethe und Henrik, sondern gehört zur königlichen Flotte. Sie ist 63 m lang, 10,4 m breit und erreicht eine Geschwindigkeit von 14 Knoten. Die Crew besteht aus 50 Mitgliedern des Marineverteidigungscorps. Die Dannebrog ist bisher nach Grönland, Norwegen, Schweden und Finnland, zu den Färöern sowie über den Atlantik in die USA gesegelt. Mit ihr wurden offizielle und halboffizielle Besuche in Großbritannien, Frankreich, Deutschland, Italien, Griechenland und Island abgestattet.

Eine der bedeutenden Reisen fand 1982 nach Island zum 1000. Geburtstag Eriks des Roten statt. Diese Reise

Die Fahrt in einer Kutsche durch Kopenhagen bei ihrer Silberhochzeit wurde zu einer feierlichen Prozession.

Vier Monate nach der Hochzeit konnte Margrethe verkünden, daß ein weiteres Mitglied der königlichen Familie unterwegs sei. Die stolzen Eltern stellten den neuen Prinzen zehn Tage nach seiner Geburt vor. Er wurde später auf den Namen Frederik getauft.

Ganz Dänemark feierte 1992 mit dem königlichen Paar die Silberhochzeit. Margrethe und Henrik beim Hochzeitswalzer auf Schloß Fredensborg.

Jeden Sommer macht das königliche Paar einen Segeltörn auf der königlichen Jacht „Dannebrog", Marinejacht Nr. 1 der dänischen Flotte.

Prinz Henrik ist nicht immer so glücklich mit seiner Rolle als Prinzgemahl: „Manche Leute betrachten mich als eine Art Vertreter meines Geschlechts", sagte er einmal.

Königin Margrethe schreckt vor Abenteuern nicht zurück. Bei einem Kamelritt in Ägypten im Jahr 1963.

wurde für die königliche Jacht und das königliche Paar zu einem wirklichen Drama, denn die alte Dame der Meere mußte sich einen Weg durch das Packeis um Grönland bahnen, um in den Hafen von Narssarsuag einzulaufen – stürmische Tage für die Passagiere.

Zum Glück leiden weder Margrethe noch Henrik an Seekrankheit, und beide sind bekannt für ihre Standfestigkeit auf See: zeitweise ein klarer Vorteil auf der Dannebrog, da man weiß, daß sie bei Seegang ein wenig ins Schlingern gerät. Immer wieder hört man das Gerücht, daß Margrethe auf einer Reise nach Grönland mit einer Zigarette und einem Glas Portwein gesehen wurde, als viele der anderen Personen an Bord seekrank waren. Ein hoher Seegang scheint der Königin nichts auszumachen, und die Liebe zum Segeln hat sie von ihrem Vater geerbt.

Viele hoffen auf eine königliche Romanze zwischen dem Kronprinzen Frederik von Dänemark und Prinzessin Märtha-Louise von Norwegen. Der Altersunterschied zwischen dem Kronprinzen und der norwegischen Prinzessin ist ideal. Hier vergnügen sie sich bei den Feierlichkeiten anläßlich der Silberhochzeit von Königin Margrethe und Prinz Henrik.

Königin Margrethe zu Ehe und Familie

Margrethe macht aus ihren Ansichten keinen Hehl, vor allem dann nicht, wenn sie ein Thema für wichtig hält. Die Tatsache, daß die Königin in allen Bereichen überaus professionell ist, geht aus ihren Interviews deutlich hervor.

Über die Harmonie in ihrer Familie sprach die Königin in einem Interview mit der Autorin:

„Wir führen eine gute Ehe, denke ich. Wir sind schon seit vielen Jahren verheiratet und kennen die Standpunkte des anderen gut genug. Ich glaube aber nicht, daß unsere Ehe zur reinen Routine geworden ist.“

Jeder darf Fehler begehen. Was machen Sie, wenn Sie ins Fettnäpfchen treten?

„Ich finde möglichst schnell jemanden, bei dem ich mich entschuldigen kann, sonst wird es unangenehm. Natürlich ist es schlimm, wenn man in ein Fettnäpfchen tritt, ohne es zu merken. In einem solchen Fall hoffe ich, daß mich jemand darauf hinweist.

Warum scheint die königliche Ehe wesentlich beständiger zu sein als andere Ehen?

Man kann sich nur ein Urteil über die eigene Ehe bilden. Mitglieder eines Königshauses sollten sich ihrer Verantwortung gegenüber dem Land und ihrer Stellung bewußt sein und sich bemühen, eine gute Ehe zu führen. Das trifft auf jeden zu: Man sollte sich um eine gute Ehe bemühen. In unserer Position sind wir uns der Tatsache besonders deutlich bewußt, daß wir zweimal nachdenken müssen. Ich glaube nicht, daß wir ein Recht auf die Scheidung haben. Falls jemand, der so aufgewachsen ist wie ich, glaubt, es zu haben, dann soll es wohl so sein. Ich finde, die Möglichkeit einer Scheidung sollte nicht Bestandteil einer Ehe sein, und das meine ich nicht nur, weil ich eine Ehe innerhalb der königlichen Familie führe.“

Die Königin denkt nach und fährt fort:

„Wenn sich trotz allem eine Menge Leute trennen, so war dies ursprünglich nicht ihre Absicht. Eine Scheidung wäre für ein Paar sicherlich nicht so schwer und schmerz-

Margrethe ist außerordentlich stolz auf ihren ältesten Sohn, Kronprinz Frederik, der eine militärische Ausbildung bei der königlichen Leibgarde und bei den Husaren der Leibtruppe genossen hat.

lich, wenn es nicht vorher in dem Glauben geheiratet hätte, für immer zusammenzubleiben."

Aus welchem Grund, meinen Sie, zerbrechen so viele Ehen?

„Ich weiß nicht, warum einige Dinge im Leben funktionieren und andere nicht. Vielleicht werden die Menschen zu schnell ungeduldig miteinander, vielleicht haben sie auch mit sich selbst zu wenig Geduld."

Glauben Sie, daß die Gleichberechtigung der Geschlechter tatsächlich existiert oder nur auf dem Papier besteht?

„Sie sollten eher andere Menschen fragen. Davon bin ich nie wirklich betroffen gewesen – Gleichberechtigung ist für mich nicht sehr wichtig gewesen. Sie ist gewiß für andere Menschen von großer Bedeutung, und vielleicht fühlen sich andere Frauen unterdrückt. Ich nicht. Ich bin in einer für eine Frau ungewöhnlichen Situation aufgewachsen, aber ich war nie der Ansicht, daß man mir dazu besonders gratulieren müßte. Ich bin nicht gerade eine Frau, die ihren Werdegang selbst geplant hat. Normalerweise sage ich, das biologische Schicksal hat meinen Eltern keinen Sohn beschert. Dann sollte man noch das Thronfolgegesetz erwähnen, aber trotzdem ist es ein Zufall, daß ich als Frau diese Stellung bekleide."

„Man könnte sagen, daß mir die Gleichberechtigung auf einem Tablett serviert wurde. Dennoch bin ich in einer Zeit aufgewachsen, in der die meisten Mädchen davon ausgingen, einen Mann zu heiraten und Kinder zu bekommen, unabhängig von ihrer Erziehung. Ich habe natürlich eine gute Erziehung genossen – ich wollte eine Universität besuchen. Das war für mich selbstverständlich. Die Tatsache, nicht gleichberechtigt zu sein, ist mir nie in den Sinn gekommen, aber in der Familie und im Freundeskreis führen wir gelegentlich Gespräche über dieses Thema und manchmal ziehen wir unsere drei Männer auf und sagen, daß sie nichts anderes als männliche Chauvinisten seien. Aber das habe ich nie wirklich von ihnen gedacht." Die Königin lächelt.

Glauben Sie, daß wir Menschen von Natur aus monogam sind?

„Um ehrlich zu sein, ich weiß nicht, was wir von Natur aus sind. Zu diesem Thema fällt mir nichts Großartiges ein, aber es gibt Hunderte von Theorien. Im Grunde genommen sind wir keine Naturkinder mehr. Die Menschen leben jetzt schon seit so langer Zeit in Gemeinschaften zusammen, vor allem in diesem Teil der Welt. Deshalb kann man nicht einfach die Dinge mit der natürlichen Welt vergleichen. Wir haben ein Modell geschaffen, in dem die meisten Menschen, soweit ich es beurteilen kann, nur einen Ehepartner haben."

Glauben Sie, daß wir eine sexuelle Freiheit auf Kosten der Romantik erworben haben?

„Ich glaube nicht, daß es keine Romantik mehr gibt. „Prinzessinnen" zum Beispiel dürfen heute sehr viel mehr,

Königin Margrethe mit Präsident George Bush bei einem offiziellen Staatsbesuch in den USA kurz vor Ausbruch des Krieges am Persischen Golf.

Kronprinz Frederik (rechts) amüsiert sich mit seinem Onkel Konstantin, dem ehemaligen König von Griechenland (links) und seiner Tante, Königin Anne-Marie. In der Mitte ist Prinz Charles, der englische Thronfolger, abgebildet.

aber damit sind auch neue Schwierigkeiten aufgetreten. Und dann taucht das nächste Problem auf, nämlich, wie wir mit unserer größeren Freiheit in der Praxis umgehen. Ich glaube, wir könnten auf den Gedanken hereinfallen, es sei einfach. Das ist es aber nicht."

Ihr Mann, der Prinz, hat einmal gesagt, Sie seien der General und er der Oberst, was von Anfang an ein Ungleichgewicht geschaffen hat. Was meinen Sie dazu?

„So einfach ist das nicht. Es ist nicht der Normalfall, daß die Frau den besseren Beruf hat. Vielleicht wird es eines Tages normal sein, aber in der Altersgruppe, zu der mein Mann und ich gehören, ist das ganz bestimmt nicht der Fall. Mein Mann war fast 33, als wir heirateten, und ich war 27. Für meinen Mann war es als Franzose offensichtlich nicht so einfach, damit umzugehen. Trotzdem sind wir wahrscheinlich bei uns zu Hause ein – wie soll ich sagen? – traditionelles Paar."

Prinz Henrik soll einmal gesagt haben, daß Sie wie viele andere Frauen nicht sehr gut organisiert sind. Stimmen Sie dem zu?

„Ich weiß nicht, ob das auf sehr viele Frauen zutrifft, aber es stimmt, ich bin etwas unordentlich. Das ist auffällig – er hat recht. Das kommt wahrscheinlich daher, daß ich nicht in der Lage bin, ein Tagebuch zu führen. Methodische Menschen führen ein Tagebuch, weniger methodische Menschen machen das nur selten. Das stimmt natürlich nicht immer", die Königin lächelt vergnügt.

Die Königin sagt über ihre Söhne, Kronprinz Frederik und Prinz Joachim: „Ich hoffe, daß meine Söhne die richtigen Frauen kennenlernen. Eine gute Ehefrau unterstützt ihren Mann nicht nur im häuslichen Leben, sondern auch weitgehend bei seinen öffentlichen Auftritten und Tätigkeiten. Mit anderen Worten, den Kronprinz als König und Prinz Joachim als Grundbesitzer." Nach einer kurzen Pause betont die Königin:

„Das ist sehr wichtig. Ich hoffe, daß die Jungen dies in unserer Familie gespürt und erkannt haben. Es ist von großer Bedeutung, daß ein Paar sich gegenseitig helfen kann. Ich denke, darüber sollte man sorgfältig nachdenken, und man kann auch dann sorgfältig nachdenken, wenn man verliebt ist."

War das bei Ihnen der Fall?

„Ja, natürlich. Ja, gerade bevor ich mich sehr verliebte, wußte ich, daß ich sorgfältig nachdenken mußte. Jemand sagte einmal, daß man einen Blitz zwar nicht aufhalten kann, aber relativ einfach verhindern kann, daß eine ganze Stadt abbrennt. Man kann sich verlieben, aber man kann immer verhindern, daß ein größeres Feuer entsteht, das außer Kontrolle gerät."

Befürchten Sie, daß Ihre Söhne aufgrund der Dinge, die in der Presse geschrieben werden, als Playboys abgestempelt werden?

Ich finde es lästig, daß die Presse alles bis in die kleinste Einzelheit verfolgt. Manchmal interessieren sich

Journalisten für Sachen, die meiner Ansicht nach nur in ihren Köpfen existieren. Ich glaube, das ist sehr unfair gegenüber zwei jungen Menschen. Warum versuchen die Menschen, zweierlei Maß anzulegen? Meine Söhne sind ganz normale Menschen und werden trotzdem gejagt wie keiner sonst. Sehen Sie darin eine Logik?" fragt die Königin.

„Ich sehe keine und meine Söhne auch nicht. Aber das ist ein Teil ihres Lebens und sie haben gelernt, damit umzugehen. Daher glaube ich, daß sie einen Weg finden werden, damit zu leben. Sie wissen, daß sie eine gewisse Verantwortung haben – ich glaube, sie sind sich dessen sehr bewußt. Ich nörgele nicht an ihnen herum, das ist nicht meine Aufgabe, und so bin ich auch nicht. Das ist keine Tugend! Ich glaube, Frederik und Joachim leben richtig und vernünftig; unsere Jungen sind gesund und glücklich, und sie bereiten uns sehr viel Freude. Jetzt, wo sie wirklich erwachsen werden, führen wir gemeinsam ein sehr angenehmes Familienleben. Wir sehen uns nicht immer so oft, wie wir es uns wünschen, aber wenn wir zusammenkommen, sprechen wir über alles, erzählen einander von den Dingen, die wir gerade machen und diskutieren die Neuigkeiten. Es ist wirklich eine Freude, erwachsene Söhne zu haben."

Hätten Sie gern noch ein Kind bekommen?

„Nun, es sollte nicht sein. So ist es im Leben nun manchmal."

Wenn man Königin Margrethe fragt, ob sie etwas im Leben bereut, wird sie sagen, daß sie ihren zwei inzwischen erwachsenen Söhnen nicht gerade eine ideale Mutter war, als sie noch klein waren.

„Wenn ich in bezug auf meine Söhne etwas bereuen würde, wäre es wahrscheinlich die Tatsache, daß ich mir nicht mehr Zeit für sie genommen habe, als sie klein waren."

Wurden Sie schon einmal zur Monarchin mit der besten Garderobe gewählt?

„Ja. Das hat mich sehr überrascht."

Entwerfen Sie Ihre Kleider selbst?

„Wenn Kleider für mich angefertigt werden, diskutiere ich jedes kleine Detail mit meinem Modedesigner, Jorgen Bender. Es ist sehr interessant, der Mode und dem eigenen Geschmack zu folgen. Es mag durchaus zutreffen, daß sich meine Bilder und Zeichnungen in meiner Kleidung widerspiegeln – das geschieht ohne Absicht. Wir reden, und es läßt sich am besten mit einem Stift in der Hand reden."

Glauben Sie manchmal, daß Ihr Arbeitsleben oder andere Bereiche Ihres Lebens gefährlich sind?

„Jeder denkt das hin und wieder. Man hat das Leben nicht immer im Griff, und manchmal tauchen Probleme auf: soviel ist klar. Es kommt vor, daß an einem bestimmten Punkt ein Problem auftritt, für das aber schon bald eine

Für die Kunst geht Königin Margrethe gern in die Knie – hier bei den Entwürfen für die Ballettaufführung „Hyrdinden og Skorstensfejeren" [Die Hirtin und der Schornsteinfeger]. Rechts ist Tina Lauritzen abgebildet, zuständig für Spezialeffekte beim dänischen Fernsehen.

Lösung gefunden wird, und man entdeckt, daß alles halb so schlimm war. Oder es kann sein, daß sich das Problem irgendwie von selbst gelöst hat."

Sie sagten einmal, daß sie keinen Wert darauf legten, als romantische Person durch eine rosarote Brille betrachtet zu werden

„Ich sträube mich dagegen, als Schaufensterpuppe gesehen zu werden, dennoch ist meine äußere Erscheinung vielen Menschen wichtiger als die Person, die ich wirklich bin."

Glauben Sie, daß es manchmal schwierig ist, zwischen oberflächlichen Lobeshymnen und echter menschlicher Wärme zu unterscheiden?

Im allgemeinen schwanke ich bei Menschen häufig zwischen glücklicher Naivität und kalter Skepsis. Manchmal frage ich mich, ob jemand ein echtes Interesse an mir hat und habe das Gefühl, daß es eher oberflächlich ist, aber man kann auch vieles falsch deuten. Es gibt keine grundsätzlichen Antworten für das Leben, und das lernen wir allmählich, je reifer wir werden. Alles hat seinen Preis, und einige Dinge bergen ein Risiko."

„Ich habe einmal etwas recht Amüsantes gehört. Ein schon lange verstorbener, alter Staatsbeamter hängte seinen Leitspruch, ein Motto, an Schloß Frederiksborg auf, als ihm das Große Verdienstkreuz von Dannebrog verliehen wurde. Es lautete: Wer nie etwas erreicht, macht keine Fehler. Das war sehr schön gesagt", lächelt die Königin und fährt fort: „Dahinter steckte der einfache Gedanke, daß wir uns nicht einbilden sollten, etwas ohne jeden Fehler tun zu können. Das müssen wir erkennen, bevor wir überhaupt nichts mehr tun, aus Angst, Fehler zu begehen."

Königin Margrethes Illustration für den Umschlag des Buches „Alle Menschen sind sterblich" von Simone de Beauvoir, das Margrethe und Henrik gemeinsam übersetzt haben.

Die Königin gibt zu, daß sie sich manchmal über sich selbst ärgert. „Die kleinen Dinge machen mich nervös und ärgern mich. Am meisten ärgere ich mich, wenn ich etwas anstelle, das nicht sehr erfolgreich, oder besser gesagt, dumm ist."

Von ihren Freunden sagt Margrethe folgendes: „Ich habe einen recht großen Freundeskreis, und dieser besteht zum Teil aus Menschen, die ich schon sehr lange kenne, und zum Teil kenne ich die Menschen erst seit kurzer Zeit. Die meisten Menschen haben einen sehr unterschiedlichen Freundeskreis, von denen sie einige sehr gut kennen und andere wiederum nicht so gut. Es trifft zu, daß wir unsere Freunde nicht so oft sehen, wie wir es wünschen, aber wir kennen uns gut und können immer zum Telefonhörer greifen und anrufen."

Stimmt es, daß Sie im Winter Ballett tanzen?

„Ja, das ist die einzige Sportart, die ich ausübe. Ich bin ziemlich faul. Ich habe zuwenig Geduld, um eine Sportart systematisch zu betreiben."

Jedes Jahr hält Königin Margrethe ihre mit Spannung erwartete Neujahrsansprache. 1992 warnte sie vor Nationalismus, der zu Fremdenfeindlichkeit und Rassenhaß führen kann.

Als Künstlerin sind Sie sehr gelobt worden, mußten aber auch Kritik einstecken. Welche Empfindungen haben Sie?

„Ich freue mich über Kritik. Das zeigt, glaube ich, daß meine Kunst sehr ernst genommen wird. Gleichzeitig ist mir bewußt, daß die Kunst immer an zweiter Stelle stehen wird. Das heißt aber nicht, daß ich nicht mein Bestes geben will, was meine Kunst betrifft. Ich mache es mir nicht selbst schwer und versuche, mit links zu malen!"

Die Königin hält ihren Mann, Prinz Henrik – selbst ein sehr künstlerischer Mensch – für einen ausgezeichneten Kritiker.

Sie sind eine sehr beliebte Vorlage für Karikaturen im Fernsehen, im Kabarett und für Zeitungscartoons. Was halten Sie davon?

„Ich habe einige davon gesehen. Das ist sicher nichts Neues in Dänemark. Mein Vater wurde hundertmal als Karikatur gezeichnet, und damals hat er sich – so wie ich mich heute – darüber amüsiert. Das überrascht die Menschen außerhalb unseres Landes mehr als uns. Sogar unsere Bewegungen werden festgehalten. Darin besteht normalerweise der schwierigste Teil: nicht nur das typische Aussehen einer Person wiederzugeben, sondern auch die Art, wie sie sich bewegt. Darin liegt die wirkliche Kunst der Darstellung im Kabarett, in der Satire und in Karikaturen."

Die Königin interessiert sich nicht besonders für das Fernsehen. Margrethe sagt, daß sie, abgesehen von den Nachrichten, nur gelegentlich den Fernseher einschaltet. Seifenopern und ähnliche Sendungen interessieren sie nicht im geringsten: sie hält sie für ermüdend.

Stress

„Ich denke nicht jeden Tag an die Belastungen. Andere Menschen finden vielleicht manchmal, daß ich angespannt bin."

Sie sollen einmal gesagt haben, daß sie wahrscheinlich als ewige Studentin ihr Leben verbringen werden. Hat sich das als wahr erwiesen?

„Ich bin keine aktive Studentin mehr. Mir ist jedoch immer daran gelegen, dazuzulernen. Die meisten Menschen glauben, daß, wenn sie erwachsen sind, der Zug abgefahren ist. Sie haben nicht mehr die Zeit, sich eingehend mit Dingen zu beschäftigen, die sie vielleicht gern studiert hätten."

Was ist mit Ihrer Grabschrift? Wie würden Sie gern als Königin von Dänemark in Erinnerung behalten werden?

„Es würde mir sehr gefallen, wenn die Menschen die

Königin Margrethes Entwürfe für eine Fernsehproduktion des berühmten Märchens von Hans Christian Andersen „Die Hirtin und der Schornsteinfeger" dienten auch als Vorlage für die Figuren, die in der königlichen Porzellanfabrik in Kopenhagen angefertigt wurden.

Die Schriftstellerin Bodil Cath im Gespräch mit Königin Margrethe und Prinz Henrik.

Tatsache in Erinnerung behielten, daß ich meine Arbeit ernst genommen habe. Auch wenn das, was ich erreicht haben sollte, nicht genug war."

Literatur

Königin Margrethe und Prinz Henrik lesen sehr gern. Beide lesen morgens zuerst die Tageszeitungen: sie werden ihnen mit dem Frühstück gebracht.

„Ich überfliege die Zeitungen. Einige Artikel lese ich gründlich, und andere lese ich erst später am Tag", sagt Königin Margrethe. Die Tatsache, daß Margrethe und Henrik das geschriebene Wort lieben, zeigt ihre gemeinsame Übersetzung der Erzählung *Alle Menschen sind sterblich* von Simone de Beauvoir unter dem Pseudonym H. M. Vejerberg. Außerdem hat Königin Margrethe eine Trilogie des schwedischen Schriftstellers Stig Strömholm übersetzt: *Dalen*, *Markerne* und *Skoven*. Die Königin spricht Schwedisch fast genauso fließend wie Dänisch. Prinz Henrik ist der Poet in der Familie. Der Prinz bewies sein lyrisches Talent in einem Buch über Fredensborg Humlebæk, das dem königlichen Paar zur Silberhochzeit von der Gemeinde Fredensborg Humlebæk überreicht wurde. Henrik schrieb für das Buch ein französisches Gedicht, eine Hommage an Fredensborg. Mit Hilfe der Königin übersetzte Henrik das Gedicht in die dänische Sprache.

Prinz Henrik ist sehr belesen in der französischen Literatur. 1982 erfuhr die Öffentlichkeit erstmals von Henriks poetischem Talent, als er seine französischen Gedichte mit dem Titel *Chemin Saisant* in einer Auflage von 150 Büchern für seine Familie und engsten Freunde veröffentlichte. Das Buch enthielt auch ein Gedicht mit dem Titel *Les Filles de Copenhague*, ein Loblied auf die Mädchen von Kopenhagen. Außerdem schrieb Prinz Henrik in den ersten Ehejahren leidenschaftliche Liebesgedichte an seine Daisy, die Margrethe wie einen Schatz hütet.

Margrethe stellte ihre Faszination für Sprachen – sei es Dänisch, Schwedisch, Französisch oder Englisch – mit der neuen Übersetzung ihres Lieblingsbuches aus Kindheitstagen *The Wind on the Moon* von Erik Linklater mit dem dänischen Titel *Det blæser på månen* unter Beweis. Den Vers „Remember that honey is better than money, and friends are the sweetest of all" [Vergeßt nicht, daß Honig süßer ist als Geld, aber Freunde sind immer noch am süßesten] interpretierte die Königin auf ihre eigene Weise, und in der Übersetzung heißt es: „Hus på born, at honning kan fryde en Dronningmen sværst er venner at få" [Vergeßt nicht, Kinder, daß eine Königin vielleicht Honig mag, aber es ist viel schwerer, Freunde zu finden].

Königin Margrethe liest sehr viel, gibt aber auch zu, daß sie die dänische Gegenwartsliteratur nicht in den Griff bekommen hat. Sie hat eine große Auswahl an englischer Literatur. Das Gepäck der Königin ist nach ihren Weihnachtseinkäufen in London immer mit englischen Büchern gefüllt. Die Königin mag zum Beispiel Karen Blixen, Tolkien – dessen Bücher sie eigenhändig illustriert hat – H. C. Andersen und, nicht zu vergessen, Geschichtsbücher, zum Beispiel über den Zweiten Weltkrieg. Ihr gefiel *Kristin Lavranstochter* von Sigrid Undset sehr gut, und die Bücher von Olav Audunsson hat sie mehrere Male gelesen. Margrethe hält *Das Alexandria-Quartett* von Lawrence Durrell für ein außergewöhnliches Buch. Die Bücher von Charles Morgan hat sie alle gelesen. Auch meint Ihre Majestät, daß die Bücher von Kipling nicht zu verachten seien. Die dänische Königin hat 1977 nicht nur die Illustrationen für Tolkiens *Der Herr der Ringe* angefertigt, sondern auch für *Historien om Regnar Lodbrog, Bjarkemål* und *Komedie i Florens* des dänischen Schriftstellers Poul Ørøm.

Kunst – Margrethes Alter ego

Kunst ist Margrethes *Alter ego*. In Dänemark und im Ausland werden Margrethes Arbeiten immer öfter ausgestellt und versetzen die Welt in Erstaunen.

1993 stellte Margrethe zum Beispiel 12 Arbeiten königlicher Kunst in Dänemark aus, die jeder für DKK 100 erwerben konnte. Die Königin unterstützte die dritte Welt mit Arbeiten für einen Nothilfekalender der Landeskirche. Der Erlös ging an das Nothilfeprogramm der Organisation. Mit einer begrenzten Auswahl an Farben malte Ihre Majestät 12 wunderschöne Aquarelle mit biblischen Themen zu Texten der dritten Welt.

„Jedes einzelne Thema hat für den Künstler eine große Bedeutung, und ich betrachte es als eine sehr persönliche Erfahrung, wenn ich eine Passage aus der Bibel illustriere," sagt die Königin.

„Ich wollte das Thema nicht aufgreifen, bevor ich nicht wußte, ob ich ausreichend Zeit hätte, um es so gut zu machen, wie es jetzt geworden ist. Zuvor habe ich nie ernsthaft versucht, die Motive in der Bibel zu verstehen, obwohl auch meine früheren Arbeiten sehr viel davon enthalten. Es ist sehr schwer, Bilder über ein Thema zu malen, das vielen Menschen soviel bedeutet", erklärt die Königin.

„Ich habe ganz bewußt nur eine sehr begrenzte Anzahl Farben eingesetzt, um eine gewisse Distanz zum Thema herzustellen und um auf den Betrachter eine freundliche Wirkung zu erzielen, aber auch, weil ich gern mit wenigen Farben arbeite."

Margrethe liebt ihre Kunst, und sie verwendet eher Materialien wie Acryl als Öl. „Ich kann einfach nicht warten, bis die Ölfarben trocknen", bekennt sie.

Margrethes Arbeiten wurden bisher in Norwegen, Schweden, in den USA und in Dänemark ausgestellt.

Margrethe spürt, daß die Dänen sie als Künstlerin akzeptieren. „Das verursachte keine große Aufregung, und darüber bin ich sehr glücklich", so die Königin.

Dennoch sagt sie: „Wenn meine Arbeiten ausgestellt werden, habe ich immer ein wenig Angst davor, was die

Eine Lithographie von Königin Margrethe, die zugunsten des dänischen Roten Kreuzes verkauft wurde.

Öffentlichkeit darüber denkt, und ich werde nervös, wenn professionelle Kunstkritiker ihre Meinung sagen. Ich fürchte mich eher vor zu positiven Kritiken, die ich aufgrund der Tatsache, daß ich Königin bin, erhalte. Kritiker sind es sich selbst schuldig, ehrlich zu sein, und das gilt auch für die Arbeiten, die eine Königin signiert", meint Margrethe. Mittlerweile hat sie gewisse Erfahrungen gesammelt. Die Königin ist der Ansicht, daß sie unterwürfige Kritiken erkennen kann.

Die Königin von Dänemark verwendet schnelltrocknende Acrylfarben. 1988 wurden ihre Werke zum ersten Mal auf einer Ausstellung in Koge gezeigt.

Die Kunst der Königin von Dänemark, die sich über das Nähen und Entwerfen von bestickten Meßgewändern und priesterlichen Roben bis hin zum Malen und Aquarellieren von Bildern erstreckt, ist teilweise von der Landschaft Grönlands inspiriert, obwohl einige ihrer Bilder auch Motive aus Norwegen aufweisen. Mehr als 100 Aquarelle, Tuschezeichnungen und verschiedene Kirchengewänder werden in der Ausstellung Ihrer Majestät gezeigt. Königin Margrethe ist vor allem von Landschaften zu jeder Jahreszeit fasziniert. Einige der Arbeiten der Königin wurden der Familie und engen Freunden vorgestellt, aber ansonsten ist die königliche Kunst, abgesehen von dem Kalender, Bildern und limitierten Lithographien, die für Wohltätigkeitszwecke verkauft werden, unverkäuflich. In dieser Hinsicht ist sich die Königin ihrer Situation durchaus bewußt. Sie selbst sagt:

Margrethe liebt auch die Stickerei. Diese beiden Stuhlbezüge wurden von ihr für den 60. Jahrestag des dänischen Handarbeitsverbandes bestickt.

Nach einer 25jährigen Ehe kann man immer noch Händchen halten. „Und nicht nur für die Presse", sagt Prinz Henrik.

Nach der Premiere von „Et Folkesagn" [Ein Volksmärchen], das sie inszenierte, kniet Königin Margrethe 1991 vor dem Publikum. Der Beifall wollte nicht enden, und ihre Arbeit wurde hoch bewertet.

Königin Margrethe auf dem Weg zu einem Galabankett auf Schloß Christanborg in ihrem neuen Silberfuchspelz, ein Geschenk zum 50. Geburtstag.

„Die Preise könnten künstlich in die Höhe getrieben werden, unabhängig von der Qualität. Meine Arbeiten werden nicht zu kommerziellen Zwecken ausgestellt. Das habe ich mir sehr gut überlegt. Und ich habe mich auch zu diesem Thema beraten lassen. Die Tatsache, daß ein Mitglied der königlichen Familie Zeichnungen, Aquarelle und andere künstlerische Arbeiten ausstellt, ist an sich schon eine Sensation. Darüber bin ich mir im klaren", so die Königin.

Verneigung vor dem Volk

Königin Margrethe inszenierte als erste Königin eine ganze Ballettaufführung, gestaltete das Bühnenbild und die neuen Kostüme für *Et Folkesagn*, ein Stück des dänischen Bournonville-Balletts aus dem Jahre 1854. Bei der Premiere im September 1991 schritt eine selbstbewußte, 51jährige, dänische Künstlerin auf die Bühne und empfing den Beifall des Publikums in einer ganz anderen Weise, als es sonst bei unserer Königin der Fall ist. Ihre Majestät war scheinbar überwältigt. Das ganze Theater tobte vor Begeisterung. Das Publikum klatschte stürmisch Beifall und gab der Königin stehend Ovationen. Der Applaus schien nicht enden zu wollen. Die Königin verneigte sich dreimal, bevor der erste Vorhang fiel. Spontane Bravo-Rufe ertönten, und jeder klatschte und stampfte mit den Füßen. Die Königin war von der Reaktion auf das farbenprächtige Bühnenbild *Et Folkesagn* zu

Margrethe und Henrik lieben Dackel und besitzen beide einen. Wie es sich für einen königlichen Jagdhund gehört, trottet Margrethes Hund am liebsten voran.

Jedes Jahr macht Königin Margrethe Skiurlaub, normalerweise in Norwegen. Hier sehen wir sie jedoch in Megève in der Schweiz.

Tränen gerührt. Kronprinz Frederik im ersten Rang war sichtlich stolz auf seine Mutter. An diesem Abend wurde königliche Geschichte sogar schon vor der Ballettaufführung geschrieben. *Et Folkesagn* ist eine Geschichte über Kobolde, Elfen und Kinder, die verwechselt werden. Die Aufführung stellt ein realistisches Abenteuer vor dem romantischen Hintergrund des dänischen Sommers dar und ist gleichzeitig eine fröhliche Sicht über das groteske Leben der Kobolde. Die Aufführung der Königin hat auch international hervorragende Besprechungen erhalten.

Skandale?

Zu der Zeit, als ich noch Journalistin war und als autorisiertes Mitglied zur offiziellen Begleitung von Königin Margrethe gehörte, fragte mich ein kanadischer Fernsehreporter einmal, ob ich ehrlich bestätigen könne, daß es überhaupt keine Skandale um die Königin von Dänemark gäbe, wie zum Beispiel bei der britischen Königsfamilie. Ich konnte nur antworten, wir Dänen hätten noch nie beobachtet, daß sich unsere Königin in einer skandalträchtigen Weise verhalten hätte. Allerdings halten es die Kanadier wohl für unglaublich, daß die Königin eine so starke Raucherin ist.

Königin Margrethe wünscht nicht, daß ihre Rauchgewohnheiten diskutiert werden. „Vielleicht ist es nicht gesund, aber ich glaube nicht, daß es negative Auswirkungen auf mein Leben hat“, soll die Königin gesagt haben. Die Königin bemerkte ebenfalls: „Ich rauche nicht in der Öffentlichkeit. Das ist noch nie als damenhaftes Verhalten erachtet worden. Ich bin also nicht höflich, wie einige Leute meinen, sondern in mancher Hinsicht sehr altmodisch.“

Die Königin betont zum Schluß, daß in Dänemark nicht soviel Aufhebens um das Thema Rauchen gemacht wird wie in anderen Ländern.

Margrethe und Henrik, feierlich gekleidet und dekoriert mit der höchsten Auszeichnung Dänemarks, dem Orden des Elefanten.

Großbritannien

von Judy Wade

Die Geschichte der britischen Monarchie

Königin Elisabeth II. feierte 1992 ihr 40jähriges Thronjubiläum.

Die britische Monarchie ist ein Bindeglied zwischen der Gegenwart und der Vergangenheit. Königin Elisabeth II. kann die Spuren ihrer Vorfahren bis zu König Egbert, der England 829 n. Chr. zu einem Königreich vereinte, zurückverfolgen.

Sie ist ebenso eine Nachfahrin Mohammet II., König von Sevilla, dessen Erben im 11. Jahrhundert über Kastilien und Portugal herrschten.

Die Geschichte der englischen Monarchie beginnt jedoch mit den Sachsen. Die Deutschen und Friesen fielen im vierten Jahrhundert in England ein und eroberten innerhalb von 150 Jahren das gesamte Land.

Die ersten Könige waren Stammesführer, die eine Gewaltherrschaft über ihre Nachbarn ausübten. Die Krone wurde von den Vätern an ihre ältesten Söhne weitergegeben und später auf dieselbe Weise an ihre Töchter. Wenn ein Monarch ohne Erben starb, erbte sein ältester Bruder das Königreich. Frauen waren jedoch bis zur Tudor-Zeit von der Herrschaft ausgeschlossen.

Die Sachsen hielten diese Erbregeln nicht so streng ein. Der Witan, eine Versammlung von Bischöfen und Großgrundbesitzern, wählte häufig nicht den richtigen Erben, sondern einen anderen Verwandten, der auf Grund seiner Erfahrung und Weisheit den Vorzug erhielt.

So kam auch Alfred (849 – 899), der bedeutendste der 17 Sachsenkönige, auf den Thron. Er war zwar erst 22 Jahre alt, als sein älterer Bruder Ethelred I. starb. Aber Alfred hatte sich schon in verschiedenen Schlachten gegen die Dänen bewiesen. Als aufgeklärter Herrscher und Gelehrter, der teilweise in Rom erzogen worden war, verglich man ihn häufig mit Karl dem Großen.

Als Wilhelm der Eroberer (1027 – 1097), der mit einem der letzten Sachsenkönige, Eduard dem Bekenner, entfernt

Heinrich VIII. (1509 – 1547) war mit sechs Frauen verheiratet.

Katharina Howard, die fünfte Ehefrau Heinrichs VIII., wurde 1542 hingerichtet.

Schloß Windsor ist seit 900 Jahren Wohnsitz der britischen Monarchen.

Elisabeth I. herrschte von 1558 bis 1603 und hinterließ keine Erben.

verwandt war, seine Streitkräfte von der Normandie aus über den Kanal führte und Harald II. bei der Schlacht von Hastings besiegte, änderte sich Brittanien grundlegend. Er ließ ein Schloß über der Themse bei Windsor als Festung ausbauen, das Königin Elisabeth und ihrer Familie fast 1000 Jahre später noch als Wohnsitz dient.

Dank der Übermacht der Streitkräfte konnten zwei Söhne und ein Neffe den Thron fast ein Jahrhundert lang halten. Dann bestieg sein Urgroßenkel Heinrich II. als erster König aus dem Haus Plantagenet den Thron. Nach der Hochzeit mit Eleanore von Aquitanien erstreckte sich sein Königreich von Irland bis in die Nähe des Mittelmeeres.

Der berühmteste Plantagenet war König Johann („ohne Land"). Er erbte keines der Besitztümer seines Vaters und verlor in den Schlachten gegen den König von Frankreich die Normandie und Anjou. Sein schlechter Regierungsstil und die außerordentlich hohen Steuern führten zu einer Revolte der englischen Barone. Am 15. Juni 1215 erzwangen sie seine Zustimmung zur Magna Carta, mit der die uneingeschränkte Macht des Königs beschnitten wurde.

Zwei Jahrhunderte später endete mit dem Beginn der Rosenkriege, die die beiden mächtigen Häuser Lancaster und York entfachten, die Herrschaft der Plantagenets. Die Erben Eduards III. kämpften um den Thron. Der walisische Prinz Heinrich Tudor heiratete schließlich die Erbin Elisabeth von York und versöhnte die beiden gegnerischen Mächte.

Nach dem Sieg über den letzten Monarchen aus dem Hause der Plantagenets, Richard III., in der Schlacht von Bosworth im Jahre 1485, erhob Heinrich Anspruch auf die Krone und begründete die Tudor-Dynastie.

Der Sieg brachte dem kriegsgeschädigten Land Frieden, der jedoch nicht überall willkommen war, da Heinrich nur einen geringen Anspruch auf den Thron nachweisen konnte. Sein Großvater, Owen Tudor, war mit Königin Katharina, der Witwe Heinrichs V., verheiratet.

Ihm folgte sein zweiter Sohn, Heinrich VIII., berühmt wegen seiner sechs Ehefrauen. Er wünschte sich verzweifelt einen Sohn und ließ sich von Katharina von Aragon scheiden, was zu einem Bruch mit dem Papst in Rom führte. Daraufhin ernannte er sich selbst zum Oberhaupt der Kirche von England.

Ironischerweise wurde Heinrichs Tochter Elisabeth I. die bedeutendste

Viktorias Familiensinn setzte Maßstäbe, die seitdem von allen Monarchen eingehalten werden.

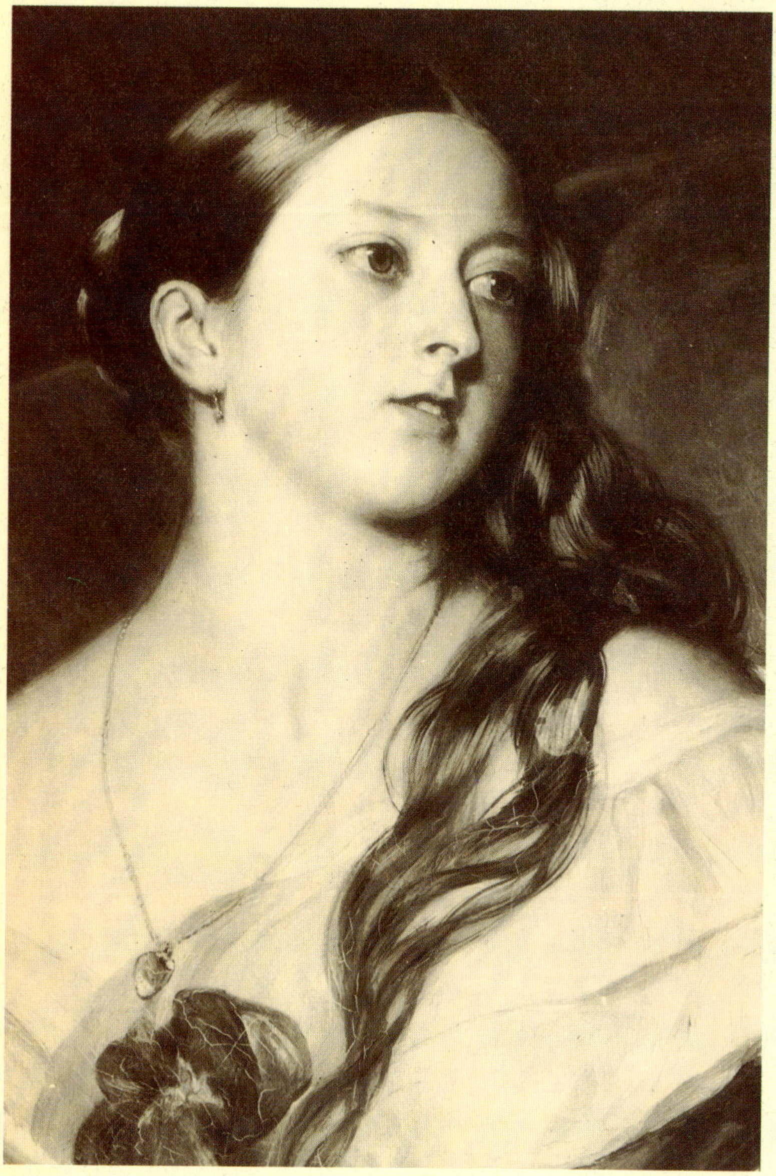

Königin Viktoria bestieg 1837 im Alter von 18 Jahren den Thron.

einen legitimen Thronanspruch. Das Parlament bot ihnen rasch die Krone an, und ab 1689 regierten sie das Land gemeinsam. Mit der nun durchgesetzten konstitutionellen Monarchie blieben Brittanien Kämpfe zwischen der Krone und dem Parlament, die im 19. Jahrhundert viele Länder in Europa spalteten, erspart.

Ihre Nachfolgerin, Königin Anna, hatte zwar 17 Kinder, die jedoch alle starben. Mit dem 1701 beschlossenen Act of Settlement hatte man sichergestellt, daß der Thron auf den nächsten protestantischen Erben überging. Da die rechtmäßige Erbin Sophia, die Frau des Kurfürsten von Hannover und Enkelin von Jakob I., zwei Monate vor Königin Anna gestorben war, trat ihr Sohn Georg die Nachfolge an.

Obwohl er kein englisch sprach, traf er 1714 in London ein, um sich zum ersten König aus dem Hause Hannover krönen zu lassen.

Erst mit Georg III., der 1738 in London geboren war, bekam das Land wieder einen englischen König. Als Opfer einer nicht erkannten Blutkrankheit, die heftige Gefühlsausbrüche verursachte, galt er als geisteskrank und wurde die letzten neun Jahre seines Lebens unter Verschluß gehalten.

Seine Enkelin Viktoria stellte mit ihrem starken Pflichtgefühl und häuslichen Tugenden das Ansehen der Monarchie wieder her. Unter ihrer Herrschaft entwickelte sich das britische Empire mit Gebieten in Indien, Afrika und im Pazifik zur größten Welt-

Herrscherin des Hauses Tudor. Sie war bekannt für ihren Lerneifer und beherrschte neun Sprachen. Nach dem Seesieg über die spanische Armada gab sie England Sicherheit und Frieden.

Da sie nie geheiratet hatte, ging die Krone an Jakob I., den Sohn ihrer Halbschwester Maria, Königin der Schotten. Da dieser gleichzeitig als Jakob VI. über Schottland herrschte, vereinte er als erster Stuart-König beide Länder.

Er glaubte an das Recht der göttlichen Könige. Diese Auffassung wurde jedoch unter seinem Sohn Karl I. immer mehr in Frage gestellt, denn dieser herrschte ohne Parlament über das Land und wurde schließlich hingerichtet. Elf Jahre später brachte die Restauration seinen Sohn Karl II. an die Macht.

Ihm folgte sein katholischer, wenig beliebter Bruder Jakob II. Kurz nachdem Prinz Wilhelm von Oranien, der mit Maria, einer Enkelin Karls I., verheiratet war, mit seinen Streitkräften landete und die Glorreiche Revolution einleitete, flüchtete Jakob aus dem Land und hinterließ einen leeren Thron.

Wilhelm hatte die militärische Macht und seine Frau

Viktoria entwickelte eine Vorliebe für das schottische Hochland, die auch heute noch von ihrer Familie gepflegt wird.

Viktoria heiratete 1839 ihren deutschen Cousin Albert in der königlichen Kapelle von St. James.

Die Frischvermählten verbrachten nur kurze Flitterwochen auf Windsor.

Prinz Albert starb 1861 auf Windsor und hinterließ eine trauernde Ehefrau.

Im hohen Alter wurde Viktoria „Großmutter Europas" genannt.

1897 feierte Viktoria ihr diamantenes Jubiläum mit einer Parade durch London.

Georg V. änderte den deutschen Namen der königlichen Familie während des Ersten Weltkriegs in Windsor.

macht. Das britische Volk erlebte eine Periode des Friedens und Wohlstands, und neue Gesetze brachte ihm größere Freiheiten. Da ihre Kinder und Enkelkinder in viele Königshäuser eingeheiratet hatten, wurde sie die „Großmutter Europas" genannt.

Viktoria und ihr Ehemannn Prinz Albert von Sachsen-Coburg hatten neun Kinder, und ihr glückliches Familienleben hat Maßstäbe gesetzt.

Da das Erstgeburtenrecht die britische Thronfolge bestimmt, bei dem männliche Erben den Vorzug gegenüber weiblichen Nachkommen genießen, erbte Eduard VII., Viktorias zweites Kind nach einer erstgeborenen Tochter, den Thron.

Unter der Herrschaft seines Sohnes, Georg V., entschied sich die königliche

1935 feierten Georg V. und Königin Maria ihr 25jähriges Thronjubiläum.

Nach dem frühen Tod seines Bruders Albert erwarb Georg das Anrecht auf den Thron.

Georg und seine sechs Kinder liebten das Land von Sandringham in Norfolk.

Die vier Söhne und die Tochter Georgs V. als junge Erwachsene. Der fünfte Sohn John starb im Alter von 13 Jahren.

Familie bei Ausbruch des Zweiten Weltkriegs, die früheren deutschen Bindungen zu lösen und den Namen zu ändern. Ein Berater schlug den Namen Windsor nach dem tausendjährigen Sitz der Familie vor.

Nach der Abdankung seines ältesten Sohnes Eduard VIII., bestieg sein zweiter Sohn Georg VI. nur widerstrebend den Thron. Das Haus Windsor wird nun schon seit über 40 Jahren von seiner Tochter Elisabeth geführt. Und trotz einiger Rückschläge scheint es auf das 21. Jahrhundert gut vorbereitet zu sein.

Königin Elisabeth II. mit der Staatskrone anläßlich der offiziellen Eröffnung des Parlaments.

Die Königin als Staatsoberhaupt

Königin Elisabeth II. regiert nicht, sondern repräsentiert. Sie folgt damit dem Beispiel Königin Viktorias, die erkannte, daß nur eine Monarchie mit beschnittenen Rechten und sinnvollen Aufgaben die industrielle Revolution überleben würde.

Die Monarchie in Großbritannien dient als Symbol der Einheit und Kontinuität. Fast alle offiziellen Stellen handeln im Namen der Königin. Die korrekte Bezeichnung der britischen Regierung lautet „die Regierung Ihrer Majestät". Straftäter kommen nicht einfach ins Gefängnis, sondern werden „nach dem Ermessen Ihrer Majestät in Haft gehalten". Der Postdienst heißt „königliche Post".

Kein Gesetz des Parlaments tritt ohne die Unterschrift der Königin in Kraft, obwohl es sich dabei heute nur noch um eine Formalität handelt.

Seit dem Mittelalter nahm die Macht der britischen Monarchen stetig ab. Als konstitutionelle Monarchin des 20. Jahrhunderts hat sie fast nur noch das Recht, beraten zu werden und zu beraten. Der Historiker Walter Bagehot faßte die eingeschränkte Macht eines britischen Souveräns als „das Recht zu beraten, zu unterstützen und zu warnen" zusammen.

Elisabeth nimmt die Fahnenparade ab, die jedes Jahr im Juni stattfindet.

Theoretisch beruft die Königin immer noch das Parlament ein. Tatsächlich wurde dieses Recht jedoch im 17. Jahrhundert nach den Verfassungskämpfen, die 1689 in der „Bill of Rights" gipfelten, abgeschafft. Gleichzeitig wurde die Vorstellung des göttlichen Rechts der Könige aufgegeben.

Im ausgehenden 20. Jahrhundert sind die konstitutionellen Aufgaben der Königin äußerst begrenzt. Traditionell eröffnet sie das Parlament, und das Unter- und Oberhaus dürfen erst nach der Ansprache der Königin ihre Tätigkeit aufnehmen.

Diese Ansprache wird jedoch vom Kabinett geschrieben und enthält die Regierungspolitik für die nächste Sitzungsperiode sowie Gesetzesvorschläge.

Die offizielle Eröffnung des Parlaments verdeutlicht die Rolle der konstitutionellen Monarchie in Großbritannien. Diese königliche Zeremonie leitet die neue Sitzungsperiode der Regierung ein.

Die Fahnenparade wird zum offiziellen Geburtstag der Monarchin abgehalten.

Bei einem Staatsbesuch in Washington 1991 hielt die Königin eine Ansprache vor dem Senat und dem Kongreß.

Die Königin begrüßte den sowjetischen Präsidenten Michail Gorbatschow zu einer bunten Feier auf Schloß Windsor.

Königin Elisabeth und Prinz Philip besichtigten 1986 die Chinesische Mauer.

1982 begrüßte die Königin Papst Johannes Paul II. im Buckingham Palast.

Präsident Mitterand hieß die Königin bei einem Staatsbesuch 1992 in Frankreich willkommen.

In der irischen Staatskarosse fährt die Königin vom Buckingham Palast zum Westminster-Palast. Eine weitere Karosse mit den königlichen Insignien, der Staatskrone des britischen Empire und dem Staatsschwert, die zur Erinnerung an ihre gesetzliche Autorität als Staatsoberhaupt dienen, folgt ihr.

Bei der Ankunft setzt die Königin die Krone auf und legt die karminrote Staatsrobe, die für Königin Viktoria angefertigt wurde, an und schreitet zum Oberhaus.

Die Königin darf das Unterhaus nicht betreten, eine Tradition, die nach der mißbräuchlichen Herrschaft Karl I. eingeführt wurde. Nachdem der Schatzmeister den obersten Dienstbeamten des englischen Oberhauses ausgesandt hat, um die Mitglieder zusammenzurufen, wird ihm die Tür zunächst symbolisch vor der Nase zugeschlagen.

Die Königin kann das Parlament zwar nicht einberufen, aber sie kann es auflösen. Von dieser Möglichkeit machte 1818 der Prinzregent im Namen Georg III. zum letzten Mal Gebrauch. Eine Auflösung erfolgt heute nur nach einer königlichen Erklärung auf Wunsch des Premierministers. Dies kann aber nur in wenigen und ungewöhnlichen Ausnahmesituationen geschehen. Die Königin darf das Parlament zum Beispiel dann auflösen, wenn die Regierung unerwartet ein Gesetz einführt, das von der Öffentlichkeit nicht unterstützt wird, wie etwa die Abschaffung der Monarchie. In diesem Fall wird eine allgemeine Wahl über den Willen des Volkes entscheiden.

1975 wurde ein Premierminister mit arbeitsfähiger Mehrheit entlassen. Die Auflösung erfolgte nicht durch die Königin, sondern in ihrem Namen. Der Generalgouverneur von Australien, Sir John Kerr, entließ Gough Whitlam, den australischen Premierminister, nachdem sein Haushaltsplan weder vom Senat noch vom Oberhaus genehmigt worden war.

Die Königin hatte von den Vorgängen überhaupt keine Kenntnis. Sie befand sich gerade im Tiefschlaf, als auf der anderen Seite der Welt der australische Premierminister „gefeuert“ wurde.

Der Vorfall verdeutlicht die Doppelrolle der Königin. Sie ist nicht nur Elisabeth II., Königin von Gottes Gnaden des Vereinigten Königreiches von Großbritannien und Nordirland sowie Verteidigerin des Glaubens, sondern ebenfalls Oberhaupt des Commonwealth, einer Gemeinschaft von 50 Ländern auf der ganzen Welt.

Die Hingabe, mit der die Königin sich dem Commonwealth widmet, früher British Empire genannt, wird von der Regierung nicht immer gebilligt.

Der Autor Alan Hamilton erklärt dies folgendermaßen: „Politiker betrachten den Commonwealth wahrscheinlich lediglich als ein Mittel der Entwicklungsländer, größere

Die Königin trifft den Premierminister wöchentlich, hier mit Außenminister Douglas Hurd.

Die Anwesenheit der Königin bei der offiziellen Eröffnung des Parlaments erinnert an die königliche Autorität.

Unterstützung durch Großbritannien zu erhalten, während die Königin an einen höheren Sinn bei der stetigen Suche nach einer Weltordnung glaubt."

Die Königin kann außerdem die Auflösung eines Parlaments ablehnen. Dieses zweite ihr verbliebene Recht kann sie rechtmäßig durchsetzen, wenn sie glaubt, daß das Parlament weiterarbeiten, daß sich eine Wahl ungünstig auf die Wirtschaft des Landes auswirken oder daß ein anderer Premierminister die Geschäfte weiterführen kann.

In ihrer 40jährigen Thronzeit dienten ihr von Sir Winston Churchill bis John Major zehn Premierminister. Jeder Premierminister folgte dem Brauch, die Königin bei einem wöchentlichen Treffen, gewöhnlich dienstag abends im Buckingham Palast, auf dem laufenden zu halten. Sie hat folglich große Erfahrung und Kenntnis von der Regierungsarbeit. Der angesehene Schriftsteller Antony Jay sieht es wie folgt: „Man kann sich kaum vorstellen, daß ein Premierminister es nicht gelegentlich für sinnvoll hält, einen Berater mit diesen Eigenschaften hinzuzuziehen."

Jeden Abend erhält sie kistenweise Dokumente vom Kabinett und Telegramme vom Außenministerium. Regierungsstellen schicken der Königin regelmäßig Berichte zu. Trotzdem – oder vielleicht deswegen – hat die Königin kein Stimmrecht. Ihr Amt verbietet es ihr, eine politische Partei zu unterstützen. Diese Regel gilt für jedes Mitglied ihrer Familie.

Die Königin in der roten Robe der Gemeinschaft des britischen Empire.

Da alle Parteiführer gewählt werden, hat die Königin das Recht verloren, einen Premierminister ihrer Wahl zu ernennen. Es liegt jedoch in ihrem Ermessen, einen Premier zu ernennen, wenn bei der Wahl keine Mehrheit zustande kommt. Auch dann wird die Königin zweifellos nicht ohne Zustimmung des amtierenden Premierministers handeln.

Die Staatsbesuche im Ausland belegen die offiziellen Bande zwischen der Regierung und der Monarchin. Sie wird immer vom Außenminister oder seinem Vertreter begleitet.

„Diese Besuche sollen die guten Beziehungen zwischen Großbritannien und dem besuchten Land vertiefen", erklärt ein Sprecher des Buckingham Palast.

1992 besuchte sie zum erstenmal das wiedervereinigte Deutschland, und der Höhepunkt ihres Besuchs war der Gang durch das Brandenburger Tor.

Die wenigen Schritte der berühmtesten Monarchin der Welt durch die hohen Steinsäulen am „Todesstreifen", der ehemaligen Grenze zwischen dem demokratischen Westen und dem totalitären Osten, wurden als symbolische Geste von den Berlinern sehr geschätzt. Ein Mann, der eine dreistündige Fahrt von seiner Heimat im Osten auf sich genommen hatte, um die Königin zu sehen, sagte: „Wenn ich sehe, daß die englische Königin hier entlang geht, dann weiß ich, daß ich wirklich frei bin."

Zwei oder dreimal im Jahr lädt die Königin ausländische Staatsoberhäupter nach Großbritannien ein. Dieser Brauch entstand um 1520, als François I. von Frankreich einer Einladung Heinrichs VIII. folgte, um einen Freundschaftsvertrag zwischen den Ländern zu besiegeln.

Die Königin lächelnd im Regen, mit der Leibwache von Windsor.

Mit König Birendra bei einem Staatsbesuch in Nepal im Jahre 1986.

Monarchen und Präsidenten aus der ganzen Welt werden bei ihrer Ankunft in London offiziell empfangen und mit der Königin oder anderen Mitgliedern der königlichen Familie in einer Staatskarosse zum Buckingham Palast gefahren. Bevor sie Gespräche mit dem Premierminister führen, findet zu ihren Ehren ein Bankett im Buckingham Palast oder auf Schloß Windsor mit der Königin als Gastgeberin statt.

Meinungsumfragen haben wiederholt bestätigt, daß die Monarchie vom britischen Volk sehr geschätzt wird. Die Briten und Millionen Menschen in vielen Ländern des Commonwealth sehen in ihr nicht nur

Eine Prozession des Hosenbandordens auf dem Weg zur Kapelle St. George's, Schloß Windsor

die Inhaberin eines hohen Amtes. In ihrer über vierzigjährigen Zeit auf dem Thron hat die Königin mit ihrem außerordentlichen Pflichtgefühl und ihren hohen Moralvorstellungen die Achtung und Zuneigung ihrer Untertanen gewonnen. Und da sie eine Abdankung ablehnt, kann sie auch nicht – wie die meisten ihrer Landsleute – in den Ruhestand treten.

Das beste Beispiel für die enge Verflechtung zwischen Monarchie und Staat ist vielleicht die britische Nationalhymne. „God Save the Queen", eine Komposition aus dem 17. Jahrhundert, früher schon einmal in Rußland, Dänemark und Schweden verwendet, wird immer noch bei allen offiziellen Anlässen gespielt.

Das Privatleben

Über Elisabeth II. wird soviel geschrieben, wie noch nie über einen Monarchen zuvor. Für zehn Millionen Menschen auf der Welt ist sie nicht die Königin von England, sondern einfach nur die Königin.

Ihr familiäres Glück und Unglück erregten ungeheures Interesse bei den Medien und faszinierten weltweit ihre Anhängerschaft. Der berühmte Buckingham Palast und Schloß Windsor locken jeden Tag Tausende von Touristen an, und Erfolge der Familie werden im ganzen Land gefeiert.

Die Herrschaft der Königin begann 1952, als das Land einen Aufschwung erlebte. Die schlimmsten Tage der Nachkriegszeit waren vergangen. Großbritannien war noch eine Großmacht. Großbritannien hatte noch keine der ehemaligen Kolonien in die Unabhängigkeit entlassen. Winston Churchill war Premierminister, und eine junge, lächelnde Königin schien ein hoffnungsvolles Zeichen für eine bessere Zukunft zu sein.

Diese Hoffnungen wurden jedoch enttäuscht, als sich die Lage langsam zu ihrem Nachteil veränderte. In den ehemaligen afrikanischen Kolonien lösten Bürgerkriege und Militärdiktaturen die britische Herrschaft ab. Im eigenen Land entwickelte sich der Terrorismus in Nordirland zu einem unlösbaren Problem für die britische Regierung.

Großbritannien mag heute keine große Weltmacht mehr sein, aber das Haus Windsor hat seinen Status als letzte bedeutende Monarchie auf der Welt erhalten.

Der Glanz und die Macht sind zum Teil dem Reichtum der königlichen Familie zu verdanken. Die Königin besitzt die weltweit größte private Kunstsammlung, ihr gehört die wertvollste Briefmarkensammlung, sie trägt die fantastischsten Juwelen, und ihre Schlösser sind eingerichtet mit den schönsten Möbelstücken, die noch privat genutzt werden.

Aber der Respekt und das weltweite Interesse sind der Persönlichkeit der Königin zu verdanken.

Die Königin züchtet reinrassige Wettkampfhunde in Zwingern auf Sandringham.

Sie wurde am 21. April 1926 geboren und erhielt von Hauslehrerinnen in ihrer behüteten Kindheit eine eher bescheidene Ausbildung. Niemand rechnete damit, daß sie einmal Königin wird, da ihr Vater der zweite Sohn des Königs Georg V. war. Man hoffte, daß ihr Onkel David, später Eduard VIII., heiraten und die Thronfolge weitervererben würde.

Das Privatleben der jungen Prinzessin Elisabeth und ihrer Schwester Prinzessin Margaret Rose stand nur selten im Brennpunkt des Medieninteresses, dem sie und ihre Familie heute unbarmherzig ausgesetzt sind. In den 30er Jahren hatte man den Jagdhunden der britischen Medien so effektiv den Maulkorb angelegt, daß die Öffentlichkeit erst im letzten Moment von der Katastrophe im Königshaus erfuhr, die Elisabeths Leben für immer verändern sollte.

Ihr Onkel David entschied sich, auf den Thron zu verzichten und die geschiedene Amerikanerin Wallis Simpson zu heiraten. Nur widerstrebend bestieg ihr Vater als Georg VI. den Thron und machte sie zur Thronanwärterin.

Sie lernte nur kurz eine Art normales Arbeitsleben kennen, als sie Ende des Zweiten Weltkriegs einen Hilfsdienst bei der Landwehr ableistete. Im Alter von achtzehn Jahren wurde sie täglich nach Aldershot, in der Grafschaft Surrey, gefahren, wo sie mit einigen auserwählten jungen Frauen in die Wartung von Fahrzeugen eingewiesen wurde. Kurz danach ging der Krieg zu Ende, und der Lehrgang sollte nur ein flüchtiger Einblick in das richtige Leben gewesen sein.

Am 21. Geburtstag versprach sie in einer Fernsehansprache feierlich, den Rest ihres Lebens dem Volk zu dienen. Von Südafrika aus, wo sie in Begleitung ihres Vaters, ihrer Mutter und ihrer Schwester auf Reisen war, verkündete sie: „Ich erkläre vor Ihnen allen, daß ich mein ganzes Leben, sei es lang oder kurz, dem Dienst an ihnen und an unserem großen Commonwealth, dem wir alle angehören, weihen werde."

Dieses Gelöbnis hielt sie mit beispielhafter Hingabe. Sie heiratete verhältnismäßig jung, gründete eine Familie und wurde mit 25 Jahren zur Königin gekrönt. Mit der Geburt ihrer Söhne Charles, Andrew und Edward sowie ihrer Tochter Anne sicherte sie die Nachfolge und war mit ihrem glücklichen Familienleben ein Vorbild für das ganze Land.

Cecil Beaton fotografierte die junge Prinzessin Elisabeth 1945 im Buckingham Palast.

Prinzessin Elisabeth vor dem strohgedeckten Landhaus Y Bwthyn Bach, das ihr 1931 vom walisischen Volk geschenkt wurde.

Elisabeth und ihre Schwester Margaret mit ihren Eltern, König Georg VI. und Königin Elisabeth.

Ihr Image war schon immer das einer hart arbeitenden, reservierten Frau ohne extravagante Vorlieben. Ein normaler Mensch – in ein hohes Amt hineingeboren.

Sie raucht nicht wie ihre Schwester Margaret und flucht nicht wie ihr Ehemann Prinz Philip. Ungeachtet ihres großen Reichtums ist sie von Natur aus genügsam und verwendet ihre Garderobe immer wieder. „Das ist mein schottisches Blut", lautet ihre Erklärung.

In all den Jahren ihrer Thronzeit hat sie noch kein einziges Mal richtig Urlaub gemacht. Wenn sie auf Balmoral im schottischen Hochland oder auf ihrem Landsitz Sandringham in Norfolk Zuflucht sucht, bearbeitet sie morgens kistenweise Staatsdokumente.

Ihre Leidenschaft für Hunde und Pferde wird von vielen ihrer Staatsbürger geteilt. Ihre Ankunft wird dem Personal schon immer vorher von einer Horde kleiner, flinker Corgis angekündigt, die wie ein Frühwarnsystem vor ihr hertrippeln.

Seit über hundert Jahren ist die Windsor-Dynastie ein Matriarchat. Die letzte rechtmäßige Königin, Viktoria, herrschte 60 Jahre lang, bevor sie 1901 im Alter von 82 Jahren starb. Ihr Sohn Bertie, später Eduard VII., klagte oft: „Ich bin mit einer ewig lebenden Mutter geschlagen."

Viktorias Einfluß war immer noch spürbar, als die Gemahlin ihres Enkelsohnes, Georg IV., Königin Mary, die dominante Stellung in der Familie übernahm. Sie glaubte, daß ihre ganze Familie im Namen der Pflicht jedes Opfer leisten müsse.

Eduard VIII. verzichtete auf den Thron, um die geschiedene Wallis Simpson zu heiraten. Elisabeth wird Thronanwärterin.

Ihre starre Haltung führte zu einer Entzweiung mit ihrem ältesten Sohn Eduard VIII., der 1936 auf den Thron verzichtete, um die geschiedene Amerikanerin Wallis Simpson zu heiraten.

Die nächste Königsgemahlin Elisabeth, Mutter der derzeitigen Königin, nahm ihren Platz ein. Mit ihrer Hilfe und Unterstützung wandelte sich ihr schüchterner und auf die Aufgabe unvorbereiteter Ehemann Georg VI. in einen sehr beliebten König, der von 1936 bis 1952 herrschte.

Diese Frau, inzwischen Urgroßmutter, übt auch heute noch großen Einfluß auf die Familie aus. Besonders ihrem Enkel, Prinz Charles, ersetzte sie oft die Mutter, da ihre Tochter nur wenig Zeit hatte.

Die Königin hält streng an den Prinzipien dieser mächtigen, selbstbewußten Frauen fest. Vor allem hat sie die Monarchie nur langsam an das veränderte Leben angepaßt. In den letzten vier Jahrzehnten seit ihrer Krönung hat sich Großbritannien grundlegend gewandelt. Die sozialen und ethnischen Strukturen haben sich genauso verändert wie die wirtschaftliche Situation. Davon ist jedoch hinter den Mauern des Buckingham Palast nur wenig zu spüren. Am Hof sind keine schwarzen oder behinderten Menschen beschäftigt, und keine Frauen in Spitzenpositionen. Eine Erhebung aus dem Jahre 1990 ergab, daß nur neun von 891 königlichen Angestellten einer ethnischen Minderheit angehören.

Die Königin ist allerdings von den Gesetzen gegen Rassen- und Geschlechterdiskriminierung ausgenommen. Folglich sind ihre Untertanen an Gesetze gebunden, die zwar in ihrem Namen erlassen, von ihr aber ignoriert werden.

Der Landadel, aus dem sich einst die wichtigsten Anhänger der Krone zusammensetzte, verschwindet langsam aus der vordersten Reihe der britischen Gesellschaft.

Und vor allem haben die Königin und ihre Angehörigen, im Gegensatz zu anderen wichtigen Institutionen im Land, eine Art Öffentlichkeitsarbeit bisher vernachlässigt.

Ihre Freunde und Berater setzen sich immer noch aus einem kleinen Kreis schwerfälliger Höflinge aus der Oberschicht zusammen, die der Kritiker John Grigg einmal als „eine in Tweed gekleidete, verkniffene, kleine Enklave mittelmäßiger englischer Ladies und Gentlemen ohne einen Funken gesunden Menschenverstand“ beschrieb.

Königlichen Berichterstattern zufolge ist das Personal sogar noch weniger beeindruckend. Es gibt keine überragenden Staatsbeamten unter ihren Beratern, meint David Robertson, Dozent für Politik in Oxford.

Kritikern zufolge war die Königin insbesondere schlecht beraten, als ihre Familie in den 80er und 90er Jahren in persönliche Schwierigkeiten geriet, über die ausführlichst berichtet wurde. Der schlimmste Rückschlag war das Scheitern der Ehe des Prinzen und der Prinzessin von Wales, in dessen Verlauf erstaunliche Enthüllungen über das Privatleben des Paares zutage gefördert wurden.

Die Folge war, daß die Beliebtheit der Windsors allmählich nachließ. Während des Golfkriegs im Jahre 1991 wurde ihnen völlige Gleichgültigkeit gegenüber den britischen Truppen vorgeworfen, die ihr Leben riskierten, während sie sich Ferien gönnten und einen lockeren Lebenswandel führten.

Als Elisabeth ihrem Vater auf den Thron folgte, war sie 25 Jahre alt.

Ein weiterer Schrei der Entrüstung ging durch die Öffentlichkeit, als bekannt wurde, daß die Königin – wahrscheinlich die reichste Frau Großbritanniens – keine Steuern für ihr Privateinkommen zahlte. Nur widerstrebend und viel zu spät, um ihre Kritiker zu beschwichtigen, gab sie dem Druck nach und erklärte sich 1992 bereit, Steuern zu zahlen, wenn auch nicht unbedingt in derselben Höhe wie ihre Staatsbürger.

Bis dahin konnte sich Elisabeth II. der Kritik immer wieder entziehen. Die Situation verschlechterte sich aber langsam, als ihre Kinder erwachsen wurden, heirateten und eigene Familien gründeten. Leider schien keines der Kinder fähig zu sein, eine gute Beziehung aufrechtzuerhalten.

Prinzessin Anne heiratete als erste und ließ sich auch als erste wieder scheiden. 1992 wurde ihre Ehe mit Kapitän Mark Phillips nach einer zweieinhalbjährigen Trennung offiziell für beendet erklärt. Die Schwester der Königin, Prinzessin Margaret, ließ sich bereits vor 14 Jahren von ihrem Ehemann, Lord Snowdon, scheiden.

Als Prinz Charles seine Verlobung mit Lady Diana Spencer 1981 bekanntgab, schien sie der Himmel geschickt zu haben. Die blauäugige, blonde Frau sah nicht nur toll aus, sondern war auch hervorragend geeignet. Ihre Familie hatte seiner Familie jahrhundertelang gedient. Sie war „das Mädchen von nebenan", geboren im „Park House" auf dem königlichen Landsitz Sandringham, den ihr Vater, ein ehemaliger Oberstallmeister, von der Königin gepachtet hatte.

Für die Öffentlichkeit war sie als zukünftige Königin die ideale Wahl.

Die Heirat von Charles und Diana war der Höhepunkt einer Bilderbuchromanze, und die ganze Welt freute sich

Die Königin, ihre Kinder Anne und Charles und die Königinmutter bei den Hochland-Spielen, Braemar.

Die königlichen Zimmerfluchten im rechteckig angelegten Schloß Windsor.

gemeinsam mit dem britischen Volk, als der gutaussehende Prinz mit der neuen Prinzessin von Wales durch die St. Paul's Cathedral schritt.

Viele Menschen, die eng mit der königlichen Familie verbunden waren, zweifelten jedoch insgeheim daran, daß die Verbindung zwischen der charmanten, aber unreifen Lady Diana und dem gebildeten, ernsten Prinzen funktionieren würde.

Sie war gerade 20 Jahre alt, als sie am 29. Juni 1981 heiratete, und Charles machte mit seinen 32 Jahren einen wesentlich älteren Eindruck. Einmal abgesehen von diesem großen Altersunterschied von zwölfeinhalb Jahren schien das Paar kaum Gemeinsamkeiten zu haben. Er hatte ein Studium der Geschichte absolviert und liebte Opern, Architektur, die Begleitung erfahrener Frauen und tiefgründige Gespräche. Seine Frau hingegen interessierte sich scheinbar nur für Einkäufe.

Die Königin, Prinz Philip und ihre Kinder erholen sich auf Balmoral.

Aus dem Interesse an der Braut des Prinzen entwickelte sich eine Nachrichtenflut in der ganzen Welt. Zunächst täuschte man sich im königlichen Haushalt in der Annahme, daß das Interesse an ihr nachlassen würde, wenn sich die Frischvermählten erst einmal häuslich niedergelassen hätten.

Man war auf ein stetig wachsendes Interesse an Diana nicht vorbereitet, das noch größer wurde, als sie drei Monate nach der Jahrhunderthochzeit jeden mit der Neuigkeit entzückte, daß sie ein Kind erwartete.

Buckingham Palast, der offizielle Londoner Wohnsitz der Monarchen seit der Herrschaft Königin Viktorias.

Die Verwandlung einer unbekannten Kindergärtnerin in eine zukünftige Königin erwies sich als einfach zu viel für ein so junges und unerfahrenes Mädchen. Sie gab ihren geliebten Beruf für einen wesentlich anspruchsvolleren auf. Innerhalb von neun Monaten war sie verlobt, verheiratet und schwanger und mußte die ungewisse Erfahrung, an vier verschiedenen Orten zu wohnen, machen, während ihr Wohnsitz Highgrove zum Einzug hergerichtet wurde.

Zunächst hatte die Königin Mitgefühl für ihre Schwiegertochter, die Schwierigkeiten hatte, sich an das Leben am königlichen Hof anzupassen. „Sie ist anders als wir", erklärte sie, als Diana sich gegen steife Abendgesellschaften und Versammlungen mit älteren Höflingen auflehnte.

Die besorgte Schwiegermutter rief sogar die Zeitschriftenherausgeber des Landes zusammen und sprach die bis dahin beispiellose Bitte aus, das Privatleben der Gemahlin ihres Sohnes zu respektieren. Gleichzeitig überstrahlte der neue Stern am königlichen Himmel alle anderen.

Auch ihrem Ehemann fiel auf, daß seine schöne Frau mehr Aufmerksamkeit auf sich zog als er. Nachdem er zunächst sehr stolz auf ihre Beliebtheit und auf die Zustimmung der Öffentlichkeit zu seiner Wahl war, machte er schließlich einen mißmutigen Eindruck, wenn sie lauter bejubelt wurde als er.

Diana schien zunächst die Antwort auf die Gebete der königlichen Familie gewesen zu sein. Mit der Geburt ihres Sohnes, Prinz William, im Jahr 1982 hatte der Thron einen neuen Erben bekommen, und Prinz

1677 errichtet und 1702 vom Herzog von Buckingham weiter ausgebaut.

Die Staatskrone (links), die Krone St. Edwards mit den Symbolen der königlichen Macht, dem Schwert und dem Zepter.

Charles entwickelte sich von einem spröden Junggesellen zu einem glücklichen Familienvater. Aber die Prinzessin hatte offenbar Schwierigkeiten mit den Konventionen des Hoflebens, und erkrankte an Bulimie, einer Eßstörung. Die Krankheit verschlimmerte sich nach der Geburt des zweiten Sohnes, Prinz Harry, im Jahre 1984.

Das junge Paar lebte sich allmählich immer weiter auseinander. Es verbarg kaum noch, daß es ein getrenntes Leben führte, worüber die immer wachsame Boulevardpresse schon bald Bericht erstattete.

Unterdessen verstrickte sich der zweite Sohn der Königin, Prinz Andrew, der sich als Hubschrauberpilot im Falkland-Konflikt ausgezeichnet hatte, in Romanzen mit verschiedenen, wenig geeigneten Mädchen. Besonders ernst war die Verbindung mit der amerikanischen Softporno-Darstellerin Koo Stark.

Der Prinz beendete seine Playboy-Zeit schließlich, als er sich in die attraktive, rothaarige Sarah Ferguson, die beste Freundin der Prinzessin Diana, verliebte. Sie heirateten 1986, aber nach der Geburt ihrer zwei kleinen Töchter Beatrice und Eugenie tauchten in ihrer Beziehung die ersten Probleme auf.

Nachdem Sarahs forsche Persönlichkeit und ihre Lebensfreude anfangs bewundert wurden, fiel der Vergleich mit ihrer Schwägerin Diana, der Musterprinzessin, schließlich zu ihren Ungunsten aus. „Fergie“, wie sie genannt wurde, war weder genauso schlank noch genauso elegant. Prinz Andrew, den seine Mutter zum Herzog von York ernannt hatte, war häufig für längere Zeit im Dienst der königlichen Marine auf See. Für seine einsame Ehefrau waren die Einschränkungen bei Hof ohne die Unterstützung ihres Ehegatten unerträglich.

Sie konnte den Zwängen des höfischen Lebens, in das sie eingeheiratet hatte, nur entfliehen, wenn sie mit alten Freunden im Ausland Ferien machte. Das aber rief zum wiederholten Male Schlagzeilen in der Presse hervor, die Skandale verursachten. Nachdem in der Presse monatelang wild über ihre Privatleben spekuliert worden war, entschied sich die gequälte Herzogin gegen ein Leben in der könig-

Der runde Turm mit der wehenden königlichen Standarte zeigt, daß die Königin sich in ihrer Residenz auf Schloß Windsor aufhält.

Schloß Windsor dient seit Wilhelm dem Eroberer, der hier eine Festung errichten ließ, als königliche Residenz.

lichen Familie und verließ den Herzog im März 1992. Auch der dritte Sohn der Königin, Prinz Edward, stieß auf Schwierigkeiten. Er schied mitten in seiner Ausbildung bei der königlichen Marine unter heftiger öffentlicher Kritik aus und trat dann in die Firma des Musikmoguls Andrew Lloyd Webber ein. Nachdem er zum zweiten Produzenten aufgestiegen war, erlitt auch er eine Niederlage, als er die Firma verließ, um mit Freunden eine unabhängige Produktionsfirma zu gründen. Nach ein oder zwei Produktionen mußte er die Firma aufgeben.

Die Königin hatte Mitgefühl mit ihren Kindern, die versuchten, sich ein eigenes Leben aufzubauen. In einer Fernsehdokumentation des BBC bekannte sie, daß diese Schwierigkeiten mit den strengen Regeln des höfischen Lebens hätten.

Sie sagte: „Dieses Leben, das nur von wenigen Menschen geführt wird, ist von Tradition und Beständigkeit geprägt. Ich, zum Beispiel, kenne heute schon genau meine Verpflichtungen in zwei Monaten und plane sogar schon für das nächste Jahr."

Ihre Loyalität zu einem Familienmitglied wurde allerdings auf die Probe gestellt, als die Prinzessin von Wales engen Freunden signalisierte, den Autor Andrew Morton bei seinem Buch, das das gesamte Elend ihrer Ehe aufdeckte, zu unterstützen. Es hatte auch zuvor – und sogar in der königlichen Familie – hoffnungslos unglückliche Ehen

Das offizielle Schlafgemach auf Schloß Windsor wurde 1855 eingerichtet.

Anne, die einzige Tochter der Königin, tanzt mit ihrem zweiten Ehemann auf dem Kaledonier-Ball.

von Gegnern der Monarchie mit Eiern beworfen. Eine weitere Reise nach Australien verlief unglücklich, als der Premierminister in Canberra im Fernsehen darauf hinwies, daß sich das Land bald von der Monarchie lösen werde. Darauf folgten im Jahre 1990 bei einem Besuch der Königin in Kanada Proteste, bei denen Separatisten in Quebek sich gegen sie wandten.

Und als auf Schloß Windsor ein Feuer ausbrach, schienen die Flammen, die die königlichen Wohnräume zerstörten, symbolhaft auf die Schäden, die das Unternehmen Monarchie davongetragen hatte, zu verweisen.

gegeben, aber keine war derart von innen nach außen gekehrt worden. Die Prinzessin wollte, daß die Welt erfuhr, wie sehr ihr Mann seine Familie vernachlässigte, um seine Zeit mit einer alten Freundin, Camilla Parker-Bowles, zu verbringen, die verheiratet war und zwei Kinder hatte. Prinz Charles wurde als egoistischer, kaltherziger Mann dargestellt, der seine unglückliche Frau dazu trieb, einen Selbstmordversuch zu unternehmen.

Das Ende der Bilderbuchromanze löste die größte Krise im Königshaus seit der Abdankung im Jahre 1936 aus.

Ungeachtet der Erklärung des Premierministers im Unterhaus, daß die Trennung die Stellung der Prinzessin von Wales als zukünftige Königin von Großbritannien nicht beeinträchtige, lehnten die Menschen diesen Gedanken schlichtweg ab.

Dutzende Politiker und andere Experten erklärten in der Öffentlichkeit, daß das Land einen König, der von seiner Gemahlin getrennt lebt, nicht auf dem Thron akzeptieren werde. Es wurde sogar gemutmaßt, daß Charles auf sein Thronanrecht verzichten würde, obwohl man im Buckingham Palast versicherte, daß die „lebenslange Bindung“ an seine öffentliche Pflicht aufrechterhalten werde und die Stellung des Erben der Königin von dieser Trennung unbeeinträchtigt bleibe.

Die schmerzliche und demütigende Trennung von seiner Frau hat seiner Beziehung zum britischen Volk zweifellos geschadet, wie Meinungsumfragen bald darauf ergaben. Und es war der letzte verhängnisvolle Schlag in einer ganzen Reihe von Katastrophen für die königliche Familie.

Innerhalb von zwölf Monaten hatten sich zwei königliche Paare getrennt, ein weiteres war bereits geschieden, und die Aufzeichnungen peinlicher privater Telefongespräche sowohl des Prinzen und der Prinzessin von Wales als auch des Herzogs und der Herzogin von York, drangen an die Öffentlichkeit.

Bei ihrem Besuch in Ostdeutschland wurde die Königin

Prinzessin Anne, hier in Bangladesch, reist durch Entwicklungsländer und widmet sich Projekten für Kinder.

Selbst nach diesem traumatischen Erlebnis erhielt die Queen keinen großen Beistand von seiten ihrer Untertanen. Die Ankündigung eines Kabinettministers, daß alle Reparaturen am Schloß von der Regierung und nicht von der

Königin Elisabeth, die Königinmutter, besucht das Pferderennen in Epsom.

Monarchin bezahlt würden, versetzte die Steuerzahler, die die Kosten letztendlich zu tragen hatten, in Wut.

Dieses offensichtlliche Beispiel für die königlichen Privilegien verbitterte die Bevölkerung, die unter einer anhaltenden Rezession und steigender Arbeitslosigkeit zu leiden hat, nachhaltig.

Aber die Königin schaffte es auch diesmal, die Kritik abzuwenden, als sie ihr großes Unglück in einer für sie untypischen persönlichen Rede ansprach. Sie bewegte viele Herzen, als sie 1992 als „Annus Horribilis" bezeichnete und auf die familiären Schwierigkeiten in einem Jahr hinwies, das zu einer großen Feier ihres 40jährigen Thronjubiliäums hätte werden sollen.

Für eine Mutter im modernen Großbritannien ist es wahrscheinlich nicht ungewöhnlich, wenn die Ehe eines Sohnes scheitern sollte, schreibt der Erfolgsautor Julian Barnes. Und fügt hinzu: „Bei zwei Ehen sieht es nach einem kleinen Unglück aus. Bei drei Ehen jedoch beginnt man darüber nachzudenken, ob mit der Familie selbst etwas nicht stimmt. Die Tatsache, daß das vierte Kind offenbar nicht an einer Heirat interessiert ist, läßt auf noch tiefere Störungen schließen."

In Großbritannien wird von drei Ehen eine geschieden, so daß die königliche Familie über dem Durchschnitt nicht funktionierender Beziehungen liegt.

Das persönliche Leiden der privilegiertesten Familie des Landes läßt sie vielleicht menschlicher erscheinen. Und es könnte sogar sein, daß dieses unglückliche Kapitel im Leben der Königin noch einmal gut ausgeht, denn es hat

Die Königinmutter und ihr Lieblingsenkel Charles bei einer Feier des Hosenbandordens.

Prinz Charles in Uniform beim Gründungstag des königlichen Hospitals in Chelsea.

Die Königin und ihre Kinder feiern auf dem Landsitz „Clarence House" den Geburtstag der Königinmutter.

dazu geführt, daß die Rolle der Monarchie in einer modernen Gesellschaft neu überdacht wird.

Jack Straw, Parlamentsmitglied und Umweltsprecher der Labour Partei, sprach die Gedanken vieler Menschen aus, als er bemerkte, daß die Familie der Königin viel an Achtung eingebüßt hat. Er fragte, ob die Zeit nicht reif dafür sei, die konstitutionelle Monarchie nach dem Beispiel der Niederlande und Schwedens weiter einzuschränken.

In Großbritannien war es einmal modern, die „radfahrenden Königsmitglieder", wie die gekrönten Häupter Skandinaviens genannt wurden, zu verspotten. Inzwischen setzt sich immer mehr die Erkenntnis durch, daß diese geachteter sind als die Windsors.

Wenn sich unsere königliche Familie diese Vorwürfe zu Herzen nimmt und aus dieser unglücklichen Periode stärker und weiser hervorgeht, ist ihr Überleben wahrscheinlich gesichert. Seit der Zeit der Magna Carta unter König Johann bis zum heutigen Tag hat die Familie eine große Fähigkeit zur Selbstreformierung bewiesen. Dies ist zwei-

Der Prinz und die Prinzessin von Wales schreiten nach ihrer Trauung 1981 die Treppen der St. Paul's Cathedral hinab.

Der Herzog von York zeichnete sich 1982 als Hubschrauberpilot während des Falkland-Konflikts aus.

Prinz William und Prinz Harry besuchen die Wetherby-Schule in London.

fellos eine Voraussetzung für eine Fortschreibung der königlichen Geschichte im 21. Jahrhundert.

Viele Kritiker sehen die Ursache für die schwindende öffentliche Wertschätzung der königlichen Familie in ihrer Größe.

Als die Familie noch auf die Königin, ihren Mann Philip, ihre vier Kinder, die Königinmutter und Prinzessin Margaret beschränkt war, übte sie mehr Anziehung aus und stellte eine geringere Belastung für die Steuerzahler dar.

Ungefähr 30 Verwandte der Königin nehmen am offiziellen Leben teil. Das Widerstreben der Bevölkerung, so viele Personen in privilegierter Stellung zu unterstützen, zwang die Königin, die Anzahl auf der Zivilliste drastisch zu reduzieren. Die Königin hat inzwischen vorgeschlagen, daß nur die Monarchin, ihr Ehegatte und ihre Mutter mit Steuergeldern unterstützt werden. Ihr ältester Sohn, der nächste König, lebt von dem Einkommen aus seinem Herzogtum in Cornwall. Mit dieser Maßnahme zur Beschwichtigung der Öffentlichkeit reagierte die Königin einmal mehr auf die Kritik ihrer Gegner, anstatt ihr zuvorzukommen.

Charles und Dianas letzte gemeinsame Reise fand 1992 nach Korea statt.

Im ausgehenden 20. Jahrhundert befindet sich die britische Monarchie in der Klemme, und das Leiden der Windsors wird sich gewiß verschlimmern, wenn nicht bald etwas geschieht.

Eine weitere Lösung für ihre Probleme könnte in der Trennung von Kirche und Staat liegen. Die Entstaatlichung der Kirche hätte zur Folge, daß die Monarchin und ihre Erben nicht länger dazu gezwungen wären, die kirchlichen Gebote zu Scheidung und Wiederheirat zu befolgen. Der

Glücklichere Zeiten – die Flitterwochen auf Balmoral 1981.

Prinzessin Diana beim Besuch des Frauengesundheitszentrums in Jaipur, Indien.

Die jungen Königsmitglieder nahmen an einem heftig kritisierten Fernsehspiel für Wohltätigkeitszwecke teil.

Die Umwälzungen der letzten Jahren haben der Königin Enttäuschungen und Entmutigungen eingebracht. Es besteht jedoch kein Grund zu der Annahme, daß diese große Institution ernsthaft gefährdet ist. Die Königin zeigte in ihren letzten Handlungen, daß sie entschlossen ist, die Ordnung wiederherzustellen.

Es ist bekannt, daß sie nicht mit dem Gedanken spielt, zugunsten von Prinz Charles abzudanken. Und solange diese nüchterne, unerschütterliche Monarchin herrscht, scheint jeder düstere Gedanke über den Niedergang des Hauses Windsor verfrüht.

Prinz von Wales könnte sich von seiner Frau trennen, noch einmal heiraten und sich ein neues Glück mit einer Frau aufbauen, die rechtmäßig zur Königin ernannt werden könnte.

Als sie vor kurzem einem Soldaten bei der Verleihung einer Medaille zu seiner Tapferkeit gratulierte, antwortete dieser: „Ooh, das üben wir.“

Die Hochzeit des zweiten Sohnes der Königin, Andrew, und Sarah Ferguson im Jahre 1986.

Die Herzogin von York beim Winterurlaub mit ihren Kindern

In der Fernseh-dokumentation des BBC über ihr Leben bekannte Elisabeth, daß in diesen wenigen Worten das Geheimnis ihrer eigenen Tätigkeit liege. „Ich habe das Gefühl, daß letztendlich die Übung eine Antwort auf viele Dinge gibt", erzählte sie den Fernsehzuschauern.

„Wenn man viel übt, kann man einiges erreichen. Und ich hoffe, das ist bei mir der Fall."

Die Königin überreicht Prinz Charles nach einem Polospiel in Windsor eine Auszeichnung.

Niederlande

von Mirjam J. Spiering

Die Königin und der Prinz im Garten des Palasts 'Huis ten Bosch'.

„Das Wasser, die Deiche und die Molen sind immer noch Bestandteil des Bildes, das man sich von unserem Land macht. Aber die Niederlande bieten viel mehr. Der bedeutendste Aspekt ist vielleicht, daß die Niederlande ein Land der Toleranz sind. Damit begann unsere Geschichte. Ein Land, in dem die Menschen sich nicht gegenseitig der Ketzerei beschuldigten oder auf Grund ihres Glaubens verfolgt wurden, sondern ihren Mitmenschen mit Toleranz und Achtung begegneten, das war das Ideal Wilhelms von Oranien, dem Gründer unseres Vaterlandes. Er stellte sich ein Land vor, in dem Freiheit und Glück wesentliche Werte waren. Wir dürfen die Vergangenheit nicht idealisieren, aber es entspricht der Wahrheit, daß in den Niederen Landen im 17. Jahrhundert eine größere Freiheit herrschte als in jedem anderen Land Europas, geschweige denn, dem Rest der Welt."

Das waren die Worte von Königin Beatrix in ihrer Rede vom 22. April 1982 an der Universität von Princeton, USA.

Geschichte

Königin Beatrix stammt von der deutschen aristokratischen Familie der Grafen von Nassau ab, deren Vorfahr Walram I. van Nassau zum erstenmal 1160 in Dokumenten genannt wird. 1255 wurde das Land geteilt. Von Walram II. stammt die Walram-Linie ab – das Großherzogtum von Nassau – und von Otto I. die Ottonier-Linie, aus der sich das niederländische Königshaus Oranien-Nassau bildete. Der berühmteste Held dieser

Wilhelm von Oranien

Familie war Graf Wilhelm, Prinz von Oranien und Graf von Nassau, geboren 1533 in Dillenburg. Es ist bemerkenswert, daß seine große Leistung in dem Scheitern seiner Bemü-

Wilhelm von Oranien

Schloß Dillenburg, in dem Wilhelm von Oranien geboren wurde.

hungen lag, die spätfeudalen Rechte zu bewahren und so weit wie möglich auszudehnen. Er spielte bei der Gründung der Republik der Sieben Vereinten Niederlande, der ersten Staatsrepublik auf der Welt, ungewollt eine entscheidende Rolle. Die Republik war eine Art Staatenbündnis mit Religionsfreiheit. Diese Religionsfreiheit entsprach dem Wunsch Wilhelms von Oranien.

Einen großen Einfluß auf den Lauf seines Lebens nahm die Erbschaft, die ihm sein Neffe René de Chalons 1544 hinterließ. Das Prinzentum von Oranien in Frankreich sowie die großen Besitztümer der Niederen Lande machten aus dem unbedeutenden jungen Grafen einen der reichsten Aristokraten Europas. Die souveränen Rechte über Oranien boten seiner Familie die Möglichkeit, ein Königshaus zu gründen.

Damals herrschten die Habsburger über die niederländischen Provinzen. Karl V. ließ Wilhelm eine standesgemäße Erziehung an seinem Hof in Brüssel zukommen. Der intelligente Wilhelm wurde zum Liebling von Karl V. Ein glänzender Aufstieg erwartete ihn. Im Alter von 22 Jahren war er bereits Oberbefehlshaber über die Armee von der Meuse und Mitglied des Staatsrates; vier Jahre später erfolgte seine Ernennung zum Gouverneur von Holland, Zeeland und Utrecht. Seine Ziele waren politische Freiheit und religiöse Toleranz in allen 17 niederländischen Regionen unter der Oberherrschaft des Königs.

Die Habsburger übten jedoch eine antinationale, zentralistische Herrschaft aus und unterdrückten den wachsenden Protestantismus in den Niederen Landen mit brutaler Gewalt. Der anspruchsvolle Prinz Wilhelm schloß sich dem Adelsbund an, bekannt als „der Kompromiß“, und leistete Widerstand gegen den königlichen Absolutismus. Die Willkür eines fremden unumschränkten Herrschers be-

Die Flotte des Statthalters Wilhelm III. verläßt Hellevoetsluis auf dem Weg nach England zur Befreiung der Protestanten (1688).

trachtete er als einen Eingriff in seine Rechte, und die Ketzerverbrennungen waren für ihn unerträglich. Der Prinz, von dem Humanisten Erasmus und dem Umgang mit Gelehrten, die für Glaubensfreiheit eintraten, stark beeinflußt, äußerte seine Ansicht wie folgt: „Ein Monarch darf nicht versuchen, den Glauben seiner Untertanen zu beherrschen. Gedankenfreiheit und freie Willensbildung sind unveräußerliche Rechte eines jeden Menschen."

Die Identifizierung mit den Aufständischen machte Wilhelm von Oranien zu einem Rebellenführer, was seine eigene Karriere zerstörte. Er suchte vergebens Unterstützung aus dem Ausland, und seine Armee war zu schwach, um die spanischen Truppen zu vertreiben. Nach einem verzweifelten Kampf erfolgte 1579 die Teilung zwischen den südlichen römisch-katholischen Provinzen, dem heutigen Belgien, und den nördlichen Niederlanden, der Vereinten Republik, in der zwei Jahre später die Unabhängigkeit ausgerufen wurde. Von diesem Zeitpunkt an galt der Prinz von Oranien als Geächteter. Das zweite Attentat auf ihn gelang: 1584 wurde er von Balthasar Gerards in seinem Haus in Delft ermordet.

Die Söhne des Prinzen, Maurits und Frederik Hendrik, führten den Freiheitskampf weiter, der erst 1648 mit dem Frieden von Münster beendet wurde. Die Republik, umgeben von Ländern unter absoluter Herrschaft, entwickelte sich danach rasch zu einer Großmacht.

Die Prinzen von Oranien dienten der Republik über 250 Jahre lang als Statthalter. Von 1814 an herrschten sie als Könige in einer Monarchie. Diese Staatsform wurde auf dem Wiener Kongreß von den Großmächten beschlossen, und König Wilhelm I. war darüber wesentlich erfreuter als die Niederländer, die vom Geiste her traditionell Republikaner waren. Sogar heute gibt es in den Niederlanden nur wenige Monarchisten; die große Mehrheit der Bevölkerung steht nur hinter dem Thron, weil er vom Hause Oranien besetzt wird.

Die Freiheit regte den Unternehmungsgeist, die Geschäfte, die Wissenschaft und die Kunst in dem kleinen Land an der See an. Im „goldenen" 17. Jahrhundert fand eine unübertroffene Entwicklungsperiode statt, und das Land wurde zur größten Handelsmacht Europas. Auf Grund der strategischen Lage mußte das Land immer wieder seine Unabhängigkeit gegen die europäischen Großmächte verteidigen.

Der Kampf um die Souveränität in der Republik dauerte lange. Die Statthalter wurden im Ausland als Monarchen betrachtet, im eigenen Land mußten sie sich gegen den wachsenden Widerstand der reichen Kaufleute behaupten. Diese gelangten in der Niederländisch-Ostindischen Kompanie, die in Asien eine Kolonial- und Handelsmacht errichtet hatte, zu Reichtümern. Das Volk hoffte, daß der Statthalter diese Machthaber unter seine Kontrolle bringen würde.

Die beiden Statthalter Maurits (1567 – 1625) und Frederik Hendrik (1584 – 1647), beide bedeutende Generäle, verschafften dem Haus Oranien ein so hohes Ansehen, daß Wilhelm II. (1626 – 1650) keine geringere als Maria, die Tochter Karl I., heiraten konnte. Dies war natürlich auch der großen finanziellen Unterstützung zu verdanken, die sein Vater, Frederik Hendrik, dem britischen König zur Finanzierung eines Krieges gewährte. Wilhelm III. (1650 – 1702) lag zu jener Zeit in einer schwarz drapierten Wiege: Er erblickte das Licht der Welt acht Tage später, nachdem sein 24jähriger Vater an Pocken gestorben war. Auch er sollte eine britische Prinzessin, Maria, die älteste Tochter des Bruders von König Karl II., heiraten. Unterdessen nutzte die Republik die Unterlegenheit des Prinzen von Oranien aus und schaffte die Statthalterschaft ab. Als sie jedoch 1672 von England, Frankreich, Münster und Köln angegriffen wurde, mußte der junge Prinz Hilfe leisten. Seine militärischen und diplomatischen Fähigkeiten machten aus ihm den erfolgreichsten und mächtigsten Herrscher des Hauses Oranien. Er hatte die Statthalterschaft in männlicher Linie geerbt und konnte für sich die konstitutionelle Monarchie durchsetzen, aber Wilhelm III. strebte nach Höherem. Er sollte mit seiner Politik des Gleichgewichts

Der erste König aus dem Haus Oranien, Wilhelm I., herrschte über die Niederlande, Belgien und das Großherzogtum Luxemburg.

eine führende Rolle auf der politischen Bühne Europas spielen.

Nachdem sein Schwiegervater, Jakob II., 1685 zum König von England gekrönt worden war, zwangen ihn seine protestantischen Gegner im Land immer mehr, den katholischen Absolutismus aufzugeben. Nach sorgfältiger Vorbereitung besetzte Wilhelm III. 1688 das Land, eine Besetzung, die auch nach den Maßstäben unseres 20. Jahrhunderts friedlich verlief. Mit einer Flotte von 308 Schiffen, 15.000 Männern und 4.000 Pferden erreichte er, dank günstiger Winde, bereits nach einigen Tagen Südwestengland, wo die „Glorreiche Revolution" begann; eine Revolution ohne Blutvergießen, denn die wichtigsten Generäle des englischen Königs hatten mit ihren Truppen die Seite gewechselt. Einem triumphalen Einzug in London stand nichts mehr ihm Wege. Jakob floh nach Frankreich. Das war mehr als eine Palastrevolution: Wilhelm und Maria wurden zum König und zur Königin von England gekrönt und herrschten gemeinsam über das Land auf der Grundlage der „Bill of Rights", eines konstitutionellen Gesetzes, das die parlamentarische Kontrolle auf das gesamte Königreich ausdehnte. Damit hatte der Statthalter-König Wilhelm sein Ziel erreicht. Er konnte den englischen Freiheitskampf für seinen eigenen Kampf gegen die europäische Machtpolitik Frankreichs nutzen.

Nachdem Maria (1694) und Wilhelm (1702) kinderlos gestorben waren, trat Johan Wilhelm Friso, ein Nachfahre des friesischen Zweiges der Familie Nassau, das gesamte Erbe an. Erbansprüche wurden allerdings von mehreren Seiten angemeldet. Auf dem Weg nach Den Haag, wo er hoffte, mit dem preußischen König eine endgültige Einigung zu erzielen, ertrank Johan Wilhelm Friso 1711 bei einem Fährunglück.

Fünf Monate später wurde sein Sohn Wilhelm IV. (1711 – 1751) geboren. Als Statthalter von Friesland und Groningen gelang es ihm jedoch nicht, die anderen Provinzen unter seine Herrschaft zu bringen, obwohl er durch seine Heirat mit der britischen Königstochter, Anna von Hannover, einigen Einfluß gewann. Nach einem französischen Angriff wurde Wilhelm IV. die erbliche Statthalterschaft für alle Provinzen angeboten. Der sanfte, kränkliche Wilhelm IV. erwies sich jedoch nicht als ein großer politischer Führer, ebensowenig wie sein prahlerischer Nachfolger Wilhelm V. (1748 – 1806), der es vorzog, sich mit Architektur, Musik und seiner Gemäldesammlung zu beschäftigen.

Er verlor mehr und mehr an Macht und wurde nur mit Hilfe des preußischen Königs, dem Bruder seiner Frau, wieder in seiner Position gefestigt. 1795 gab es keine Rettung mehr für ihn: Die Familie des Statthalters floh vor den französischen Revolutionstruppen nach England und von dort aus auf die Ländereien der Nassauer. Die Niederlande wurden von Frankreich annektiert, und Louis Napoleon, der Bruder des französischen Kaisers, übernahm von 1806 bis 1810 die Herrschaft.

18 Jahre später kehrte das Haus Oranien wieder an die

Königin Wilhelmina, im Alter von zehn Jahren die jüngste Königin Europas.

Macht zurück. Unterdessen hatte sich viel geändert. Ihm war die vollständige, erbliche Souveränität angeboten worden. Wilhelm I., der 1813 als Prinzsouverän eingesetzt worden war, vermied es, sich für ein Königreich stark zu machen, denn in den Niederlanden bestanden schon so lange Vorurteile gegen den Titel. Dank eines Geheimplanes der Großmächte, die auf dem Wiener Kongreß über das Schicksal Europas entscheiden sollten, wurde er 1815 zum König ernannt. Er erhielt das Königreich der Niederlande, das um die südlichen Niederlande und Luxemburg vergrößert worden war, um als Pufferstaat gegen die französische Expansionspolitik zu dienen. Wilhelm I. herrschte als Großherzog in Luxemburg. Auf dem Gebiet des neuen Staates fand im Juni 1815 die Schlacht von Waterloo statt. Erbprinz Wilhelm (II.), ein furchtloser, aber leichtsinniger Soldat, führte den Oberbefehl über die belgisch-holländische Division und spielte gemeinsam mit dem britischen General Wellington und dem preußischen Blücher keine unbedeutende Rolle beim Sieg über Napoleon Bonaparte. Er erhielt den Titel „Held von Waterloo" und eine Braut, die Großherzogin Anna Pavlovna, Schwester von Zar Alexander I. Napoleon hatte vergebens um ihre Hand angehalten.

Der autoritäre, energische Wilhelm I. sorgte mit zahlreichen Maßnahmen für einen unglaublichen wirtschaftlichen Aufschwung. Im protestantischen Norden wurde er der „Handelskönig" genannt, im römisch-katholischen Süden verspottete man seine Kupferkrone mit künstlichen Edelsteinen und haßte seine entschlußkräftige Regierung. 1830 begann ein Aufstand, der 1839 mit der endgültigen Teilung endete und aus dem Belgien als unabhängiges Königreich hervorging.

Wilhelm II. herrschte von 1840 bis 1849. Er lebte ständig über seine Verhältnisse und machte so viele Schulden, daß Königin Anna Pavlovna nach seinem Tod mehrere Rembrandts und andere alte Meister an den russischen Zaren verkaufen mußte. Diese Bilder hängen immer noch im St. Petersburger Museum. Den größten Dienst leistete der konservative Wilhelm 1848, als die revolutionären Stürme viele Throne in Europa wegfegten und er innerhalb von 24 Stunden eine Drehung um 180 Grad vollzog und einer neuen, sehr liberalen Verfassung zustimmte. Darin wurde die ministerielle Verantwortlichkeit für die Handlungen des Königs beschlossen.

Wilhelm III., sein Sohn und Nachfolger, verkündete, er lasse sich nie und nimmer zum „Nummern-König" krönen und wolle verzichten. 1849 bestieg er dennoch den Thron, kam allerdings nie besonders gut mit dem Parlament aus, das sich aus liberalen Kritikern und gewalttätigen Sozialisten, ganz zu schweigen von den Ministern, die für ihn nicht zählten, zusammensetzte. Sein rauhes Benehmen im Kabinett und gegenüber den Bediensteten bei Hof sowie seine Temperamentsausbrüche hatten aber auch eine Kehrseite. Seinem Volk brachte er große Zuneigung entgegen. „Oranien kann nie genug für die Niederlande tun", lautete eine bekannte Äußerung von ihm. Die Heirat mit der belesenen Prinzessin Sophia von Württemberg endete

Königin Wilhelmina, Prinz Hendrik und Prinzessin Juliana im Stil des 17. Jahrhunderts, der Zeit Rembrandts, gekleidet.

1851 mit einer heimlichen Scheidung. Wilhelm III. überlebte seine drei Söhne.

Die Dynastie wurde nach seinem Tod 1890 von seiner zweiten Frau, Prinzessin Emma von Waldeck-Pyrmont (1858 – 1934), fortgeführt, die die Regentschaft für die zehnjährige Wilhelmina (1880 – 1962), ihr einziges Kind, übernahm. Luxemburg mußte allerdings aufgegeben werden. Dort trat das Salische Gesetz, demzufolge Frauen von der Erbfolge ausgeschlossen waren, in Kraft. Die Herrschaft wurde von dem Walram-Zweig des Hauses Nassau, der gegenwärtigen Herrscherfamilie, übernommen.

Emma war eine herausragende Regentin, die mit ihrem Feingefühl und ihrer Würde die Minister für sich einnahm. Mit ihrer Tochter reiste sie durch das Land, damit die Menschen sie kennenlernen konnten, und machte sich und ihre Tochter sehr beliebt. An ihrem 18. Geburtstag übernahm Wilhelmina die Herrschaft, die 50 Jahre dauern sollte. 1901 heiratete sie den Herzog Hendrik von Mecklenburg-Schwerin. Ihre einzige Tochter, Juliana, wurde 1909 geboren. Aufgrund der finanziellen Unabhängigkeit seiner Frau und dem Mangel an praktischen Verpflichtungen fühlte sich Prinz Hendrik in Begleitung seiner Frau als „Gepäckstück". Er und Königin Emma starben im Jahr 1934. Das Haus Oranien bestand wieder nur aus zwei Frauen, 1937 heiratete Juliana jedoch Prinz Bernhard von Lippe-Biesterfeld. Die Zeit der deutschen Besatzung im Zweiten Weltkrieg verbrachte die königliche Familie in England und Kanada. Die Auflösung des Parlaments stärkte Wilhelminas Position erheblich. Sie gab den Ton an. Die Minister erkannten, daß ihr Verbleiben im Amt von der Königin und ihrem Vertrauen abhängig war. Mit großer Willenskraft unterstützte sie den Widerstand vom Exil aus

Königin Wilhelmina hält vor dem amerikanischen Kongreß während des Zweiten Weltkriegs eine Ansprache.

und ernannte Prinz Bernhard zum Befehlshaber über die Untergrundarmee. Nach dem Krieg dankte sie 1948 zugunsten Königin Julianas (1909) ab, deren Herrschaft mit der Übergabe der Souveränität an Indonesien, der 1975 die Unabhängigkeit Surinams folgte, begann.

Menschlichkeit kennzeichnete die Herrschaft Königin Julianas. Sie setzte hiermit eine jahrhundertealte Tradition fort: Während in den benachbarten Ländern Frankreich und England die absolute Autorität der Herrscherhäuser bis ins 18. Jahrhundert, in Rußland und Deutschland sogar bis in dieses Jahrhundert hinein fortbestand, waren die Niederlande schon im 17. Jahrhundert Republik geworden. Der Name von Oranien wurde ein Synomym für die Tole-

Königin Wilhelmina, während des Zweiten Weltkriegs im englischen Exil, begrüßt das Flugzeug aus Kanada mit ihrer Tochter Juliana (1943).

Das Königshaus Oranien besucht regelmäßig die Niederländischen Antillen, wo es von der Bevölkerung begeistert empfangen wird. Drei Söhne der Königin tanzen mit den Regenbogentänzern von der Insel St. Eustatius.

ranz der Niederlande. Für die Nachfahren Wilhelms von Oranien – unter denen es starke und schwache Persönlichkeiten gab – blieben Freiheit und Toleranz die höchsten anzustrebenden Ideale, so auch für Juliana. Sie weigerte sich beständig, Todesurteile über Kriegsverbrecher zu unterzeichnen. Juliana demokratisierte die Monarchie und widmete sich der sozialen Gerechtigkeit. Bis zu ihrer Abdankung setzte sie sich für die Emanzipation der Frau und für die Armen in der Gesellschaft ein.

Nach der bedeutenden Rolle, die Prinz Bernhard im Widerstand gespielt hat, entfaltete er zahlreiche Fähigkeiten, die er in den Dienst des holländischen Geschäftslebens stellte. Er war einer der Gründer des World Wildlife Fonds und Initiator der Bilderberg Konferenz, bei der bedeutende Persönlichkeiten aus den Bereichen Wissenschaft und Politik zusammentrafen. 1976 wurden seine Verwicklungen in der Bestechungsaffäre von Lockheed, einem amerikanischen Flugzeughersteller, bekannt. Obwohl ihm nichts nachgewiesen wurde und in Widerstandskreisen die Leute aus Militär und Wirtschaft loyal zu ihm standen, zog er sich aus allen militärischen Ämtern zurück. Bernhard ist das einzige Mitglied aus der Familie Oranien, das sich selbst schon zu Lebzeiten ein Denkmal gesetzt hat.

Königinmutter Juliana und Prinz Bernhard sind inzwischen im fortgeschrittenen Alter, übernehmen aber immer noch eine große Anzahl offizieller Aufgaben. 1980 dankte Juliana zugunsten Königin Beatrix, geboren 1938 im Soestdijk-Palast, ab. Königin Beatrix hatte in Jura promoviert und am 10. März 1966 Claus von Amsberg, einen deutschen Diplomaten, geheiratet. Obwohl antideutsche Gefühle dazu führten, daß Rauchbomben nach ihrer Hochzeitskutsche geworfen wurden, wurde der Mann der Prinzessin dank seines angenehmen Wesens schnell akzeptiert und leistete der niederländischen Gesellschaft wertvolle Dienste. Im Laufe der Zeit hat er sich zu einem Experten für Nord-Süd-Beziehungen entwickelt.

Der offizielle Geburtstag von Königin Beatrix 1992.

Das offizielle Leben

Der offizielle Geburtstag von Königin Beatrix 1986.

Im Lande van Goghs, das nicht größer ist als 41.000 Quadratkilometer, übt das Haus Oranien eine beruhigende Wirkung auf die 14 Millionen Einwohner aus.

Eine Ausnahme ist der offizielle Geburtstag der Königin am 30. April. Mit flatternden Fähnchen, Triumphbögen, Liedern, traditionellen Spielen und öffentlichen Märkten stürzt sich das Land in die Geburtstagsfeiern der Königin. Jedes Jahr wählt die Königin zwei Orte aus, wo sie mit ihrer Familie an den Feiern teilnimmt. Wenn Oberhäupter anderer europäischer Monarchien mit Aufmärschen, Paraden oder offiziellen Palastempfängen geehrt werden, berichtet das niederländische Fernsehen ‘live’ von dem herzlichen Kontakt des Königshauses zum Volk.

Diese Feiern und ihre Spaziergänge in der Öffentlichkeit, die fester Bestandteil ihrer Arbeitsbesuche sind, kennzeichnen den Herrschaftsstil von Königin Beatrix. Sie schüttelt links und rechts Hände, nimmt Blumen und Kinderzeichnungen entgegen, und ihr entgeht nicht, wenn jemand im Rollstuhl hoffnungsvoll in ihre Richtung blickt.

Die Anforderungen an eine Monarchie verlangen von der Königin, daß sie sich normal und königlich verhält, eine schwere Aufgabe, die es erforderlich macht, die Widersprüche in ihre Pflichten einzubinden.

Sie beachtet die konstitutionellen Regeln des Spiels. Und sie ist dankbar für ihre Beliebtheit, denn diese erlaubt es ihr, sich mit Themen auseinanderzusetzen, die ihr am Herzen liegen: europäische Integration, Umweltpolitik und Entwicklungsländer. Der alte aristokratische Hof hat den Weg freigemacht für einen modernen Geschäftshof mit ungefähr 300 hochqualifizierten Beschäftigten.

Die „Aufgabe, die außer Frage stehen sollte“, wie sie bei ihrer Antrittsrede erklärte, entwickelte sich langsam zu

Die Königin bei ihrem unerwarteten Besuch in Amsterdam am 30. April 1988, ihrem offiziellen Geburtstag, wo sie unter dem Jubel der Öffentlichkeit an einer Bootsfahrt durch die Kanäle teilnimmt.

Die Hochzeit von Prinzessin Beatrix und Prinz Claus fand am 10. März 1966 in Amsterdam statt.

„einer Aufgabe, in der ich Befriedigung finde, da sie mir erlaubt, etwas zu tun."

Über die Monarchie unserer Zeit sagt die Königin: „Sie lohnt sich nur, wenn ich von einem großen Teil des niederländischen Volkes unterstützt werde. Wenn die Menschen sie nicht länger wollen, oder wenn sie kein Teil mehr von ihnen ist, dann würde sie nicht gut funktionieren. Natürlich bin ich nur ein Mensch mit Grenzen und werde niemals in der Lage sein, die gesamten Niederlanden zu repräsentieren, aber ich glaube dennoch, daß die Monarchie ein Punkt ist, mit dem sich viele niederländische Menschen identifizieren."

Beatrix genießt das Vertrauen eines breiten Teils der Bevölkerung. Wenn sie 1980 noch das Image einer eigenwilligen, arroganten und dominanten Frau hatte, so wird inzwischen ihre Hingabe, Professionalität und Würde allgemein bewundert. Bei ihrem kupfernen Jubiläum, das bescheiden gefeiert wurde, um Steuergelder zu sparen, sagte der bekannte Historiker Prof. E. H. Kossmann: „Es ist besonders aufregend zu sehen, wie sogar in unserer heutigen Zeit diese alte Institution in den Niederlanden eine neue Bedeutung gewinnt."

Für Königin Beatrix steht Beliebtheit nicht an erster Stelle. „Viel wichtiger ist: Mache ich einen Fehler? Was kann ich besser machen? Was wird von mir erwartet? Verletze ich jemanden? Kann ich das wirklich sagen?"

Die holländische Monarchie spielt eine ganz andere Rolle als die sehr viel traditionelleren Monarchien in Belgien, England und den skandinavischen Ländern. Beatrix steht nicht an der repräsentativen Spitze einer traditionellen Struktur. Die Statthalter waren die höchsten Bediensteten in einer republikanischen Monarchie, die Könige und Königinnen sind das Sprachrohr für soziale Gruppen im Kabinett.

Königin Juliana, soeben zurückgetreten, stellt dem Volk auf dem Balkon des Palastes 'op de Dam' in Amsterdam Beatrix als neue Königin vor. 30. April 1980.

Königin Beatrix besteigt am 30. April 1980 in der Neuen Kirche in Amsterdam den Thron.

Das Haus Oranien hat schon immer gewußt, wann es Partei ergreifen muß, sichert sich aber mit seiner Zurückhaltung Beliebtheit. Es gibt in Europa eine wachsende Tendenz, die Monarchie als eine Art Märchen oder Unterhaltung anzusehen. Königin Beatrix legt mehr Wert auf den Inhalt ihrer Aufgabe und interpretiert ihn nach heutigen Maßstäben. Sie ist weder eine Glitzerkönigin noch eine Verzierung. Unbeirrbar in ihren Fähigkeiten und Eigenschaften, leitet sie wie ein ehrgeiziger Manager das effektive Hofgeschäft, bei dem eine Stafette von Mitarbeitern der Bildung einer Cliquenwirtschaft Vorschub leisten. Ihre Majestät, selbst ein 'workaholic', verlangt viel von ihren Angestellten. Ihr Perfektionismus ist (fast) beängstigend.

Botschafter, die in der königlichen Karosse am Noordeinde-Palast eintreffen, sind immer überrascht über das offizielle Protokoll, wie es in der Regel von größeren Ländern eingehalten wird. Die Königin informiert sich vor dem Treffen eingehend über die Rolle und die Aufgaben ihrer Besucher. Gut informiert zu sein war traditionell immer ein Privileg königlicher Herrschaften. Die Königin macht viele Notizen, liest stapelweise Berichte und unterschreibt jährlich fast 12.000 Gesetzesbestimmungen und königliche Erlasse, die sie vorher immer liest. Prinz Claus,

Königin Beatrix besteigt am 30. April 1980 in der Neuen Kirche in Amsterdam den Thron.

selbst ein Perfektionist, sagt manchmal: „Mußt du wirklich alles lesen? Das liest nicht mal ein Minister! Aber natürlich ist dein Pflichtgefühl besonders ausgeprägt!" Und hinzu kommen 14.000 Petitionen, die die Niederländer jedes Jahr ihrem Staatsoberhaupt schicken.

Jeden Montag bespricht die Königin in Anwesenheit ihres Mannes den Ablauf der kommenden Woche mit ihren engsten Mitarbeitern: Besuche, Eröffnungen, Ernennungen und Anfragen. Der Montag nachmittag ist für den Premierminister reserviert. Mit einem für Politik zuständigen Mitarbeiter sieht sich die Königin regelmäßig eine Landkarte der Niederlande an, auf der mit Fähnchen gekennzeichnet ist, wo Mitglieder des Königshauses in der vergangenen Zeit waren und wo Besuche geplant sind, so daß keine Region vernachlässigt wird. Jedes Jahr finden zwei Staatsbesuche, ungefähr fünfzig Arbeitsbesuche und eine ähnlich hohe Anzahl offizieller Empfänge statt.

Ihre Aufmerksamkeit richtet die Königin vor allem auf empfindliche Themen. In bezug auf Minderheiten, Flüchtlinge, Drogenabhängige, Arbeitslose, Obdachlose, Gefäng-

Die Königin trifft ihre Mitarbeiter jeden Montag morgen.

nisinsassen und dem SOS-Telefonservice kann sie niemand täuschen. Sie hat die Amsterdamer Müllmänner auf ihren Runden begleitet, hört sich die Probleme der Menschen in ländlichen Gebieten an. Sie und ihr Ehemann, Prinz Claus, nehmen sich Zeit für Gespräche mit den Menschen, informieren sich über ihre Tätigkeiten und Sorgen, ihre Erfolge und Pläne. „Es ist ein wunderbares Gefühl, wenn man von Menschen, die man überhaupt nicht kennt, mit einem Hallo begrüßt wird. Die Begegnung mit so vollkommen unterschiedlichen Gruppen ist außerordentlich wertvoll", so die Königin.

In Amsterdam wurden ihr Hochzeitstag mit Rauchbomben und ihre Thronbesteigung durch große Hausbesetzertumulte gestört – letzteres richtete sich nicht gegen ihre Person, sondern gegen die Monarchin als Vertreterin des Establishments. Das ignorierte die Königin bestimmt nicht, im Gegenteil, sie legte bei ihrer Antrittsrede ein Gelöbnis ab: „Mein ganzes Streben ist auf Ihr Wohl ausgerichtet." Die neue Königin hielt Wort. Genau acht Jahre später kam die Antwort: Als die königliche Familie sich in Amsterdam unerwartet unter die Menschen mischte, die den Geburtstag der Königin feierten, wurde sie enthusiastisch begrüßt. Ihre Majestät ließ sich sogar spontan auf der Straße von einem jungen Mann küssen. Sogar die Demonstranten, die Rauchbomben geworfen hatten,

Ein verunglücktes El-Al-Flugzeug in Bijlmer in der Nähe von Amsterdam zerstört ein Wohngebäude und tötet viele Menschen. Die Bestürzung über das Unglück ist der Königin anzusehen.

Die Königin wird bei einem Arbeitsbesuch auf dem Land begeistert empfangen.

bedauerten ihre Handlung öffentlich. Die hohe Achtung vor der Monarchie, auf die die drei Vorgängerinnen der Königin – Emma, Wilhelmina und Juliana – zählen konnten, bestand bei ihrer Thronbesteigung nicht mehr. In den 60er und 70er Jahren nahm der Einfluß der Linken zu. Der Republikanismus blieb dennoch ein Randphänomen, und heute werden fanatische Royalisten genauso belächelt wie leidenschaftliche Republikaner.

Auf Grund der geschäftsmäßigen und funktionellen Arbeitsweise am Hof sind die Beziehungen zum Hause Oranien sachlicher geworden. Achtung und Wertschätzung sind jedoch nicht gesunken. Die Oranier sind wertvoll für die Niederlande; sie wissen, was 'dienen' bedeutet. Daß die jüngere Generation der königlichen Familie nur selten in der Öffentlichkeit in Erscheinung tritt, wird weniger geschätzt.

Die niederländische Monarchie hat jedoch auch eine repräsentative Funktion: Wenn die Königin bei der Eröffnung des niederländischen Parlaments am dritten Dienstag im September eine Rede hält, fährt sie mit Prinz Claus und ihrem ältesten Sohn Willem-Alexander in der goldenen Kutsche, die im Jahr 1898 aus Teakholz gebaut und mit Goldblättern verziert wurde, vor den mittelalterlichen Ridderzaal, im Herzen Den Haags. In der königlichen Prozession, die von Hunderten an der Straße beobachtet wird, folgen in einer gläsernen Kutsche die Prinzen Johan Friso und Constantijn mit der Schwester der Königin, Prinzessin Margriet, und ihrem Mann Pieter van Vollenhoven.

Abgesehen von dem glitzernen Prunk wird das gegenseitig bei ihrer Amtseinsetzung ausgesprochene Gelöbnis – in den Niederlanden findet keine Krönung statt – von der Königin und dem Parlament jedes Jahr feierlich erneuert.

Bei ihren Arbeitsbesuchen reist die Königin im Hubschrauber.

Prinz Claus wirbt für holländische Mühlen und bekommt ein Küßchen und ein Geschenk von einem dreijährigen Jungen.

Den Kindern gilt die große Liebe und Zuneigung der Königin.

Der Prinz von Oranien grüßt bei einem Segeltörn auf der königlichen „Groene Draeck“ (Grüner Drachen) in Begleitung seiner Mutter, seines Vaters und seines Onkels, Pieter van Vollenhoven, vorbeifahrende Schiffe.

Am 31. Januar, dem tatsächlichen Geburtstag der Königin, empfängt sie nur eine Abordnung der königlichen Marechaussee, der Leibwache. Ihr Bouquet erhält einen Ehrenplatz.

Der Arbeitspalast Noordeinde; im linken Flügel befinden sich auf der ersten Etage die Amtsräume der Königin.

Vom Thron aus hält die Königin eine Rede, in der die wichtigsten politischen Maßnahmen des nächsten Jahres bekanntgegeben werden. Viele Menschen aus dem ganzen Land kommen nach Den Haag, um den Tag der königlichen Ansprache und vor allem das Ende der feierlichen Zeremonie mitzuerleben. Ihr stundenlanges Warten am goldenen Geländer des Noordeinde-Palasts wird belohnt, wenn die Mitglieder des Hauses Oranien auf dem Balkon erscheinen.

Das königliche Paar empfängt das Oranje-Team nach dem Gewinn der Europameisterschaft.

Die Amtsräume der Königin im Palast Noordeinde in 's-Gravenhage.

Arbeitsbesuche, offizielle Besuche, Staatsbesuche, Blitzbesuche, Audienzen, Empfänge für das diplomatische Korps, Konzerte, Mitarbeitertreffen. Ein voller Termin-

Am Prinzentag, der einzigen offiziellen Zeremonie, findet jedes Jahr am dritten Dienstag im September die traditionelle Eröffnung des Parlaments in 's-Gravenhage statt.

kalender. Kein Mitglied der Regierung würde freiwillig mit Ihrer Majestät tauschen. Besonders bei Staatsbesuchen haben die Königin und der Prinz sehr viel zu tun. Der Stundenplan ist regelmäßig überladen. Die Königin und der Prinz reisen nicht, um an Banketten teilzunehmen, sondern um viel von dem Land zu sehen und Kontakte zu knüpfen. Sie haben die feierlichen Staatsbesuche in niederländische Werbereisen umfunktioniert. Als Gegenleistung bieten sie einen Kulturabend mit niederländischer Musik und Ballettaufführungen sowie einem Buffet mit niederländischen Spezialitäten wie Meeresfrüchten, Kroketten und 'Hollands' Gin.

Den größten Eindruck macht die Königin jedoch mit ihren politisch brisanten Reden. Sie hält Staatsbesuche für eine gute Gelegenheit, um auf wichtige weltweite Probleme

Das wichtigste niederländische Prestige-Projekt: die Deltaanlagen in Zeeland mit ihren Dämmen, ein Wunder der modernen Technik.

Königin Beatrix und Prinz Claus bei einem Staatsbesuch in Indien.

In Frankreich mit Präsident Mitterand.

hinzuweisen und gemeinsame Aktionen zur Lösung zu unterstützen und auf Meinungsverschiedenheiten einzugehen; in Japan wies sie auf die Leiden ihrer Landsleute während des Zweiten Weltkriegs hin, und sie dankte Präsident von Weizsäcker für seinen Mut, öffentlich die kollektive Schuld Deutschlands einzugestehen. Königin Beatrix reiste als erstes gekröntes Staatsoberhaupt nach dem Fall der Mauer auf eigenen Wunsch hin in die ehemalige DDR, um den Menschen Mut zuzusprechen. Sie sucht die Konfrontation, aber auch die Aussöhnung.

Beatrix internationales Ansehen wurde mit den höchsten Auszeichnungen bestätigt. Der spanische König verlieh ihr das Goldene Vlies, Königin Elisabeth II. ernannte sie zum Mitglied des Hosenbandordens.

Prinz Claus unterstützt seine Frau bei ihren Aufgaben.

Die Königin bei einem wichtigen EG-Treffen in Maastricht im Dezember 1991.

Die Königin mit dem deutschen Kanzler Kohl auf 'Huis ten Bosch'.

„Natürlich haben wir getrennte Verpflichtungen, aber mit seinen Ratschlägen und seinen oft sehr guten Ideen leistet er mir großen Beistand", so die Königin. Wie in den meisten europäischen Monarchien arbeitet Beatrix unter ministerieller Verantwortung. Was ein Monarch aus seinem Recht, „Ratschläge und Warnungen auszusprechen und Unterstützung zu leisten", wie es im letzten Jahrhundert der englische Wirtschaftswissenschaftler und Schriftsteller Walter Bagehot formulierte, macht, hängt von dem Ermessen und dem Vertrauen des Kabinetts ab. Das königliche Staatsoberhaupt trägt jedoch auch eigene politische Verantwortung. Das Gewicht des offiziellen Betriebs und die Interpretation der Aufgabe läßt keinen Zweifel daran aufkommen, daß Königin Beatrix alle Möglichkeiten der Verfassung ausschöpft. Premierminister Lubbers, mit dem sie schon seit vielen Jahren zusammenarbeitet, erklärte, daß „eine furchtlose Interpretation der ministeriellen Verantwortungsbereiche durch die Königin der Mühe wert sei, sie zur Kenntnis zu nehmen. Das ist uns bei unzähligen Ansprachen klar geworden. Es ist faszinierend, daß die Minister immer noch die Verantwortung tragen, obwohl es manchmal bemerkenswert ist, daß die Königin und der Prinz es schaffen, ihre ganz persönlichen Ansichten in ihre Reden einzubringen."

Es überrascht nicht, daß Beatrix mit ihrem Herrschaftsstil persönliche Autorität gewonnen hat. Ihre Herrschaft ist so professionell, daß man in ihr sogar im Ausland die Lösung für eine moderne Monarchie sieht.

Die königliche Familie. Königin Beatrix, Prinz Claus, Prinz Constantijn, Prinz Johan Friso und Prinz Willem-Alexander.

Das Privatleben des Hauses Oranien

Europäische Dynastien versuchen alles, um ihr Privatleben zu schützen, aber nur wenige sind so erfolgreich wie das Haus Oranien unter Königin Beatrix und Prinz Claus.

In einem Land, in dem seit Jahrhunderten persönliche Freiheit und gegenseitige Toleranz die Merkmale des sozialen Klimas sind – obwohl die heutige multinationale Gesellschaft nicht frei von Spannungen ist -, sollte man erwarten, daß auch die Mitglieder des königlichen Hauses sich in ihr Privatleben zurückziehen können. Die Massenmedien lassen dem beliebten Haus Oranien, wenn überhaupt, nur noch wenig persönliche Freiheit. Juliana – normal, menschlich und aufgeschlossen – „gehörte" mehr oder weniger dem Volk. In den 70er Jahren nahm eine entgegengesetzte Entwicklung ihren Lauf. Es ist vor allem Claus, dem Bürgerlichen, der zum Prinzen wurde, zu verdanken, daß in der Öffentlichkeit eine Diskussion stattfand über den Raum, der der königlichen Familie als Privatpersonen zugestanden wird.

Prinz Claus nahm im Namen der königlichen Familie an einer Fernsehdiskussion teil und berief sich auf die allgemeinen Menschenrechte. Daß das Haus Oranien nicht passiv zusieht, wenn seine persönlichen Interessen verletzt werden, wurde deutlich, als mehrmals gerichtliche Schritte eingeleitet wurden, um eine Veröffentlichung in den Klatschspalten zu verhindern. Sensationsberichte über das Königshaus sind bei einem Großteil der holländischen Bevölkerung sowieso unerwünscht. Das Volk hat keinen Grund, das Ansehen der königlichen Familie anzuzweifeln. Seit der Thronbesteigung hat sich die Königin, die im allgemeinen sehr zurückhaltend, oft aber auch bemerkenswert offen ist, um unerwünschten Spekulationen vorzubeugen, aktiv mit der Medienpolitik auseinandergesetzt, um unerwünschten Spekulationen vorzubeugen. Die Königin sagte einmal:

„Wir schätzen unser Privatleben sehr hoch ein. Weil wir ein Recht darauf haben. Wir brauchen es, um ein Leben führen zu können, das ohnehin schon schwer genug ist."

Im Gegensatz zu anderen europäischen Königshäusern haben die Mitglieder des Hauses Oranien keinen Anlaß, sich hinsichtlich ihres Privatlebens zu beschweren. Abgesehen von ihren öffentlichen Verflichtungen können sie ihr Privatleben nach eigenen Wünschen gestalten. Und der Kronprinz hat die Freiheit, nebenan ins Geschäft zu gehen und seinen Junggesellenvorrat an Kaffee aufzustocken.

Beatrix verbringt viel Freizeit in den Gärten von 'Huis ten Bosch'.

Hermetisch verriegelter Privatflügel

Verglichen mit den Zeiten der beliebten Königin Juliana, als die Presse sprichwörtlich „an der Tür" des Soestdijk-Palastes anklopfen konnte, um mit der „Mutter von Holland" zu sprechen, ist der Privatflügel in Königin Beatrix Residenz 'Huis ten Bosch' in Den Haag hermetisch verriegelt. In den Niederlanden hat praktisch niemand eine Vorstellung vom häuslichen Leben der Königin und ihres Mannes. Und noch weniger ist bekannt, wie die Königin, die sich sehr für Innenarchitektur interessiert, das mittelalterliche Herrenhaus 'Het Oude Loo' in Apeldoorn eingerichtet hat, oder was dort bei ihren Jagdgesellschaften geschieht. Bei der Ausführung ihrer öffentlichen Pflichten ist die Königin Fotografen gegenüber höflich und freundlich, da sie es für wichtig hält, daß über ihre Arbeit als Staatsoberhaupt berichtet wird. Bei Familientreffen sind die Medien jedoch unerwünscht. Von dem Galaempfang für europäische Königsmitglieder anläßlich der Silberhochzeit der Königin drang nichts an die Öffentlichkeit.

Dennoch versuchen die Königin und der Prinz, Spekulationen über ihr Privatleben vorzubeugen. Bei gelegentlichen Fernsehinterviews zeigen sich die Königin und der Prinz sehr aufgeschlossen. Unter anderem haben sie offen über die Depressionen gesprochen, unter denen Prinz Claus zwischen 1983 und 1990 ziemlich lange zu leiden hatte. Er hat auch einige Jahre an der Parkinson-Krankheit gelitten. „Wir möchten gern deutlich machen, daß wir ganz normale Menschen sind. Auch wir werden krank. Wir sprechen lieber offen darüber", sagten sie. Im gleichen Interview

Ein Privattreffen der königlichen Familie im Soestdijk-Palast anläßlich der goldenen Hochzeit von Prinzessin Juliana und Prinz Bernhard.

reagierte Prinz Claus auf die Frage, ob er sich mit den Niederländern identifizieren kann, wie folgt: „Ich fühle mich in diesem Land, in dem alles sehr speziell und anders als in anderen Ländern ist, zu Hause. Den Herrschenden und Verantwortlichen liegen der Wohlstand und das Wohlbefinden der Menschen sehr am Herzen. Dies ist ein durch und durch demokratisches Land. Ich erzähle Ausländern immer, daß wir traditionell eine Republik sind, die mit einer bestimmten Familie verbunden ist, aus der wir den Präsidenten wählen. Diese Wahl überlassen wir allerdings Naturgesetzen."

In vielen Ländern wäre diese Interpretation einer monarchischen Konstitution erstaunlich und würde unvermeidlich Kritik hervorrufen, aber Claus beschrieb nur, wie er die historischen Beziehungen zwischen Oranien und den Niederlanden sieht.

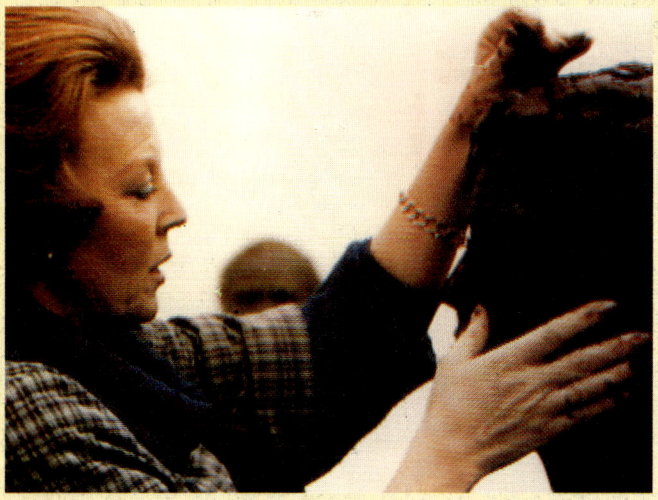

Die Königin ist eine talentierte Bildhauerin; hier arbeitet sie an einem Portrait ihres Sohnes Constantijn.

Die Arbeitswelt

Der persönlichste Raum von Königin Beatrix im Noordeinde-Palast in Den Haag ist natürlich ihr Arbeitszimmer. Es liegt im ersten Stock mit Blick über die Straße, so daß sie die Menschen beim Einkaufen beobachten kann. Das Arbeitszimmer Ihrer Majestät ist mit modernen holländischen Möbeln und, abgesehen von einem großen Portrait von Wilhelm von Oranien in hohem Alter, mit zeitgenössischer Kunst ausgestattet. Das Portrait, das schon im Arbeitszimmer ihrer Mutter im Soestdijk-Palast hing, erhielt sie bei ihrem Amtsantritt von ihrer Mutter.

Wie alle Bewohner des Palastes seit dem Einzug von Louise de Coligny, der Witwe Wilhelms von Oranien, im Jahre 1591 hat Königin Beatrix die Einrichtung nach ihrem Geschmack verändert. Sie hat herausfordernde moderne Kunstgegenstände hinzugefügt: Skulpturen, Bilder, sogar Computerkunst.

In ihr schlummert eine Künstlerin, obwohl sie es nie zugeben würde. Aber sie versucht, sich den Dienstagnachmittag freizuhalten, um in ihrem Atelier im Palast 'Huis ten Bosch' in Den Haag Skulpturen zu formen. Sie stellt schöne Portraitbüsten her, zeigt sie aber nur selten. Einige stehen in ihrem Garten, in dem auch eine Sammlung moderner Plastiken zu finden ist. Ähnlich wie ihre Ahnen fördert die Königin Kunst und macht Stipendien jungen Künstlern zugänglich. Sie kennt viele Künstler, besucht ihre Ateliers und empfängt sie in ihrem Haus. Menschen, außerhalb der Hierarchie, mit denen sie gut auskommt.

Inspirierende Vorgänger

Wie ihre dänische Zeitgenossin Königin Margrethe arbeitete Königin Beatrix mit an einer Fernsehdokumentation über ihr Leben und das königliche Kulturerbe anläßlich ihres 50. Geburtstages. Sie zeigte der Öffentlichkeit eines der Lieblingsschlösser vieler Generationen des Hauses Oranien, das staatliche Jagdschloß 'Het Loo' in Apeldoorn. Es wurde zwischen 1686 und 1694 von dem berühmten Statthalter-König Wilhelm III. und seiner britischen Frau, Königin Maria, erbaut. („Loo" entspricht dem englischen „lea" und bedeutet Lichtung oder Wiese in einem Wald.) Dieses Schloß weckt Erinnerungen an ihre Jugend, denn hier und in den Wäldern des Schlosses verbrachte sie mit ihren Schwestern und ihrer Großmutter Wilhelmina viele Sommer. Beatrix bewunderte die Königin sehr, die im Exil während des Zweiten Weltkriegs zur Symbolfigur des Widerstands wurde und die letzten Jahre ihres Lebens in diesem historischen Haus unter ihren Vorfahren, den großen, immer noch gegenwärtigen und einflußreichen Persönlichkeiten des Hauses

Das niederländische Königspaar liebt klassische Musik; hier mit der Sopranistin Charlotte Margiono.

Oranien, verbrachte. „Ich bin selbst mit den Zukunftsperspektiven und Änderungen in der Welt aufgewachsen", erklärte Königin Beatrix. „Erst viel später habe ich mich mit historischen Persönlichkeiten beschäftigt." Königin Wilhelmina hatte sich ein Atelier im Schloß eingerichtet. Manchmal fuhr sie in den Wald, um die innere Verbundenheit mit der Natur zu spüren, und malte stundenlang. So fing sie auch die norwegische Landschaft bei einem ihrer vielen Sommerbesuche auf.

1984 wurde 'Het Loo' acht Jahre lang zu einem Museum der Oranien-Dynastie umgebaut. Mit den neu angelegten Gärten aus der Barockzeit gehört es inzwischen zu den bedeutendsten Touristenattraktionen der Niederlande. Die Königin stellt regelmäßig Gegenstände der königlichen Kunstsammlung aus ihrem Haus zur Verfügung, die hier ausgestellt werden.

Die Königin und der Prinz bilden nicht nur ein ausgezeichnetes Arbeitsteam, sondern teilen auch privat viele gemeinsame Interessen und ergänzen sich hervorragend. Die Königin bezieht ihren Mann in ihre Vorliebe für moderne Kunst ein, während er ihr die klassische Musik nähergebracht hat. Beide lieben tiefgründige Gespräche und zählen Wissenschaftler, Politiker und Künstler zu ihrem Bekanntenkreis. Die Königin ist ein spontaner Mensch, während der Prinz zurückhaltend ist. Beide sind humorvoll und diskutieren lebhaft, wobei der leidenschaftliche Prinz Claus schon mal „explodiert", wenn sein Feuer entfacht wird.

Findet das königliche Paar bei dem vollen Terminkalender noch Zeit füreinander? Dazu sagte die Königin folgendes: „Gelegentlich meinen mein Mann und ich, daß wir etwas Geplauder nachholen müssen. Nur wir zwei, ohne die störenden Elemente des modernen Lebens wie das Telefon. Ich kann mir das kleine Zimmer auf 'Het Loo' gut vorstellen, in dem Königin Maria am Ende des Tages mit ihrem Mann, dem Statthalter-König, plauderte, obwohl uns 300 Jahre trennen. Ich verstehe ihre Gefühle und stelle mir ihre Gespräche vor; sie waren sich der mit ihrer Stellung verbundenen Verantwortung bewußt. Diese Zeit übt auf mich in diesem Zusammenhang einen großen Reiz aus."

Wenige Mitglieder des Hauses Oranien leben in Palästen

Seit 1972 befinden sich die niederländischen Paläste im Besitz des Landes. Nur das königliche Paar und die ehemalige Königin Juliana und Prinz Bernhard leben in einem Palast. Die anderen Familienmitglieder wohnen in Landhäusern oder kleinen Häusern.

Der Umzug 1981 vom Landsitz „Drakensteyn" in der Provinz Utrecht zum Regierungssitz in Den Haag veränderte das Familienleben der Königsfamilie grundlegend. Vorbei waren die glücklichen, sorglosen Jahre eines wunderbaren Familienlebens. Beatrix überließ ihre Söhne nicht der Obhut von Kindermädchen und Erzieherinnen.

Seit ihrem offiziellen Amtsantritt arbeitet die Königin im Noordeinde-Palast in Den Haag und wohnt auf 'Huis ten Bosch'. Beide Paläste wurden für mehrere Millionen Mark renoviert und zählen zu den modernsten Palästen Europas. Die Königin nahm an den Umbauarbeiten bis ins kleinste Detail teil.

'Huis ten Bosch' (1647) mit seiner gewölbten Halle und den acht Meter hohen Wänden, mit den allegorischen Darstellungen der Triumpfe des großen Strategen und Statthalters Frederik Hendrik, Sohn von Wilhelm von

Die Ahnengalerie im Schloßmuseum 'Het Loo' mit Portraits der Vorfahren der Königin.

'Huis ten Bosch', Wohnsitz von Königin Beatrix und Prinz Claus.

Oranien, an den Wänden, ist ein wunderschönes Beispiel für den niederländischen Klassizismus. Diese „Oranien-Halle", an deren Wände sich die großen niederländischen Maler wie Jacob Jordaens verewigten, war als Grabmal des Helden von Oranien gedacht.

Der berühmte französische Architekt Daniel Marot, der viele Aufträge von der Familie Oranien erhielt, stattete die zahlreichen Wohnräume in diesem kleinen, aber eleganten Schloß mit seinen unzähligen Kunstschätzen aus. Die Privaträume der königlichen Familie liegen im Ostflügel.

Vor dem Aufgang stehen die königlichen Nassau-blauen Autos. Keine Rolls Royce. Nach der Ölkrise von 1973 ersetzte Königin Juliana den gesamten Fuhrpark mit wirtschaftlicheren Modellen.

Drei Studenten in der königlichen Familie

Willem-Alexander, Prinz Johan-Friso tauchen bei der Aktion „für ein sauberes Niederlande" mit ihrem Onkel, Pieter van Vollenhoven, in holländischen Seen.

Die liberale Erziehung der Söhne wurde wiederholt kritisiert, die königlichen Eltern hielten repräsentative Verpflichtungen und die Öffentlichkeit dennoch von ihnen fern. Sie genießen sogar jetzt, während ihres Studiums, beachtliche Freiheiten.

Der jüngste, Prinz Constantijn (geboren 1969), ein vielseitiger Jurastudent in Leiden und, wie seine Mutter, künstlerisch veranlagt, ist für seine Freunde immer zu erreichen. Prinz Johan Friso (1968), der intellektuelle Sproß der Familie, ist bekannt als ehrgeiziger, harter Arbeiter, und hat mehrere Fächer belegt: Luftfahrt und Raumfahrttechnologie in Delft sowie Wirtschaftswissenschaften.

Der Thronerbe, Willem-Alexander, Prinz von Oranien (1967) wird an der Universität von Leiden, die von Wilhelm von Oranien gegründet wurde, ausgebildet. Er wählte Geschichte und belegte einen speziell auf ihn ausgerichteten Kurs. Er bereitet sich mit Hingabe und Ernst auf seine zukünftige Aufgabe vor. Daneben hat er dieselbe Leidenschaft fürs Fliegen entwickelt wie sein Großvater, Prinz Bernhard, ein Pilot, der auf eine über fünfzigjährige Erfahrung zurückblicken kann. Der Prinz von Oranien hat einen privaten Pilotenschein und kann Transportflugzeuge einschließlich Düsenverkehrsflugzeuge fliegen. Wäre er nicht Thronfolger, so hätte er ein Leben als Pilot vorgezogen.

Er hat als Freiwilliger bei der afrikanischen Organisation der „fliegenden Ärzte" gearbeitet und begleitet seine Mutter regelmäßig als Copilot auf Reisen.

Die aktive und sportliche Königin liebt Ausritte am Strand. Sie spielt außerdem Tennis, fährt Ski, schwimmt und segelt außerordentlich gut. Im Sommer verbringt die königliche Familie ihre Wochenenden auf der „Groene Draeck", einer Segeljacht, die die Königin an ihrem 18. Geburtstag vom niederländischen Volk bekommen hat. Auch in den Ferien steht Ihre Majestät früh auf und ist um sieben Uhr fertig für ein Tennisspiel.

Prinz Willem-Alexander ist ein ausgezeichneter Pilot.

Prinz Constantijn und Prinz Johan Friso.

Der Prinz, ein Denker, spielt Golf, liebt die Photographie und tut alles, um seine intellektuellen Interessen zu befriedigen. Ziemlich oft läßt er sich Bücher schicken, die er liest, um die Ansichten anderer Menschen besser verstehen zu können.

Wie viele holländische Menschen liebt die holländische Familie ihre Gärten. Auf 'Huis ten Bosch' ist unter den Sommerblumen eine erstaunliche Oranien-Sammlung von Rosen zu finden. Und die Königin erfreut sich wie jeder andere auch an einer neuen Gestaltung des Gartens.

Einmal im Jahr macht die Familie Skiurlaub in Lech (Österreich).

Das Haus Oranien bevölkert Porto Ercole und Lech

In den Ferien enspannt die Familie sich von der Arbeit und genießt ein privates Zusammensein. Seit den 60er Jahren verbringt sie ihre Skiferien in Lech in Österreich und ihre Sommerferien in Porto Ercole in Italien, 150 Kilometer nördlich von Rom. Beide Orte verdanken ihre Beliebtheit als Touristenzentren der Anwesenheit der niederländischen Königsfamilie. Der sonnige Flecken am Fluß Lech, wo die Menschen trotz Luxus und Après-ski in erster Linie hinkommen, um Ski zu fahren, wurde inzwischen auch von den königlichen Familien aus Norwegen, Schweden, England, Monaco und Liechtenstein entdeckt. Um dem Ansturm in der Hochsaison zu entgehen, finden die Reisen der königlichen Familie in der Vor- oder Nachsaison statt. Ihre Ferienadresse ist immer der „Gasthof Post", der einem persönlichen Freund gehört. Trotz ihres fortgeschrittenen Alters wagen sich Prinzessin Juliana und Prinz Bernhard immer noch mit ihren Begleitern auf lange Strekken. Lech ist so begeistert von der gehobenen Klientel, daß manchmal tagelang Schneepflüge in Betrieb sind, wenn die Oranier ihre bevorstehende Ankunft angekündigt haben.

In Porto Ercole am azurblauen Meer erfreut sich die königliche Familie gleich großer Beliebtheit. Die weiße Villa „Elefante Felice", im Besitz von Prinzessin Juliana und Prinz Bernhard, zählt acht asketisch ausgestattete Räume, bietet aber leider keine Privatsphäre. Seit 1975 besitzt die Kunstliebhaberin Beatrix ein eigenes altes Gehöft mit 22 Räumen in der Toskana bei Tavernelle, 20 Autominuten von Florenz entfernt. Mit ihren Zitrus- und Olivenbäumen kann diese Festung nicht einmal von den

Die Familie von Prinzessin Margriet in Porto Ercole (Italien).

Paparazzi eingenommen werden, die immer auf der Suche nach Sensationen sind. Obwohl sie normalerweise voller Energie steckt und selten krank ist, hatte die Königin in den Ferien einige Male Probleme mit ihrer Gesundheit. Im Sommer 1987 mußte sie mit einer Meningitis zurück in die Niederlande geflogen werden. Vier Jahre später brach sie sich in Portugal das rechte Wadenbein. Die Königin reagierte entsprechend der Maxime der Oranier „Je maintiendrai“ (Ich werde durchhalten) und führte nach ihrer Rückkehr die offiziellen Besuche mit Krücken und mit Hilfe eines motorisierten Golfwagens durch.

Schlichtheit

Abgesehen von den Repräsentationspflichten eines königlichen Paares ist ihr privates Leben von Schlichtheit gekennzeichnet. Eine teure Hochseejacht, die Pariser Haute Couture und kostspielige Hobbys sind nichts für sie. Sie haben fast asketische Gewohnheiten, rauchen nicht und trinken höchstens ein Glas Wein.

Schon seit Jahren wird die Königin vom Amsterdamer Modehaus Theresia Couture eingekleidet. Ihre auffallenden Hüte stammen ebenfalls aus holländischer Produktion.

Beatrix bevorzugt Modeschmuck. Die berühmten historischen Oranier-Juwelen trägt sie nur bei besonderen Anlässen, wie bei Staatsbesuchen oder Banketten in ihrem Palast. Obwohl die Sammlung einige wertvolle große Schmuckstücke umfaßt, werden Wert und Umfang der Juwelen normalerweise überschätzt. Die legendären Perlen und Edelsteine, von der russischen Erzherzogin Anna Pavlovna (1795 – 1865), der Frau von König Wilhelm II., in die Familie gebracht, wurden bei Erbschaften mehrfach geteilt.

Die Königin, bekannt für ihre Freigebigkeit, kauft gerne ein. In der unmittelbaren Umgebung des Nordeinde-Palastes, bei Harrods in London und in Italien sucht sie ihre Geschenke aus: Kunstgegenstände, Bücher, Porzellan, Kristall, Silber und andere originelle Kleinigkeiten. Einmal wurden bei einem Kurzbesuch am Flughafen von Bangkok mitten in der Nacht die Geschäfte extra für sie und ihr Gefolge geöffnet.

In der Nikolaus- und Weihnachtszeit verteilt die Königin ihre Geschenke in der ganzen Welt. Sie legt großen Wert darauf, Freundschaften zu pflegen und opfert ihre Nachtruhe, um die Empfänger ihrer Geschenke mit einem passenden Gedicht zu erfreuen.

Bunte Vögel

Königin Juliana und Prinz Bernhard waren schon in den 60er Jahren der Ansicht, daß die Zeiten, in denen Eltern die Ehepartner ihrer Kinder auswählen, vergangen seien. Ihre vier Töchter heirateten aus Liebe, mit dem Ergebnis, daß die 23 Mitglieder der königlichen Familie die niederländische Gesellschaft hinsichtlich ihrer Vielfalt und Individualität widerspiegeln. Von den Oraniern gehören einige dem Königshaus an, andere nicht. Es gibt Oranier mit und ohne Titel. Einige erhalten ein staatliches Einkommen, andere wiederum nicht. Und es gibt unter ihnen Angehörige des protestantischen wie auch des römisch-katholischen Glaubens. Eine bemerkenswerte Eigenschaft verbindet sie jedoch alle: Die Oranier sind von der dynastischen Tradition stark beeinflußt. Auch wenn sie teilweise auf großen Widerstand stoßen, sind sie bestrebt, ein sinnvolles Leben zu führen und einen Beitrag zur niederländischen Gesellschaft zu leisten. Die Prinzessinnen, die im Ausland heirateten, kamen wieder in die Niederlande

Prinzessin Juliana (1909), immer noch gesund und für die Niederlande aktiv.

Prinz Bernhard, Mitbegründer und seit fast 50 Jahren Präsident des World Wildlife Fonds, besucht auch mit seinen über achtzig Jahren noch Projekte; hier in Indonesien.

zurück. Denn nirgends lebt man besser als unter der Sonne Oraniens!

Die freie Partnerwahl der Prinzessinnen scheint in der Praxis unvorhergesehene Konsequenzen mit sich zu bringen. Keine von ihnen heiratete einen „richtigen" Prinzen. Nur zwei haben die parlamentarische Zustimmung für ihre Heirat erhalten.

Kronprinzessin Beatrix setzte 1966 ihre Heirat mit dem deutschen Diplomaten Claus von Amsberg (geboren 1926), der als Jugendlicher in der Wehrmacht gedient hatte, durch. Nach einer längeren Debatte stimmte das Parlament der Verbindung zu. Von Amsberg wurde eingebürgert und nahm den Titel Prinz von den Niederlanden an. Später sagte er, daß er hinsichtlich der Aufgabe, das ganze Land von seiner Integrität zu überzeugen, zu optimistisch gewesen sei: „Ohne meine Frau hätte ich es nicht geschafft." Der Prinz wird inzwischen als wertvolles Mitglied des Königshauses sehr geschätzt.

Die zweite Prinzessin, Irene, verzichtete auf ihr Thronfolgerecht und heiratete 1964 in Rom Prinz Karl Hugo von Bourbon-Parma, den ältesten Sohn des ersten karlistischen Anwärters auf den spanischen Thron. Niederländische Protestanten sprachen sich gegen ihre Konvertierung zur römisch-katholischen Kirche aus. Das Paar hat vier Kinder – Carlos, die Zwillinge Margarita und Jaime sowie Maria-Carolina – und lebte in Frankreich und Spanien. Nach ihrer Scheidung im Jahr 1981 kehrte die Prinzessin mit ihren Kindern in die Niederlande zurück. Sie ist eine bekannte Feministin, Beraterin für multikulturelle Kommunikation, lebt in einer Villa in Wijk in der Nähe von Duurstede und möchte als Frau I. van Lippe-Biesterfeld gelten. Prinz Karl-Hugo unterrichtet in den Vereinigten Staaten Wirtschaftswissenschaften.

1967 wurde die Verlobung von Prinzessin Margriet mit ihrem Landsmann Pieter van Vollenhoven (geboren 1939), dem kein Prinzen- oder Adelstitel verliehen wurde, im Parlament debattiert. „Wäre meine Wahl nicht akzeptiert worden, hätte ich die Beziehung gelöst. Nach der Abreise meiner Schwester Irene stand ich an zweiter Stelle in der Thronfolge. Ich wollte die Dinge nicht ins Wanken geraten lassen", verriet die Prinzessin bei ihrer Silberhochzeit. Unter vielen Schwierigkeiten hat sich van Vollenhoven einen Platz in der Geschäftswelt als „der Ehemann der Prinzessin" erobert. Mehrmals mußte er in seiner Karriere auf Grund der Tatsache, daß er ein Mitglied der königlichen Familie ist, Rückschläge erleiden. Er arbeitet auf den Gebieten Straßensicherheit, Umwelt und Behindertensport. Als guter Pianist hat van Vollenhoven mit einer Anzahl bekannter niederländischer Pianisten eine Initiative zugunsten des Opferhilfefonds gegründet und veranstaltet Konzerte.

Die Prinzessin und ihr Mann übernehmen im Namen des Hauses Oranien jährlich ein Dutzend öffentlicher Verpflichtungen. An ihrem 50. Geburtstag hat die Königin ihre Schwester für ihren aufopferungsvollen Dienst mit dem Großen Kreuz des Hauses Oranien ausgezeichnet. Die van Vollenhovens leben mit ihren vier Söhnen, den Prinzen Maurits, Bernhard Jr., Pieter-Christiaan und Floris, in einer Villa in der Nähe von 'Het Loo' in Apeldoorn.

Prinz Willem-Alexander auf den Antillen in Aktion. Seine Familie ist nicht so reich, wie immer vermutet wird.

Prinzessin Christina bat 1975 bei ihrer Heirat mit dem staatenlosen (römisch-katholischen) Kubaner Jorge Guillermo (geboren 1946) das Parlament nicht um Zustimmung. Drei Kinder gingen aus dieser Heirat hervor: Bernhard Jr., Nicholas und Juliana. Die Familie lebte bis 1985 in New York und zog dann in ein Landhaus in der Nähe von Den Haag. Der Kunsthistoriker Jorge Guillermo veröffentlicht Bücher über sein Spezialgebiet. Die Prinzessin, die in ihrem Augenlicht stark beeinträchtigt ist, erhielt in Kanada eine Gesangsausbildung und gibt gelegentlich Konzerte.

Das königliche Paar pflanzte bei seiner Silberhochzeit einen Baum. Seine Landsleute folgten dem Beispiel, damit Holland noch „grüner" und schöner wird.

Willem-Alexander und sein „deprimierendes Vorbild"

Das erste Enkelkind Königin Julianas, das die damalige Kronprinzessin Beatrix 1967 zur Welt brachte, war seit 116 Jahren der erste männliche Nachfolger. Die weibliche Oranien-Dynastie (seit 1890 mit Emma, Wilhelmina, Juliana und Beatrix) genießt den besten Ruf. „Ich finde es fast deprimierend, wenn ich sehe, welches Vorbild meine Mutter ist. Ihr ebenbürtig zu sein, wird eine schwere Aufgabe sein", bestätigt der Kronprinz.

Die Vorbereitung des Prinzen auf seine zukünftige Aufgabe begann mit 18 Jahren. Er wurde Mitglied des Staatsrates, des höchsten beratenden Organes in der Regierung, und erhielt nach einer langen Debatte in der Abgeordnetenkammer ein staatliches Einkommen von 900.000 Gulden, von dem 25 Prozent als persönliches Einkommen zählten. Der Prinz schloß seinen Armeedienst bei der niederländischen königlichen Marine mit dem Rang eines Leutnants ab. Nach seiner Universitätsausbildung erwartet man von ihm engere Verbindungen zu den Streitkräften.

Ein Kronprinz muß ein positives Profil haben. Dies erwarb Willem-Alexander, als er mit 19 Jahren am 'Elfstedentocht' teilnahm, einem langen Schlittschuhrennen über die friesischen Seen.

Prinz Claus, nicht unbedingt ein Sportler, aber neugierig genug, um dieses Abenteuer auf dem Weg nach Australien zu einem Staatsbesuch zu wagen. Er wurde zwischen zwei niederländischen Schiffen hin und hergeseilt.

Die Königin fährt durch das Waterland, nördlich von Amsterdam, mit dem Fahrrad.

1991 trainierte er monatelang für den Marathon in New York. Für 42 Kilometer benötigte er vier Stunden und dreiunddreißig Minuten. Unterwegs mußte der Prinz „ungeahnte körperliche Schmerzen" durchstehen.

Sechs Thronanwärter werden einen normalen Beruf ausüben

Neben dem Kronprinz stammen noch sechs weitere junge Prinzen in direkter Linie von der königlichen Familie ab. Die zwei Brüder des Prinzen Willem-Alexander und die vier Kinder von Prinzessin Margriet. Sämtliche Thronerben dürfen nur mit Zustimmung des Parlaments heiraten. Sehr zum Mißfallen der ehemaligen Königin Juliana werden die Söhne Prinzessin Margriets die Mitgliedschaft des Königshauses verlieren und damit auch ihre Thronansprüche, sobald der Prinz von Oranien die Nachfolge von Königin Beatrix antritt.

Diese Prinzen, die „nur" Hoheiten – und keine königlichen Hoheiten – sind und den persönlichen Titel Prinzen von Oranien-Nassau tragen, unterliegen dann jedoch hinsichtlich ihrer Heirat und ihrer persönlichen Karriere keinen Einschränkungen mehr. Ihr Werdegang wird in der Zukunft innerhalb der niederländischen Gesellschaft ganz normal verlaufen, und ihre Kinder werden den Namen „van Vollenhoven" tragen. In Zukunft wird das königliche Haus auf die direkten Nachkommen von Königin Beatrix und Prinz Claus eingeschränkt sein.

Sieben Prinzen auf der Suche nach geeigneten Ehepartnern

Obwohl sie die Leibwachen nie „loswerden", gleicht das Studentenleben der niederländischen Prinzen dem Leben normaler Studenten. Sie sind Mitglieder der Studentengewerkschaft, trinken Bier und besuchen mit ihren Freunden und Bekannten auch Diskotheken. Prinz Bernhard Jr., ein Wirtschaftsstudent, ist Mitinhaber eines Kurierdienstes. Der Freundeskreis der Mitglieder des Königshauses setzt sich hauptsächlich aus jungen Menschen der Mittelschicht zusammen.

Keiner der Prinzen, nicht einmal der Kronprinz, ist verpflichtet, eine Prinzessin oder Aristokratin zu heiraten. Obwohl die Namen verschiedener Mädchen mit dem Prinzen von Oranien in Verbindung gebracht wurden, hat es bisher keine Verlobung gegeben. Einer Meinungsumfrage zufolge wünschen die Niederländer den jungen Prinzen Frauen, die sie lieben, vorausgesetzt, diese sind geeignet für den königlichen Lebensstil.

Glaubensfreiheit

Wilhelm II., stark beeinflußt von dem Gelehrten Erasmus, hielt das geistige Leben für überaus wichtig. Lange Zeit waren die Dynastie, der Staat und der Protestantismus miteinander verflochten, dennoch haben die Prinzen von Oranien immer wieder versucht, den ausschließlich protestantischen Charakter des Nationalbewußtseins zu durchbrechen. Sie traten für die Freiheit des Glaubens ein. Obwohl sie der protestantischen Staatskirche angehörten, war ihr persönlicher Glaube nicht an Kirchenmauern und Dogmen gebunden.

Mit Ausnahme der Königin, die verfassungsgemäß Mitglied der niederländischen reformierten Kirche sein muß, ist die Religion der Mitglieder der königlichen Familie offiziell unbekannt. Zum großen Teil sind sie protestantisch. Freie Meinungsbildung und persönliche Entscheidungen beherrschen die Beziehungen zu Religion und Kirche. Nur Prinzessin Juliana besucht regelmäßig die Kirche. Die Königin und der Prinz gehören einem ökumenisch-religiösen Komitee in Den Haag an, wo Liturgie, Kontemplation und Bildung einen wichtigen Platz einnehmen. Das königliche Paar verpaßt selten die monatliche Bach-Kantate. Prinzessin Margriet und Pieter van Vollenhoven sind Mitglieder einer Bibelgruppe, die an keine Kirche angeschlossen ist. Prinzessin Irene und ihre Kinder Carlos, Jaime, Margarita und Carolina bekennen sich, wie auch Prinzessin Christina und ihre Familie, zum römisch-katholischen Glauben. Während die Konvertierung Prinzessin Irenes zum römisch-katholischen Glauben 1964 noch einen heftigen Protest auslöste, wurde die Konvertierung Prinzessin Christinas 1992 von der protestantischen Bevölkerung kommentarlos aufgenommen.

Die Königin auf einem Boot der Naturdenkmalwache.

Das Haus Oranien widmet sich Natur- und Umweltfragen

Die Holländer sind im allgemeinen der Umwelt gegenüber sehr engagiert, insbesondere das Königshaus. Prinz Bernhard, Mitbegründer einer internationalen Organisation, die unter der Bezeichnung World Wildlife Fund bekannt ist, hat sich in den letzten 50 Jahren mehr und mehr für den Erhalt der Natur und der Umwelt eingesetzt. Lange bevor die Öffentlichkeit sich für diese Entwicklung zu interessieren begann, haben Bernhards Berichte und Filme sowie seine Forschungsreisen die Familie auf die Bedeutung dieses Themas aufmerksam gemacht. Die Mehrheit der königlichen Familie kennt den afrikanischen Dschungel und verschiedene asiatische Länder persönlich. Prinzessin Margriet und Pieter van Vollenhoven, mit ihrer Vorliebe für Kanada, haben eine Expedition durchgeführt und an einem Fernsehfilm und einem Buch über die Eskimos mitgearbeitet. Sie waren so fasziniert von den Huskies, daß sie begannen, diese Schneehunde in den Niederlanden zu züchten. Der große Wunsch Prinzessin Julianas, die Galapagos-Inseln zu besuchen, konnte erst nach ihrer Abdankung erfüllt werden.

Das Haus Oranien setzt sich sehr für den Erhalt der Natur und für die Umwelt ein. In ihren Reden betont die Königin immer die Verantwortung des Menschen gegenüber der Natur. „Die Erde stirbt langsam, und das Unvorstellbare – das Ende des Lebens selbst – wird langsam denkbar." Ihre Weihnachtsansprache von 1988, in der sie sich ausschließlich mit Umweltfragen befaßte, verursachte sogar einen Aufruhr, denn die Visionen der Königin klangen weit pessimistischer als die der Regierung. Prinz Claus sprach dasselbe Thema an und warnte: „Die Welt wird nicht zugrunde gehen, aber sie wird vergiftet!" Das sind nicht nur Lippenbekenntnisse. Claus nimmt an der Reinigung von Wäldern und Parkanlagen teil, und seine beiden ältesten Söhne tauchen nach Beendigung der Wassersportsaison mit ihrem Onkel, Pieter van Vollenhoven, in niederländischen Seen und säubern sie. Diese Handlungen im Dienst der Umwelt stoßen auf breite öffentliche Anerkennung.

In den Niederlanden wird nur wenig gejagt, und in der königlichen Familie trägt niemand mehr Pelze, weil sie gesellschaftlich nicht mehr akzeptiert werden. Auf das alarmierende Waldsterben hat die Königin spontan reagiert: „Wir können nur unglaublich viele Bäume pflanzen." Die größte „Grüne Aktion" fand an ihrem Silberhochzeitstag statt. Das Paar wünschte sich die Niederlande grüner; die Reaktion war gewaltig. Hunderttausend gepflanzte Bäume sollten sicherstellen, daß im Königreich des Hauses Oranien jeder Frühling schöner und grüner wird.

Bei der Eröffnung der van Gogh-Ausstellung im Stedelijk-Museum in Amsterdam.

Unter Beatrix blüht die Kultur

Königin Beatrix und Prinz Claus, die in herrlichen Gebäuden wohnen und Kunst- und Kulturliebhaber sind, haben dem kulturellen Leben in den Niederlanden einen mächtigen Auftrieb verliehen. Das bereits erwähnte Schloßmuseum 'Het Loo' ist allen Statthaltern und Monarchen von Oranien gewidmet und wird jährlich von Hunderttausenden Touristen besucht.

Königin Beatrix hat die Türen weiterer wertvoller Häuser für die Öffentlichkeit geöffnet. Mauritshuis, der Stadtpalast von Johan Maurits von Nassau-Siegen (1604 – 1679) im Zentrum Den Haags, beherbergt inzwischen die königliche Gemäldesammlung. Hier zeigte die Königin zum ersten Mal die beeindruckende Miniaturensammlung ihres Hauses.

Die Königin liebt Ballett. Hier besucht sie eine Aufführung der Stiftung für Tänzer in Amsterdam.

Die Königin schätzt es, wenn ihr Volk sich an den Traditionen und Kunstschätzen des Hauses von Oranien erfreuen kann. Die Kunstschätze beinhalten Gemälde, Porzellan, Spitzen, Throne, Krönungsgewänder, Kostüme und Insignien des Hosenbandordens.

Von den Oraniern wurden die Schiffsmuseen in Amsterdam und Rotterdam nach einer grundlegenden Renovierung wiedereröffnet. Sie standen auf einem rekonstruierten Schiff der Niederländisch-Ostindischen Kompanie aus dem 17. Jahrhundert und nahmen an dem fünfjährig stattfindenden internationalen Segelfest „Sail Amsterdam“ teil. Millionen Besucher aus der ganzen Welten traten in die Fußstapfen der Königin, nachdem sie die van Gogh- und Rembrandt-Ausstellung in Amsterdam und die weltweit größte Blumen- und Gemüseausstellung „Foriadne“ in Zoestermeer besucht hatte.

Prinz Claus setzte sich für den Aufbau des Amsterdamer Concertgebouw und eines Orchesters ein, dessen Name eine königliche Vorsilbe enthält. Es begleitet, wie auch das nationale Ballett, das königliche Paar bei Staatsbesuchen. Zweifellos blüht das kulturelle Leben unter der Herrschaft von Königin Beatrix auf.

Aber was macht sie, wenn sie unbeobachtet eine Aufführung besuchen möchte? Sie läßt die Eintrittskarten holen und nimmt unauffällig Platz. Zu dumm, wenn das Licht im Auditorium dann plötzlich wieder angeht, alle aufstehen und sie mit ohrenbetäubendem Applaus begrüßen. So gut er auch gemeint ist, die Königin würde diesen Brauch gern abschaffen.

Norwegen

von Annemor Møst

Zu Hause – Ein zwangloses Familienportrait im großen Gesellschaftszimmer auf Skaugum, das nach der Mutter König Haralds „Kronprinzessin Märthas Gesellschaftszimmer" genannt wurde. „Wir versuchen, ein möglichst normales Familienleben zu führen", sagt das Königspaar häufig.

„Die Königin besitzt außerordentliche Fähigkeiten, sie ist fast eine Perfektionistin, sowohl im privaten wie auch im öffentlichen Leben", stellte König Harald fest.

„Der König hat die bewundernswerte Fähigkeit, Dinge von ihrer lustigen Seite zu sehen und zu den Menschen vorzudringen. Er ist sehr humorvoll und überaus geistreich", sagte Königin Sonja.

So beschrieben der König und die Königin sich gegenseitig bei ihrer ersten – und bis heute letzten – Pressekonferenz nach ihrer Heirat. Gleichzeitig kündigten sie Änderungen an. Die Menschen in Norwegen sollten beobachten können, wie sich die Rolle der königlichen Familie allmählich wandelt – und diese Pressekonferenz im Königspalast von Norwegen an einem Herbsttag im Jahr 1991 war nur ein Beispiel für die bevorstehenden Änderungen.

Es ist selbstverständlich, daß der neue König und die Königin mit ihren jungen, erwachsenen Kindern neue Wege suchen, nachdem sie den Thron von einem älteren, verwitweten König übernommen haben. Aber König Harald und Königin Sonja gehen langsam vor; Änderungen werden allmählich und fast unbemerkt durchgeführt. Alte Traditionen, wie die Weihung einige Monate nach der Thronbesteigung, werden bewahrt: Am 23. Juni 1991, einem Hochsommertag, knieten König Harald und Königin Sonja von Norwegen vor dem hohen Altar in der mittelalterlichen Kirche in Trondheim und empfingen den kirchlichen Segen für ihre königlichen Handlungen. Ihre neue Stellung als König und Königin wurde feierlich und religiös anerkannt.

Die Könige von Norwegen werden nicht mehr gekrönt, aber König Harald wollte seine Thronfolge so feiern, wie 34 Jahre zuvor sein Vater, mit einer kirchlichen Zeremonie in der alten norwegischen Krönungskirche. In derselben Kirche wurden fast am gleichen Tag König Haakon und Königin Maud zum ersten Königspaar des unabhängigen Norwegens gekrönt.

Die Weihung an einem Hochsommertag sollte ein wichtiges Datum in der Geschichte der norwegischen Monarchie werden. Über 2000 norwegische Repräsentanten aus dem öffentlichen Leben nahmen an der Feier teil, über 10.000 Menschen begrüßten die Familie vor der Kirche in Trondheim, und die ganze Nation saß wie gebannt vor dem Fernseher. Es war eine deutliche Bestätigung der königlichen Familie in einem Land, in dem fast 90 Prozent der Bewohner für die Monarchie sind.

Zu diesem Anlaß trug die norwegische Königsfamilie – der König und die Königin, Kronprinz Haakon, Prinzessin Märtha Louise und die zwei Schwestern des Königs (beide haben bürgerlich geheiratet) feierliche Kleidung und Auszeichnungen. Sie haben einen ausgeprägten Sinn für Form und Eleganz. An Bord ihrer Jacht oder auf ausgedehnten Wanderungen in den Bergen sieht man diese sportliche Familie aber ebensogut in Trainingsanzügen. „Wir brauchen die Entspannung – ich beim Segeln und die Königin auf Bergwanderungen“, so der König.

König Harald V. und Königin Sonja sind unter den europäischen Königspaaren Neulinge. Harald V. wurde nach dem Tod seines vom Volk sehr geliebten Vaters Olaf V. zum König ernannt.

Viele zweifelten daran, daß der neue König dasselbe Ansehen beim Volk genießen würde wie sein Vater, aber in kurzer Zeit wurde deutlich, daß dies der Fall sein würde. Das königliche Paar erhält eine größere Unterstützung als jemals zuvor – ein Widerspruch in einem Land, in dem auf Gleichheit fast mehr Wert gelegt wird als auf alles andere.

Als Harald V. König wurde, bekam Norwegen – zum ersten Mal seit fünfzig Jahren – eine Königin. Haralds Mutter, die in Schweden geborene Kronprinzessin Märtha, starb 1954, drei Jahre, bevor König Olaf den Thron bestieg, und König Olaf entschied sich, den Rest seines Lebens allein zu verbringen. Auch König Haakon, Haralds Großvater väterlicherseits, verlor seine Frau sehr früh; Königin Maud, die erste Königin Norwegens im modernen Zeitalter, starb 1938. Für die Norweger ist ein König mit einer Königin daher etwas Neues und recht Ungewöhnliches.

Die Königsfamilie hat noch nie großen Abstand zu den normalen Menschen in Norwegen gehalten. Viele sind sogar der Ansicht, daß der gebührende Abstand nicht mehr eingehalten wurde, als Kronprinz Harald 1968 darauf bestand, das Mädchen, das er liebte, seine langjährige Freundin Sonja Haraldsen, Tochter eines Geschäftsmannes aus Oslo ohne einen Tropfen blaues Blut in den Adern, zu heiraten. Sie hatten sich neun Jahre zuvor kennengelernt und sahen im Grunde genommen keine Möglichkeit für eine gemeinsame Zukunft. Aber die Zeit verging, und langsam wurde klar, daß es keine Alternative gab – der König würde nie heiraten, sollte man ihm nicht erlauben, seine Sonja zur Frau zu nehmen. Das wäre gleichzeitig das Ende der norwegischen Monarchie gewesen, da es keinen anderen Thronerben gab. Die beiden älteren Schwestern des Kronprinzen waren längst mit Bürgerlichen verheiratet, und außerdem haben Frauen in Norwegen kein Recht auf die Thronfolge.

Die Zeit hat gezeigt, daß der Kronprinz die richtige Entscheidung getroffen hat und daß Sonja Haraldsen die Fähigkeiten besitzt, die Pflichten einer Kronprinzessin und später einer Königin zu erfüllen. Das wichtigste Argument gegen die Ehe eines Königlichen mit einer Bürgerlichen, daß diese Ehe die Monarchie „verwässern“ und sich ein neuer Adel aus dem Familien- und Freundeskreis in Norwegen bilden würde, erwies sich bald als unbegründet. 25 Jahre lang hat Sonja als Kronprinzessin und Königin ihre gesamte Energie darauf verwendet und das Kunststück fertiggebracht, die Erwartungen, die das Volk in sie gesetzt hat, zu erfüllen.

An seinem 50. Geburtstag wurde Kronprinz Harald gefragt, worin der Grund für die gefestigte Position der norwegischen Königsfamilie liege. „Weil die beiden letzten Könige (Haakon und Olaf) fast alles richtig gemacht haben“, antwortete er, ohne zu zögern. Wir könnten hinzufügen, daß er diese Tradition als Kronprinz und König gewahrt hat. Zu einer Zeit, in der die Medien sich auf die kleinsten Unregelmäßigkeiten im königlichen Haushalt stürzen, hat es selten, wenn überhaupt, einen Hinweis auf Skandale in der königlichen Familie Norwegens gegeben.

Eine junge Dynastie mit historischen Wurzeln

Die gegenwärtige Dynastie Norwegens ist sehr jung – König Harald ist erst der dritte König in Folge. Als erster der drei Könige ist er in Norwegen geboren. Er war bei seiner Geburt am 21. Februar 1937 der erste Prinz seit 600 Jahren, der im Land geboren wurde.

Die Wurzeln liegen jedoch tief in alten europäischen Königsfamilien und noch tiefer in entfernten Verbindungen mit den norwegischen Königen im Mittelalter bis hin zum ersten König Norwegens, Harald Hårfagre, im neunten Jahrhundert. König Harald ist auch mit anderen europäischen Königsfamilien, vor allem Dänemark, Großbritannien und Belgien, verwandt.

Die männliche Linie der Königsfamilie des Mittelalters starb im 14. Jahrhundert aus, und 400 Jahre lang, bis 1814, war Norwegen mit Dänemark vereinigt. Nach den Napoleonischen Kriegen, als Dänemark zu den Verlierern gehörte,

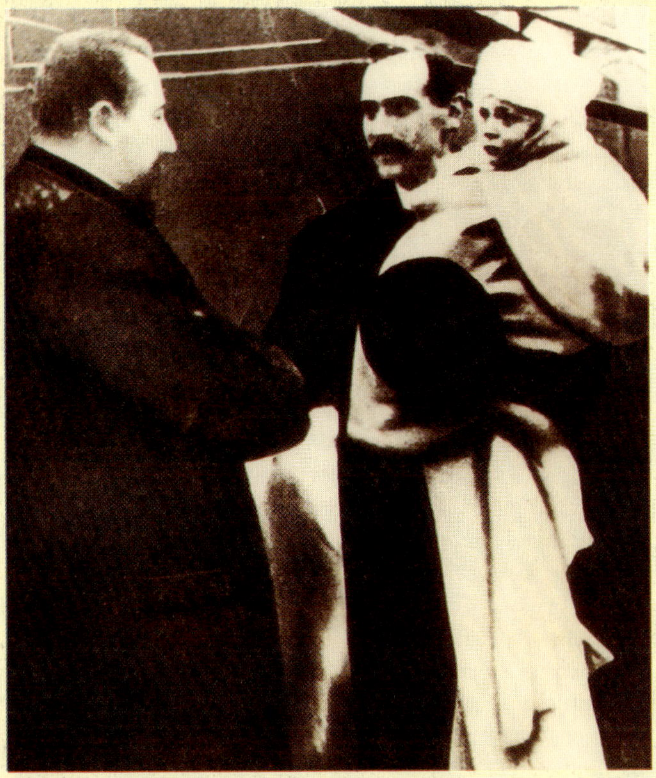

Der neue König von Norwegen, Haakon VII., trifft mit seinem kleinen Sohn Olaf in Norwegen ein. Premierminister Christian Michelsen begrüßte sie als erster.

fiel Norwegen an Schweden. Dagegen lehnten die Norweger, die schon lange von Freiheit geträumt hatten, sich jedoch auf. In Eidsvold, einer kleinen Stadt nördlich von Oslo, wurde eine Nationalversammlung einberufen, die in rekordverdächtiger Zeit eine Verfassung ausarbeitete und verabschiedete. Sie wurde als die liberalste Verfassung der Welt bezeichnet und war stark beeinflußt von der französischen und amerikanischen Verfassung. Die Nationalversammlung entschied sich für ein Königreich mit einer königlichen Familie und wählte am 17. Mai 1814 den jungen dänischen Prinzen, Christian Frederik, zum neuen König Norwegens. Der 17. Mai ist immer noch ein Nationalfeiertag und wird – mit der königlichen Familie im Mittelpunkt – im ganzen Land gefeiert.

Bald wurde jedoch klar, daß das neue Land noch nicht auf eigenen Füßen stehen konnte. Nach einem schweren Sommer und Herbst wurden die Unabhängigkeitsträume aufgegeben, und Norwegen ging mit Schweden ein Bündnis ein, das ihm eine wesentlich größere Unabhängigkeit gewährte als unter dänischer Herrschaft. Diese Union wurde 1905, nach 90 Jahren, endgültig aufgelöst. Am 7. Juni erklärte das norwegische Parlament das Bündnis für beendet und setzte den schwedischen König, Oskar II., als norwegischen König ab. In Wahrheit war das eine Revolution, wenn auch eine sehr friedliche.

Viele waren der Ansicht, daß Norwegen eine Republik werden sollte, aber die Royalisten behielten die Oberhand.

Eine neue königliche Familie

Kurz gesagt, der norwegische Thron wurde Prinz Karl von Dänemark, 33 Jahre alt, Enkelsohn von König Christian IX. und jüngerer Sohn des dänischen Kronprinzen, des späteren Frederik VIII., angeboten. Abgesehen von seinen persönlichen Eigenschaften, die, ehrlich gesagt, nur den wenigsten Norwegern bekannt waren, hatte er zwei unschätzbare Vorteile: Er war Schwiegersohn des mächtigen Königs von England, König Eduard VII., eine wertvolle Hilfe für eine junge Nation in einer Zeit, in der die Großmächte alle wichtigen Entscheidungen trafen; und er hatte

Eine sehr beliebte Familie – Das Bild von König Haakon, Königin Maud und Kronprinz Olaf hing schon bald in allen Häusern Norwegens.

einen kleinen Sohn im Alter von zwei Jahren, der zu einem „richtigen Norweger“ heranwachsen würde.

Prinz Karl war interessiert, beharrte jedoch darauf, dem Land einen Dienst zu erweisen. Er bestand auf einer Volksabstimmung über die norwegische Verfassung. In diesem Punkt war er unnachgiebig. Eine überwältigende Mehrheit stimmte bei dieser Volksabstimmung für die Monarchie und erreichte damit, daß der gewählte Prinz am 25. November mit Frau und Kind nach Oslo, damals noch Kristiania, kam.

In der Zwischenzeit hatte er den alten norwegischen Königsnamen Haakon angenommen und änderte den Namen seines Sohnes von Alexander in Olaf. Nur die in England geborene Königin Maud, die jüngste Tochter

Familienbande – Kronprinz Olaf auf dem Schoß seines Großvaters, König Eduard VII. von England. Die neue Königsfamilie war mit vielen alten europäischen Dynastien eng verwandt.

Eduards VII., behielt ihren ursprünglichen Namen bei.

Der Familie wurde in der kleinen norwegischen Hauptstadt trotz des Schneefalls ein herzlicher Empfang bereitet. Es war kein freundlicher Beginn im neuen Vaterland; dennoch waren die ersten Worte, die Königin Maud auf norwegischem Boden sprach: „Ich mag die Luft hier."

Der kleine Prinz Olaf wurde von dem Moment an zum Liebling ganz Kristianias, als er an Land getragen wurde und energisch eine kleine norwegische Fahne schwenkte. Als Erwachsener sollte der Prinz – eine große Bereicherung für den norwegischen Skisport – an den Skiläufen in Holmenkollbakken teilnehmen und eine olympische Goldmedaille in einem Segelwettbewerb gewinnen.

Vor seiner Ankunft hatte König Haakon bestimmte Bedingungen gestellt. Er wünschte ein einfaches und zurückgezogenes Hofleben, bei dem er auch mit seiner Königin in der Stadt spazieren gehen konnte. Auch die derzeitige Königsfamilie scheint diese Privilegien bis zu einem gewissen Grad zu genießen, obwohl ihre Freiheit auf Grund des ständigen Medieninteresses am königlichen Privatleben eingeschränkter ist. Die Nähe zum Volk und die Bodenständigkeit der Königsfamilie haben mehr als alles andere zu ihrer einzigartigen Stellung in Norwegen beigetragen.

Die neue königliche Familie traf in einem baufälligen, unpraktischen und spärlich eingerichteten Palast ein. Er war 1840 im deutschen Reichsstil erbaut worden, aber die schwedische Königsfamilie hatte dort nur gelegentlich während der Zeit der Union gewohnt. Viele Möbel und Wertgegenstände waren nach der Auflösung der Union nach Schweden gebracht worden. Das junge Paar ließ den Palast jedoch umbauen, kaufte neue Möbel und richtete langsam ein neues Heim ein – es wurde fast eine Tradition, ihnen bei Feierlichkeiten Silber, Möbel und andere Gegenstände zu schenken.

Königliche Hochzeit – Kronprinz Olaf heiratete 1929 seine Cousine, Prinzessin Märtha von Schweden.

König Haakon setzte sich das Ziel, Land und Leute schnell kennenzulernen. Schon im Sommer 1906 reiste die Familie durch Südnorwegen, wo die Krönung in Trondheim (die letzte in Norwegen) den prächtigen Mittelpunkt bildete. Im nächsten Jahr fuhr sie in den Norden Norwegens bis zur russischen Grenze, in jener Zeit eine sehr beschwerliche und anstrengende Reise. Noch heute haben die Reisen durch Norwegen

Eine neue Generation – So sahen die Norweger die Familie des Kronprinzen häufig. Kronprinz Olaf und Kronprinzessin Märtha mit Prinzessin Ragnhild, Prinzessin Astrid und dem erst dreijährigen Prinzen Harald (von links) beim Skifahren.

eine große Bedeutung für die Königsfamilie, und das extrem langgestreckte Norwegen hat mehr zu bieten als nur seine Hauptstadt.

Die Familie wurde von ihrem Volk schon bald geliebt. Auf Grund seiner Geselligkeit und Unkompliziertheit lernte der König sehr schnell die Menschen kennen. Gegenüber Königin Maud, die nie richtig die norwegische Sprache beherrschte und sich aus gesundheitlichen Gründen häufig bei ihrer Familie in England aufhielt, war man jedoch zurückhaltender.

Wie erhofft, entwickelte Olaf sich zu einem „echten norwegischen Burschen", der mit anderen Sportlern an Wettbewerben teilnahm und als erster europäischer Thronerbe eine öffentliche Schule besuchte sowie einen normalen Militärdienst ohne besondere Zugeständnisse ableistete, was die königliche Familie nur noch mehr mit dem norwegischen Volk verband. Die Beziehung mit Schweden war seit der Auflösung der Union im Jahr 1905 gespannt, am 14. Januar 1925 wurde jedoch auf beiden Seiten der Grenze die Fahne gehißt: Kronprinz Olaf hatte sich mit Prinzessin Märtha von Schweden, der Enkeltochter König Oskars, den die Norweger 25 Jahre zuvor entthront hatten, verlobt. Die Verlobten waren verwandt (die Mutter der Prinzessin war König Haakons Schwester) und kannten einander seit ihrer Kindheit.

Obwohl, oberflächlich betrachtet, die Heirat vielleicht aus diplomatischen Gründen geschlossen wurde, gibt es keinen Zweifel, daß sie sich wirklich liebten. Das hat König Olaf häufiger in Interviews bestätigt, als er schon viel älter war und die Welt sich soweit geändert hatte, daß auch Könige ihre Gedanken und Gefühle ausdrücken durften. Mehr als 50 Jahre nach der Hochzeit im Jahr 1929 sagte er in einem Fernsehinterview, daß diese Zeit seine glücklichste gewesen sei.

Das frischvermählte Paar zog nach Skaugum, einen Landsitz 20 km westlich von Oslo. Der Besitz war das Geschenk eines norwegischen Diplomaten und löste ein großes Problem der Königsfamilie und der Regierung – die

Politiker konnten sich nicht darauf einigen, eine Residenz für den Kronprinzen bauen zu lassen. Skaugum wurde später für drei Generationen Schauplatz eines glücklichen Familienlebens und ist auch heute noch Wohnsitz der königlichen Familie, die weder in den Osloer Palast gezogen ist noch auf den Landsitz des Königs ganz in der Nähe der Hauptstadt. Beide Residenzen befinden sich in Staatsbesitz.

In den 30er Jahren wurden drei Kinder geboren. 1930 Prinzessin Ragnhild, 1932 Prinzessin Astrid und 1937 schließlich der Thronerbe Prinz Harald. Schon vor seiner Geburt wurde in Norwegen die Einführung einer weiblichen Thronfolge diskutiert. Mit der Geburt des kleinen Prinzen fanden die Diskussionen jedoch ein Ende, und die Reform wurde erst 1991 durchgeführt. Sie wird erst in der nächsten Generation in Kraft treten, denn Kronprinz Haakon, 1973 geboren, wird die Nachfolge seines Vaters antreten, obwohl er eine Schwester hat, die zwei Jahre älter ist. In der nächsten Generation wird der Thron jedoch an das erstgeborene Kind des Königs – ob männlich oder nicht – gehen.

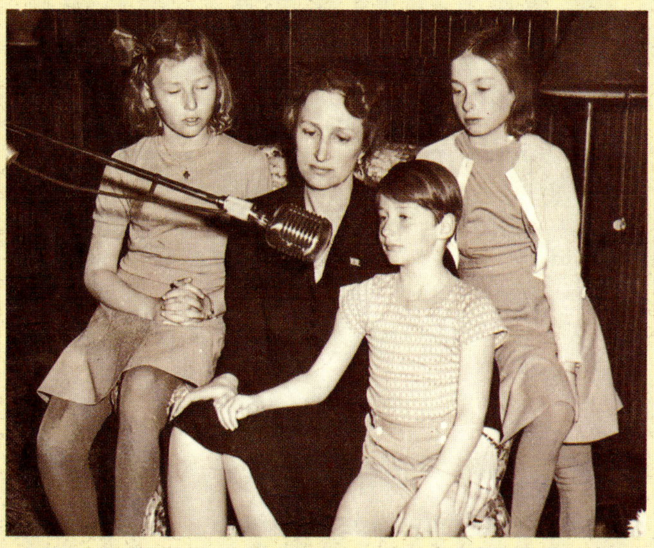

Im Exil – In der deutschen Besatzungszeit lebten Kronprinzessin Märtha und ihre Kinder in den USA. Von ihrem vorübergehenden Wohnsitz in der Nähe von Washington übermittelten sie im Radio Weihnachtsgrüße an ihre Landsleute.

Symbol des Widerstands

Die königliche Macht und die persönliche Autorität König Haakons hatten bereits tiefe Wurzeln in Norwegen geschlagen, als am 9. April 1940 das Land von Nazideutschland besetzt wurde. Hitler wollte die Norweger im Schlaf überraschen und die königliche Familie und die Regierung im Handstreich entmachten. Als das Schlachtschiff „Blücher" jedoch in den Osloer Fjord einlief, um die Hauptstadt zu besetzen und den König sowie die Regierungsmitglieder festzunehmen, sank es bei Drobak, ungefähr 30 Kilometer südlich von Oslo, auf mysteriöse Weise. So konnten die königliche Familie, die Nationalversammlung und die Regierung in Sicherheit fliehen.

Kronprinzessin Märtha fuhr mit ihren drei Kindern (Prinz Harald war erst drei Jahre alt) über die Grenze nach Schweden und reiste später auf eine persönliche Einladung von Präsident Roosevelt hin in die USA. Die Kriegszeit verbrachten sie in den USA, in der Nähe von Washington.

König Haakon, der sich wiederholt weigerte, den deutschen Forderungen nachzugeben, zum Beispiel den Verräter Quisling zum Premierminister zu ernennen, blieb mit Kronprinz Olaf während des Militärangriffs zwei Monate lang bei den Truppen in Norwegen. Schnell wurde klar, daß die Deutschen eine Hexenjagd nach ihnen veranstalteten – Städte und Dörfer, in denen sie sich aufhielten, wurden rücksichtslos zerbombt. Die Geheimhaltung ihres Aufenthaltsortes wurde lebenswichtig, und König Haakon war besorgt, daß seine Anwesenheit eine Katastrophe für die unschuldige Bevölkerung auslösen würde. Südnorwegen war bereits besetzt, und die letzten Wochen vor der Kapitulation verbrachten der König und der Kronprinz unter strengster Geheimhaltung in einer Hütte im Norden Norwegens, einige Kilometer von Tromsø entfernt, wo die Regierung Zuflucht gefunden hatte.

Am 7. Juni war klar, daß Norwegen sich nicht länger halten konnte, und der König verließ mit dem Kronprinzen und der Regierung auf einem britischen Dampfer das Land in Richtung Großbritannien, um den Kampf von dort aus fortzusetzen. Die Entscheidung war dem König nicht leicht gefallen, denn er befürchtete, daß die Norweger kein Verständnis zeigen würden und seine „Flucht" von der deutschen Propaganda ausgeschlachtet werden würde (darin sollte er recht behalten). Kronprinz Olaf teilte seine Sorgen und bot an, selbst als Kriegsgefangener nach Norwegen

zurückzukehren. Die Regierung überzeugte ihn jedoch davon, daß er von London aus viel mehr erreichen könnte.

Ihr Exil sollte fünf Jahre dauern, und König und Kronprinz wurden in Norwegen und im Ausland zum Symbol der norwegischen Widerstandsbewegung. Das besetzte Norwegen freute sich auf den Tag, an dem „der König nach Hause kommen" würde, und das Monogramm Haakon VII. wurde heimlich überall auf Wände, sogar mit Skiern an den Loipen, gemalt. Am 3. August, dem Geburtstag des Königs, steckten die Menschen in Oslo sich Blumen in die Knopflöcher, was die Deutschen so verärgerte, daß sie massenweise Menschen einsperrten. Aber die Norweger hatten

Glorreiche Heimkehr – Der 7. Juni 1945, der Tag, an dem König Haakon und die Familie des Kronprinzen aus ihrem fünfjährigen Exil zurückkehrten, wurde als der glücklichste Tag in der Geschichte Norwegens bezeichnet.

eine bessere Idee, sie protestierten statt dessen, indem sie auf der Königsstraße spazierengingen, und dafür konnte kaum jemand verhaftet werden ...

Kronprinz Olaf, Befehlshaber über die norwegischen Verteidungskräfte in London, kehrte als erstes Mitglied der königlichen Familie nach Norwegen zurück. Am 13. Mai, nur fünf Tage nach der Kapitulation der Deutschen in Europa, traf er in Kampfuniform in Oslo ein und wurde bejubelt, als er in einem Auto mit offenem Verdeck durch die Straßen fuhr. Die Sicherheitskräfte waren beunruhigt,

Willkommener Gast – Der erste Staatsbesuch der Königin Elisabeth II. außerhalb des Commonwealth führte sie 1955 nach Norwegen. Bei diesem Anlaß wurde Haakon VII., der älteste Monarch Europas, zum letzten Mal in der Öffentlichkeit gesehen – einige Tage später fiel er im Badezimmer, erlitt einen Halsbruch und war die letzten zwei Jahre seines Lebens an sein Bett gefesselt.

da sich noch immer bewaffnete Deutsche und Nazis in der Stadt aufhielten.

Am 7. Juni, genau fünf Jahre, nachdem er Tromsø verlassen hatte, kehrte König Haakon mit Kronprinzessin Märtha und den Kindern, die über den Atlantik geflogen waren, um den König zu begleiten, nach Norwegen zurück. Das sollte der glücklichste Tag in der Geschichte Norwegens werden, der von allen gefeiert wurde. Viele Menschen hatten Kaffeebohnen von ihren spärlichen Lebensmittelrationnen abgezweigt, um diesen Tag mit echtem Kaffee feiern zu können.

Das Verhalten und die Anstrengungen der königlichen Familien im Zweiten Weltkrieg hatten auch die letzten Zweifel der Republikaner ausgeräumt. In den nächsten Jahren reisten der König und der Kronprinz durch das ganze Land, schon 1945 machte sich König Haakon daran, die Verwüstungen des Krieges in Augenschein zu nehmen.

König Haakon starb am 21. September 1957 im Alter von 85 Jahren nach einer fast 52jährigen Herrschaft. Die letzten zwei Jahre führte er ein zurückgezogenes Leben,

Eine neue Königsfamilie – König Olaf V. empfängt in der Kirche Nideros in Trondheim 1958 den Segen und begrüßt die Menge gemeinsam mit seiner Familie, Prinzessin Astrid, Prinzessin Ragnhild und Kronprinz Harald (von links).

nachdem er 1955 einen schweren Beinbruch erlitten hatte. Das norwegische Volk sah seinen geliebten König zum letzten Mal am 1. Juni 1955, als ein erster Staatsbesuch außerhalb des Commonwealth die junge Königin Elisabeth von Großbritannien und ihren Ehemann Prinz Philip nach Norwegen zu „Onkel Charles“, so sein Kosename in der Familie, führte.

Sein Sohn wurde König Olaf V. und regierte ganz im Sinne seines Vaters. Er wählte sogar den Leitspruch seines Vater aus dem Jahre 1905 „Alt for Norge“ [Alles für Norwegen], einen Leitspruch, den König Harald in der dritten Generation übernahm. Alle drei Könige haben bewiesen, daß es sich dabei nicht um eine leere Phrase handelt, sondern, daß darin der Schlüssel ihres Lebens liegt.

König Olaf war bei seiner Amtseinführung bereits Witwer. 1954 war Kronprinzessin Märtha nach einer langen Krankheit gestorben. Die älteste Tochter des Königs, Prinzessin Ragnhild, hatte 1953 einen norwegischen Geschäftsmann geheiratet und war nach Brasilien gezogen, wo sie heute noch lebt. Die Hochzeit wurde in Norwegen erfreut aufgenommen, obwohl der Bräutigam, Erling Lorentzen, aus bürgerlichen Verhältnissen stammte. Ein Teil seiner Beliebtheit ist auf die Tatsache zurückzuführen, daß er ein bekanntes Mitglied des Widerstandes im Krieg

Triumph – Kronprinz Harald und Sonja Haraldsen kannten sich bereits neun Jahre, als sie sich verloben durften. Strahlend vor Freude genießen die beiden das Bad in der Menge und lassen sich vor dem Palast in Oslo photographieren.

gewesen war und die Ehre gehabt hatte, mit einer Widerstandsgruppe die Familie in jenem ersten Sommer zu begleiten. So hatte er auch die Prinzessin, nur wenige Tage nach ihrer Rückkehr, am 7. Juni 1945 kennengelernt.

Wie auch später wieder in seinen letzten Lebensjahren übernahm Prinzessin Astrid, die zweite Tochter des Königs, einige Jahre lang die Pflichten der First Lady Norwegens. Sie führte die Pflichten bis zu ihrer Heirat 1961 mit jugendlicher Begeisterung aus. Wie ihre Schwester wählte sie einen Bürgerlichen – Johan Martin Ferner. Obwohl sie immer noch offiziellen Verpflichtungen nachgeht, nahmen diese im selben Maße ab wie ihre Familie sich vergrößerte – insgesamt hat sie fünf Kinder.

„Das bestgehütetste Geheimnis Norwegens“

Kronprinz Harald trat in die Fußstapfen seines Vaters und studierte zwei Jahre in Oxford, nachdem er seinen Militärdienst abgeleistet hatte. Das war in den 60er Jahren, als es so viele junge, unverheiratete Prinzessinnen gab, und der norwegische Kronprinz die meisten von ihnen heiratete – zumindest in den Schlagzeilen. Nur wenige Menschen wußten, daß er im Sommer 1959 eine junge Dame kennengelernt hatte. Sie hieß Sonja Haraldsen und verbrachte viel Zeit mit dem Prinzen; zu dieser Zeit war es jedoch unvorstellbar, daß der Thronerbe eine Bürgerliche heiraten würde.

Zukünftige Geschichte – Der frischvermählte Kronprinz und die Prinzessin nach ihrer Trauung vor der Osloer Kirche. Zum ersten Mal seit dem Mittelalter hatte ein norwegischer Thronfolger ein „einfaches Mädchen" geheiratet, ein Mädchen seiner Wahl.

Ihr eigenes kleines Königreich – Kronprinz Harald und Kronprinzessin Sonja auf Skaugum. Man sieht einen kleinen Teil des großen weißen Hauptgebäudes aus dem Jahre 1932 und der Parkanlage; im Hintergrund die wunderschöne Aussicht auf den Osloer Fjord.

Als die Gerüchteküche brodelte, wurde 1964 den landesweiten Spekulationen mit einem offiziellen Dementi aus dem Palast Einhalt geboten. Die meisten Menschen gaben sich damit zufrieden, und die norwegische Presse legte sich in den nächsten Jahren unglaubliche Beschränkungen auf. Es überrascht nicht, daß nach der Bekanntgabe der Hochzeit in einer Schlagzeile zu lesen war: „Das bestgehütetste Geheimnis Norwegens“. „Das waren nicht gerade die leichtesten Jahre meines Lebens“, so Kronprinz Harald. Auch nicht für König Olaf. Einerseits wünschte er sich nichts sehnlicher als einen glücklichen Sohn, andererseits machte er sich Sorgen über die langfristige Wirkung dieser Heirat auf die Monarchie. In der Verfassung ist vorgesehen, daß nur der König der Heirat des Kronprinzen zustimmen muß, obwohl

Offizier – König Olaf interessierte sich für alle Bereiche der Verteidigung Norwegens und nahm die Kompaniebesuche sehr ernst.

Die Bekanntgabe der Verlobung des Kronprinzen mit Sonja Haraldsen am 19. März 1968 war daher eine große Überraschung. Die Mehrheit der Norweger war begeistert, und die wenigen Gegner wurden durch die allgemeine Freude zum Schweigen gebracht. „Wir hatten viel mehr Schwierigkeiten erwartet“, erklärte Prinz Harald viele Jahre später.

Welches Gefühl hat eine junge Frau, wenn sie plötzlich aus der Anonymität auftaucht und als Mitglied der königlichen Familie in das Rampenlicht der Öffentlichkeit gerät? „Es war, als wäre ich plötzlich ohne jede Sicherheitsvorkehrung in den Abgrund gestürzt“, erklärt Königin Sonja. Und sie macht kein Geheimnis aus der Tatsache, daß sie Zweifel hegte an der Heirat, obwohl sie wußte, daß für sie

Skikönige – König Olaf, Hüter des norwegischen Sports und unermüdlicher Zuschauer bei allen bedeutenden Sportveranstaltungen, besonders dem Wintersport. Hier gratuliert er den norwegischen Gewinnern bei der Skiweltmeisterschaft in Oslo 1982.

allgemein davon ausgegangen wird, daß eine Zustimmung nur im Einverständnis mit der Regierung erfolgt. 1967 feierte der Kronprinz seinen 30. Geburtstag, und allen wurde klar, daß er Sonja und sonst keine heiraten würde. König Olaf traf seine Entscheidung nicht leichtfertig. Er besprach die Angelegenheit mit der Regierung, der Opposition, führenden Politikern der Nationalversammlung und seinen Beratern, immer unter strengster Geheimhaltung.

und den geliebten Mann die richtige Entscheidung gefallen war.

Sie waren erst seit einer Stunde verlobt, als sie auf den Balkon des Palastes traten, um die Gratulationen einer Handvoll Menschen entgegenzunehmen, die die Neuigkeit aus dem Radio erfahren hatten und zum Palast herbeigeeilt waren. Die Norweger erhielten den ersten flüchtigen Eindruck von ihrer zukünftigen Kronprinzessin. In den ganzen

Beliebter König – König Olaf war 33 Jahre lang König von Norwegen und wurde von seinem Volk sehr geliebt. Das wurde deutlich, als er anläßlich seines Silberjubiläums 1982 durch Norwegen reiste und von großen Menschenmengen begrüßt wurde. Diese Aufnahme zeigt ihn in Trondheim.

Familienausflug – Kronprinz Harald und Kronprinzessin Sonja machten häufig mit ihren kleinen Kindern Ausflüge. Und für eine lange Wanderung im Wald sind eine Mahlzeit und eine Thermoskanne eine wichtige Grundlage.

neun Jahren, in denen die beiden sich kannten, war kaum ein einziges Foto von ihr in den norwegischen Zeitungen erschienen. Dunkelhaarig, schlank, lächelnd und gut angezogen – die Menschen akzeptierten sie. Sie akzeptierten auch den glücklichen, lächelnden und sehr verliebten Kronprinz Harald – mehrere Jahre hatte man ihn nicht lachend gesehen.

Die Verlobung wurde eine Woche früher als geplant bekanntgegeben, da einige Zeitungsjournalisten langsam ahnten, daß sich etwas zusammenbraute. Der Kronprinz hatte kaum die Möglichkeit, seiner Verlobten einen Ring zu kaufen. Am selben Nachmittag erschien das Paar recht zwanglos bei dem größten Osloer Juwelier und bestellte Ringe; traditionelle, schlichte, norwegische Ringe. Einen für ihn und einen für sie.

Aber wer war die junge Dame, die das Herz des Kronprinzen erobert und alle anderen Prinzessinnen in Europa ausgestochen hatte? Sonja Haraldsen wurde 1937 in Oslo geboren, einige Monate, nachdem Prinz Harald geboren worden war. Sie war das jüngste von drei Kindern und wuchs in einem westlichen Vorort von Oslo auf, ein einfaches kleines Mädchen, nichts Besonderes – zu jener Zeit. Nach Beendigung der Schule gab sie den Gedanken an ein Studium erst einmal auf und absolvierte eine Ausbildung als Schneiderin, eine vernünftige Entscheidung, denn ihr Vater führte eines der angesehensten Damenoberbekleidungshäuser in Oslo. Sie besuchte eine technische Hochschule in Oslo und setzte ihre Ausbildung in der Schweiz fort.

Ihr Interesse an einem Studium erwachte aber bald wieder, und sie holte in einem Jahr ihr Abitur nach (drei Jahre sind normal). An der Universität von Oslo studierte sie zunächst Englisch und Französisch. Vor dem Abschluß verbrachte sie einige Zeit in Frankreich (immer noch ihr Lieblingsland) und begann dann mit dem Studium der Kunstgeschichte, das sie nach der Verlobung mit dem Kronprinzen wieder aufgab. Einige Jahre später beendete sie jedoch ihr Studium, als sie zum ersten Mal schwanger war. Ihre Kunst- und Geschichtskenntnisse haben sich in ihrer Zeit als Kronprinzessin und Königin als unschätzbar erwiesen – häufig wird sie als Norwegens führende Kulturbotschafterin bezeichnet.

Kronprinz Harald und Sonja Haraldsen lernten sich auf einer Party, die ein gemeinsamer Freund im Frühjahr 1959 veranstaltete, kennen. Eine gewisse Anziehungskraft muß sie auf den Kronprinzen ausgeübt haben, denn einige Tage später rief er sie an und lud sie zu der Abschlußparade der Militärakademie ein, auf der er sein Examenszeugnis erhalten sollte. Damals wurde zum ersten Mal von ihnen ein Foto gemacht: der Prinz und die „unbekannte Dame“. Ein Reporter fand ihren Namen heraus, aber zu jener Zeit dachte niemand daran, daß sie einmal einen Platz in der Geschichte Norwegens einnehmen würde. Das Bild, das an jenem Sommertag an der Militärakademie aufgenommen wurde, war das einzige, das von ihnen gemacht wurde, bevor aus heiterem Himmel die Verlobung bekanntgegeben wurde.

Die Eheschließung wurde auf den 29. August 1968 festgelegt, fünf Monate nach der Verlobung. König Olaf führte die Braut selbst in der alten Osloer Kirche zum Altar, denn ihr Vater war einige Jahre zuvor gestorben. Die Hochzeit wurde traditionell gefeiert, und König Olaf zeigte, daß er Sonja nun als ein Mitglied der königlichen Familie betrachtete. Vertreter der meisten europäischen Königsfamilien nahmen an der Hochzeit teil, und als die Frischvermählten aus der Kirche traten und in einem offenen Wagen zum Palast fuhren, wurden sie von Tausenden bejubelt. Es gab keinen Zweifel mehr, die zur Kronprinzessin gewordene Bürgerliche hatte die Menschen auf ihrer Seite, auch wenn es noch einige stille Proteste gab.

König Olaf schenkte seinem Sohn und seiner Schwiegertochter Skaugum, den Landsitz bei Asker, wo Kronprinz Harald an einem sonnigen Wintertag vor 31 Jahren das Licht der Welt erblickt hatte. König Olaf war bei seinem Amtsantritt in den Königspalast von Oslo gezogen, hatte aber Skaugum als Sommer- und Wochenendresidenz behalten. Nun nutzte er den Landsitz am Osloer Fjord, Norwegens älteste Königsresidenz, als Sommerhaus und überließ Skaugum dem jungen Paar, das dort mit seinen Kindern über dreißig Jahre lang ein glückliches Familienleben führen sollte.

Prinzessin Märtha Louise wurde 1971 geboren und nach weniger als zwei Jahren, am 20. Juli 1973, Prinz Haakon Magnus (Kronprinz von Norwegen).

Olaf V. – Mittelpunkt des Volkes

Die Herrschaft König Olafs über das norwegische Volk sollte viele Jahre dauern. Als er die Nachfolge seines Vaters antrat, war er bereits sehr angesehen, und mit der Zeit wurde er von jedem geliebt. Er wurde einmal nach dem Geheimnis seiner Beliebtheit gefragt. „Das Geheimnis liegt darin, nicht darüber nachzudenken“, lautete seine schlichte Antwort.

Aber die Antwort liegt vielleicht in dem Leitspruch, dem er selbst, und nach ihm seine Kinder, gefolgt sind: Sei du selbst! Diesen Ratschlag gab er auch seiner Schwieger-

Ein Volk in Trauer – Als König Olaf 1991 starb, kamen Tausende zum Osloer Palast, wo sie zum Andenken an ihren geliebten „Volkskönig“ Kerzen anzündeten und Blumen in den Schnee legten. „Vielen Dank“ sagen die glühenden Buchstaben im Vordergrund des Bildes.

Trauerfahnen – Die Flaggen waren auf der Hauptstraße von Oslo, der Karl-Johann-Straße, noch auf halbmast gesetzt, als drei Tage nach dem Tode des Königs das neue Königspaar vom Osloer Palast zum norwegischen Parlament fuhr, wo der neue König seinen Treueeid auf die Verfassung ablegte.

Treueeid – Der Treueeid auf die Verfassung ist die erste Pflicht eines neuen Königs. Im Parlament schwört der König, „über das Königreich von Norwegen in Einklang mit der Verfassung und den Gesetzen zu herrschen“.

Eine neue Königin – In Trauer gekleidet stand Königin Sonja an der Seite ihres Mannes im Parlament. Seit dem Tod von Königin Maud, Haralds Großmutter, im Jahre 1938 ist sie die erste norwegische Königin.

tochter, als sie die ungewohnten Pflichten einer Kronprinzessin übernahm. König zu sein, betrachtete er nicht als Rolle, die er spielte, und seine Familie antwortete auf die Frage nach den Unterschieden zwischen dem privaten und dem offiziellen König: „Es gibt keinen Unterschied."

Obwohl er langsam älter wurde, zeigte König Olaf keine Anzeichen von Müdigkeit, ganz im Gegenteil, er schien im Laufe eines Jahres immer mehr Verpflichtungen einzugehen. Er war mittlerweile der älteste Monarch in Europa, seine eigene Generation verschwand langsam, und eine neue Generation bestieg die königlichen Throne. Jeder Monarch stattete „Onkel Olaf" in Norwegen einen Staatsbesuch ab, und die Freude über die Besucher konnte man seinem Gesicht ablesen. Der alte König reiste selbst sehr viel; über 30 Staatsbesuche stattete er im Ausland ab. Den Vorrang hatte jedoch das eigene Land, von der größten Stadt bis hin zum letzten Außenposten besuchte er jeden Ort. Er traf Schüler bei ihren Ausflügen im Palast – und war alles andere als ein „Großvater des Volkes". Er besuchte auch die Menschen seines Alters in Altersheimen. Einen besonderen Platz in seinem Herzen nahmen die alten Kriegsveteranen ein, als ehemaliger Soldat fühlte er sich ihnen zugehörig. Seine Energie und Arbeitskraft sollten fast legendär werden. „Wo ist der andere König? Es kann nicht sein, daß alles nur einer macht", stellte ein atemloser Geheimdienstagent fest, als er König Olaf bei einer seiner vielen Reisen in die USA begleitete. König Olaf ist einer der wenigen Menschen, die alle amerikanischen Präsidenten (mit Ausnahme John F. Kennedys) von Franklin Roosevelt bis George Bush besucht haben.

Ein neuer König – Mit dem Treueeid auf die Verfassung tritt König Harald an die Stelle seines unglaublich beliebten Vaters.

Als junger Mann hatte der König, damals noch Kronprinz, eine olympische Goldmedaille in einem Segelwettbewerb gewonnen. Sein ganzes Leben bis zu Beginn seiner Krankheit ein Jahr vor seinem Tod segelte er im Sommer und fuhr im Winter Ski.

Das Frühjahr 1990 war eine besonders schwere Zeit für den alten König, der beinahe 87 Jahre alt war. In Norwegen wurde des 50. Jahrestags der deutschen Besatzung und des Militärangriffs von 1940 gedacht, und König Olaf nahm an so vielen Gedenkfeiern teil, wie er nur konnte. Zuletzt erschien er bei der Gedenkfeier zur Zurückeroberung von Narvik (die erste europäische Stadt, aus der die Deutschen zurückgedrängt wurden), und hinterließ einen gesunden Eindruck. Aber kurz danach wurden die Folgen des anstrengenden Programms spürbar. Nur zwei Tage später wurde der König mit einer Herzerkrankung ins Krankenhaus eingeliefert. Er hatte eine Gehirnblutung erlitten, und in einer offiziellen Mitteilung wurde von einer ernsten Lage berichtet. Überraschenderweise überstand der König diesen ersten Anfall, kehrte nach Hause auf seinen Landsitz in Bygdø zurück und machte einen langen Spaziergang durch den Park.

Aber am Abend des 17. Januar 1991, an dem Tag, als der Golfkrieg ausbrach, erschien die letzte offizielle Verlautbarung. Zunächst wurde in einer kurzen Mitteilung bekanntgegeben, daß König Olaf einen Herzanfall erlitten

Der kirchliche Segen – Fünf Monate nach Amtsantritt wird König Harald V. von Bischof Finn Wagle in der Trondheimer Kathedrale gesegnet. Königin Sonja empfing den Segen gleich nach ihrem Mann.

Prinz und Prinzessin – Kronprinz Haakon und Prinzessin Märtha Louise sehen aus vorderster Reihe, wie ihre Eltern den Segen empfangen. Märtha Louise, fast 20 Jahre alt, trägt den St.-Olaf-Orden, während der Kronprinz, noch keine 18 Jahre alt, sich erst noch auszeichnen muß und offenbar zum ersten Mal in seinem Leben einen Cutaway trägt.

hatte, und 30 Minuten später kam die letzte Mitteilung: König Olaf war gestorben und Harald V. der neue König von Norwegen.

Neuer Anfang

Nur König Harald hielt sich in Oslo auf, als sein Vater starb. Sonja, die neue Königin, nutzte die ruhige Zeit, um an einem Sprachkurs in Frankreich teilzunehmen. (Sie kehrte natürlich sofort nach Hause zurück und schloß den Kurs ein Jahr später ab). Haakon Magnus, Kronprinz von dem Moment an, als sein Vater zum König ernannt wurde, war mit Freunden in Skiurlaub und wurde aus den Bergen mit einem Hubschrauber abgeholt. Prinzessin Märtha Louise war Schülerin an einer Reitschule in Großbritannien.

In Oslo geschah etwas Wunderbares, als der König starb; am späten Abend, kurz nachdem der Tod bekanntgegeben worden war, kam eine Gruppe junger Leute in den Vorgarten des Palastes, ein sehr großzügiger Garten vor dem Königspalast, und stellte brennende Kerzen in den Schnee. Viele taten es ihnen gleich, und nach fast zwei

Hat jemand einen Schirm? – Königin Sonja war gut vorbereitet, aber niemand hatte an einen Schirm für den König gedacht, als sich der Himmel „irgendwo in Norwegen“ öffnete.

OBEN: Auf der Straße – Das königliche Paar besucht viele Städte und Dörfer in ganz Norwegen. Hier besichtigt es den einzigartigen Kohleort Roros – ein besonderes Dorf, das sich sehr von anderen unterscheidet und auf der Liste der Unesco für erhaltenswerte Dörfer und Städte steht.

LINKS: Vater und Sohn – Kronprinz Haakon hat die braunen Augen seiner Mutter geerbt, während er im Profil seinem Vater sehr ähnlich sieht.

RECHTS: Mutter und Tochter – Prinzessin Märtha Louise hat blaue Augen, aber ansonsten eine große Ähnlichkeit mit ihrer Mutter.

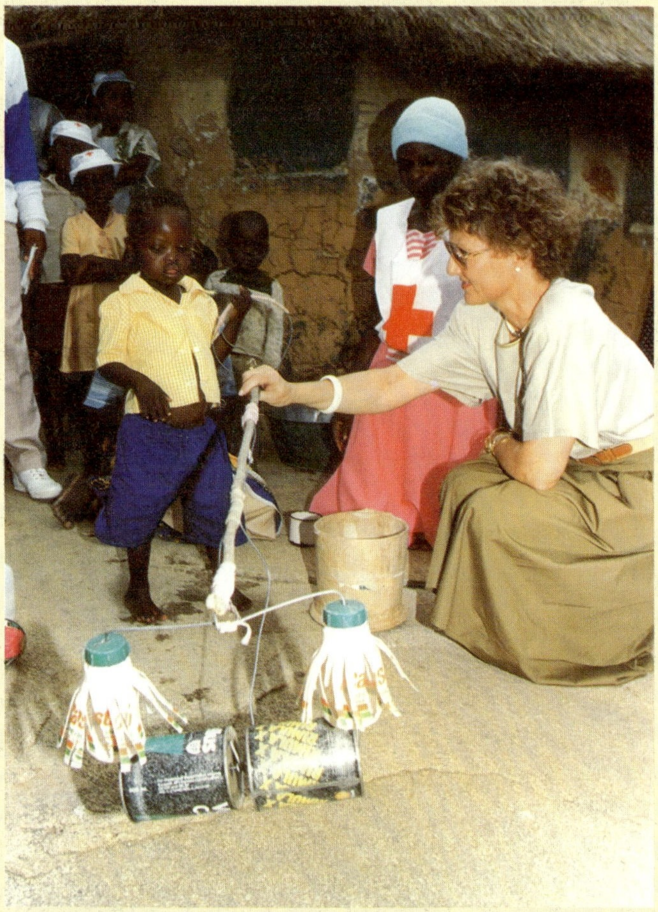

Humanitäre Dienste – Als Kronprinzessin war Königin Sonja eine Zeitlang Vizepräsidentin des norwegischen Roten Kreuzes.

Wochen hatte sich der Garten in ein großes Kerzenmeer verwandelt. Andere legten Blumen in den Schnee, Kindergartengruppen und Schulkinder kamen mit Kerzen, Bildern und anderen Ehrenbezeichnungen für den toten König. Die Menschen aus dem ganzen Land erwiesen dem König die letzte Ehre an seinem Totenbett in der Palastkapelle und zündeten in seinem Gedenken Kerzen an. In Norwegen hat es eine derartige Gefühlsäußerung, die später Thema vieler soziologischer Untersuchungen wurde, bis dahin nie gegeben.

König Harald drückte später in seiner ersten Neujahrsansprache seinen persönlichen Dank für dieses Mitgefühl aus. „Die Kerzen und die Botschaften im Garten des Palastes halfen und trösteten uns in dieser schweren Zeit – wir schöpften aus der Tatsache, daß das norwegische Volk gemeinsam mit uns trauerte, viel Kraft."

Trotz der Trauer über den Tod des alten Königs wurde das neue Königspaar von den Norwegern herzlich aufgenommen. Zehntausend Menschen schlossen sich der letzten Reise König Olafs durch die Straßen von Oslo an und versammelten sich im Vorgarten des Palastes, um auf König Harald und seine Familie zu warten, die zum ersten Mal als Königspaar auf dem Balkon erscheinen sollten. Sie wurden von zurückhaltenden Jubelrufen empfangen – überwältigende Begeisterung schien an diesem Tag nicht angebracht, aber die Menschen bekundeten ihre Sympathie, indem sie spontan die königliche Hymne und die Nationalhymne anstimmten. Jeder wußte, daß das neue Königspaar auf seine Pflichten gut vorbereitet war. „Die Zeit als Kronprinz betrachte ich als Lehrzeit", hatte König Harald einige

In Lappland – Auf ihrer langen Reise durch den Norden Norwegens im Sommer 1992 besuchten König Harald und Königin Sonja natürlich auch die lappischen Dörfer in der nördlichen Provinz Finnmark. In Kautokeino und anderen Dörfern wurden sie warmherzig von den Lappen, die in farbenprächtigen Nationalkostümen gekleidet waren, empfangen.

Familienfahrt – Die gesamte königliche Familie bei einer Bootsfahrt nach der Segnung in Trondheim. Zum Glück ist der Sicherheitsdienst in kleinen Dörfern nicht so streng, wenn kleine Kinder die Königsfamilie begrüßen wollen – ein großer Moment.

Besorgtes Königspaar – Königliche Besuche sind oft sehr kurz, aber dennoch nimmt sich das Königspaar immer die Zeit für ein Gespräch mit älteren Menschen und Kriegsveteranen, wie hier in einem kleinen Ort an der nördlichsten Küste Norwegens.

Schlechtes Wetter – Das Wetter ist nicht immer auf der Seite der Königsfamilie, aber das hält Norweger nicht davon ab, ihr Königspaar zu begrüßen. Diese beiden Bildern zeigen, wie sich das Wetter von einer Minute zur nächsten ändern kann.

Jahre zuvor einmal gesagt. Vor seinem Amtsantritt war der König 33 Jahre lang Kronprinz gewesen.

Norwegen ist eine konstitutionelle Monarchie, aber der König hat engere Bindungen an die Regierung als in den meisten anderen Monarchien. Der König trifft die Regierung jeden Freitag im Palast und führt bei der Versammlung den Vorsitz. Bei entsprechenden Anlässen nimmt auch der Kronprinz an dem Treffen teil. Der König gibt darüber hinaus im Palast bekannt, wenn eine neue Regierung antritt.

König Harald hält es für wichtig, an allen Kabinettsversammlungen im Palast teilzunehmen, manchmal werden seine Auslandsreisen sogar verschoben, damit er freitags in Oslo sein kann. Darin gleicht er seinem Vater; als er sich einige Jahre vor seinem Tod einer Augenoperation unterziehen mußte, bestand er darauf, am Freitag morgen aus dem Krankenhaus entlassen zu werden, um einige Stunden später bei der Versammlung anwesend zu sein.

Der König ist außerdem Oberbefehlshaber über die norwegischen Streitkräfte – in jungen Jahren erhielt er mit seinen Kameraden eine Ausbildung zum Offizier. Außerdem ist er Oberhaupt der norwegischen Kirche. Bei der kleinen Familie teilen sich der König und die Königin die offiziellen Pflichten. Kronprinz Haakon steckt mitten in seiner Militärausbildung und hat sich für eine Offizierslaufbahn bei der Marine entschieden. Prinzessin Märtha Louise wird die Reitschule in England weitere zwei Jahre besuchen. Es gibt viele Anzeichen dafür, daß die Prinzessin eine Berufsausbildung beginnen wird. Solange sich die königlichen Kinder in der Ausbildung befinden, ist ihre Teilnahme am öffentlichen Leben sehr eingeschränkt.

Harald und Sonja standen als Kronprinz und Kronprinzessin an der Spitze zahlreicher norwegischer Delegationen ins Ausland, wo er die wirtschaftliche Seite vertrat und sie – ihre Ausbildung in Kunst und Kultur kam ihr dabei zugute – Konzerte besuchte. So haben sie das Interesse an Norwegen weltweit geweckt – sie bezeichneten sich sogar als „Türöffner“. Man kommt mit führenden ausländischen Persönlichkeiten viel besser in Kontakt, wenn auf der Einladung ein königlicher Name steht. „Es schadet nicht, bei solchen Gelegenheiten den Snob zu spielen“, sagte König Harald einmal augenzwinkernd. Beide setzen sich dafür ein, die große Welt auf dieses kleine Land im Norden aufmerksam zu machen und arbeiteten unermüdlich im Hintergrund an der Vorbereitung der Olympischen Winterspiele 1994 in Lillehammer.

Als Königspaar dürfen sie keine „Geschäftsreisen“ mehr unternehmen. Die Reisen in den nächsten Jahren werden wahrscheinlich Staatsbesuche zum Kennenlernen der ausländischen Staatsoberhäupter sein – immer eine wichtige Aufgabe für ein neues Königspaar. In den ersten zwei Jahren ihrer Thronzeit haben sie es schon geschafft, ihre vier nordischen Nachbarn zu besuchen; zunächst waren sie in Dänemark, wo sie von ihren guten Freunden und Verwandten, Königin Margrethe und Prinz Henrik, empfangen

Landschaftsszene – Hohe Berge und tiefe Fjorde bilden oft den Hintergrund für königliche Besuche. Die königliche Jacht „Norwegen“ geht vor Anker, das königliche Paar landet an der neuen Anlegestelle, und der Bürgermeister begrüßt das Paar.

Staatsbesuch – Bei einem Galabankett mit dem schwedischen Königspaar im Stockholmer Schloß. Der erste Staatsbesuch führte König Harald und Königin Sonja zu ihren Nachbarn nach Schweden und Dänemark.

Willkommene Gäste – Königin Margrethe von Dänemark und Prinz Henrik stehen dem norwegischen Königspaar wahrscheinlich von allen europäischen Königspaaren am nächsten, und sie waren die ersten Gäste, die Norwegen einen offiziellen Besuch abstatteten. Sie trafen mit ihrer eigenen Jacht ein und wurden herzlich in Oslo empfangen.

wurden. Margrethe und Harald sind Cousin und Cousine zweiten Grades, und die beiden Königinnen, die jedes Jahr gemeinsam einen einwöchigen Skiurlaub in den Bergen Norwegens verbringen, sind eng befreundet.

Genauso wichtig wie die Auslandsreisen sind Reisen innerhalb Norwegens. Nach der kirchlichen Weihung bereiste die ganze Familie im Sommer 1991 den Süden Norwegens. Im folgenden Jahr segelten sie mit der königlichen Jacht „Nørge" an der Nordküste entlang. Es war eine Marathonreise, der sich die königliche Familie und ihre Begleitung aussetzten. Auch für die Presseleute, die über die Reise berichteten und extra eine „Pressejacht" gechartert hatten.

Was uns zu der Beziehung zwischen der Königsfamilie und der Presse führt. Im großen und ganzen ist die Presse in diesem Land harmloser und widmet sich nicht zu sehr dem Privatleben der königlichen Familie. Aber die Reporter sind auch dort nicht mehr so zurückhaltend wie noch vor 30 Jahren – Kronprinz Haakon und Prinzessin Märtha Louise sind schon seit langem daran gewöhnt, von der Presse verfolgt zu werden, wenn sie sich in der Öffentlichkeit mit einer neuen Freundin oder einem neuen Freund zeigen. Der König und die Königin sind der Presse gegenüber sehr aufgeschlossen; sie veranstalten bei besonderen Ereignissen Pressekonferenzen und legen großen Wert auf eine gute Arbeitsbeziehung. Auf der anderen Seite ärgern sie sich über Photographen, die unerwünscht auftauchen – es ist natürlich klar, daß die königliche Familie und die Presse verschiedene Vorstellungen davon haben, wo die Grenze zwischen dem privaten und dem öffentlichen Leben zu ziehen ist.

Die königlichen Finanzen gehören auf jeden Fall zu der privaten Kategorie. Seit vielen Jahren wird angenommen, daß die königliche Familie ein unermeßliches Privatvermögen besitzt, und nachdem sie den Besitz König Olafs geerbt

Exotischer Besuch – Kronprinz Akihito und Kronprinzessin Michiko, jetzt Kaiser und Kaiserin von Japan.

Sportlicher Prinz – Die königliche Familie hat sich für die Winterspiele 1994 in Norwegen sehr eingesetzt.

Prinzessin Märtha Louise setzt einen Baum zum Gedenken an den Besuch im Hause des Schriftstellers Knut Hamsun.

hat (dessen Höhe auch ein Geheimnis blieb) wurde das Gesamtvermögen auf eine Billion norwegische Kronen geschätzt. Es wurde jedoch bekanntgegeben, daß es sich dabei um eine ziemlich unrealistische Summe handelte, obwohl die Familie nicht so schnell in finanzielle Unannehmlichkeiten geraten wird.

Das offizielle Einkommen war schon immer sehr niedrig, es wird jedoch jedes Jahr der Inflationsrate angepaßt. Das Königspaar erhält gegenwärtig insgesamt 21 Millionen norwegische Kronen für sein Personal, seine Reisen und die Instandhaltung seines Besitzes. Für die laufenden Kosten zur Unterhaltung der staatlichen Eigentümer sind im Haushaltsplan 28 Millionen norwegische Kronen veranschlagt. Eine bestimmte Summe wird außerdem für Renovierungen und Sicherheitsmaßnahmen am Königspalast in Oslo zur Verfügung gestellt – die Arbeiten wurden gleich nach der Thronbesteigung des Königs aufgenommen und werden mehrere Jahre in Anspruch nehmen.

Erwähnenswert ist auch, daß das sozial eingestellte Königspaar sehr viel Wert darauf legt, dem Personal im Palast angenehme und moderne Arbeitsbedingungen zu schaffen. Erst wenn sie das erreicht haben, kümmern sie sich um ihre Privaträume.

Man weiß immer noch nicht, wann das Königspaar in den Osloer Palast einziehen wird. In Skaugum läuft alles hervorragend, obwohl das Paar sich während der offiziellen Amtszeit im Palast aufhält. Außerdem werden alle offiziellen Verpflichtungen – von Audienzen, bei denen Auszeichnungen oder andere Würdigungen verliehen werden, bis hin

Prinzessin auf dem Pferderücken – Märtha Louise träumt davon, eine erstklassige Springreiterin zu werden, und als Kind sparte sie jeden Pfennig für ein eigenes Pony.

An der Küste – Norwegen hat eine unglaublich lange Küste, aber mit der königlichen Jacht „Norwegen", ein Geschenk des Volkes von Norwegen an König Haakon nach dem Krieg, kann die königliche Familie auch die entferntesten Inseln besuchen und die längsten Fjorde entlang segeln. Es ist Tradition, daß kleine Boote der königlichen Jacht entgegen segeln, sobald sie in der Nähe eines Dorfes auftaucht.

Ein Haus auf dem Wasser – Die königliche Jacht „Norwegen" war ein Geschenk des norwegischen Volkes an König Haakon nach dem Krieg und hat den Königen bei ihren Reisen an der norwegischen Küste große Dienste geleistet. 1985 wurde das Schiff bei einem Feuer zerstört, aber auch schnell wieder aufgebaut.

zu großen Banketten zu Ehren von Staatsbesuchern – im Palast durchgeführt. Wie auch andere königliche Familien besitzt das norwegische Paar einige Häuser. Den Sommer verbringt es immer auf dem Land am Osloer Fjord in einem Haus, das die Königin von ihren Eltern geerbt hat. Den Sommer im Jahr 1993 verbrachten sie jedoch ganz in der Nähe in einem soeben neu erbauten Haus. Dabei handelt es sich um die erste königliche Residenz, die seit dem Wiederaufbau von Skaugum – der alte Palast war 1930 niedergebrannt – in Norwegen gebaut wurde. In dem neuen Haus, das nach ihren Vorstellungen gebaut wurde, wollen sie sich in ihr Privatleben zurückziehen können.

Von König Olaf haben sie das „Königsschloß" geerbt – einen großen Landsitz auf den Hügeln über Oslo. Es wurde im romantischen norwegischen Landstil

In der Bibliothek – Mit Bücherregalen vom Boden bis zur Decke, Kunst des norwegischen Goldenen Zeitalters und einem großen Kamin ist die grüne Bibliothek im Skaugum-Palast ein einladender Raum, in dem sich die ganze Familie gern aufhält.

Herr des Hauses – König Harald am Kamin im großen Gesellschaftszimmer von Skaugum. Das berühmte Gemälde an der Wand von Zorn zeigt Prinz Karl von Schweden, König Haralds Großvater.

Feierlichkeiten – Alle europäischen Königsfamilien waren bei den dreitätigen Feierlichkeiten anläßlich der Großjährigkeit des Kronprinzen Haakon im Sommer 1991 vertreten. Das Geburtstagskind tanzt gemeinsam mit seinen Eltern, seiner Großmutter und Königin Margrethe eine Polonaise. Das Fest fand einen Tag vor seinem Geburtstag statt, weshalb er auch keine Auszeichnungen an seiner Brust trägt. Er erhielt sie am nächsten Tag.

Königliche Umarmung – Das norwegische Paar zeigt seine Gefühle nur selten in der Öffentlichkeit, aber nachdem Sonja Haralds neue Jacht eingeweiht hatte, dankte ihr der Ehemann mit einer herzlichen Umarmung.

gebaut. Sie haben auch das „Prinzenschloß“ geerbt, ein Schloß in den Bergen von Gudbrandsdalen, wo sie sich immer in der Osterzeit aufhalten und von wo aus König Harald im Herbst auf die Jagd geht.

Die „Norge“ ist die weiße königliche Jacht, die König Haakon nach dem Krieg von seinem Volk geschenkt bekam. Sie ist ein auf dem Wasser treibendes Familienheim und wird für Sommerreisen in Norwegen benutzt. König Harald ist ein ausgezeichneter Segler und gewann vor einigen Jahren bei einem Ozeanrennen die Weltmeisterschaft. Er nimmt immer noch an Regatten im Ausland teil, wo er die „Norge“ seinem Team als Hauptquartier zur Verfügung stellt.

Sport und Natur spielen im königlichen Leben eine große Rolle. Der König, die Königin und der Kronprinz sind begeisterte Segler, und die langen Bergwanderungen, die Königin Sonja im Sommer und im Winter unternimmt, haben ihre Beliebtheit noch gesteigert. Diese Wanderungen ermöglichen ihr, „normale Menschen“ kennenzulernen, was sonst nie möglich wäre.

Der Kronprinz liebt sportliche Herausforderungen – Drachenfliegen und Kajakfahrten im Wildwasser sind seine

Ein Traumtag – Prinzessin Märtha Louise verstand sich beim Besuch einer Militärbasis ausgezeichnet mit den norwegischen Soldaten. „Traumtage bei den Streitkräften" war eines der originellsten Geschenke, das sie zu ihrem 18. Geburtstag erhielt.

der Presse mitverfolgt", sagt der König. Sie lieben private Reisen – zum Beispiel Wochenendfahrten in europäische Städte, wo sie in der Menge untertauchen können. Jeden Herbst fahren sie nach London, auch wenn die Reise häufig mit offiziellen Verpflichtungen verbunden ist.

Alle Anzeichen sprechen dafür, daß sie mit ihrer Stellung in der norwegischen Gesellschaft glücklich sind und daß das norwegische Volk glücklich mit ihnen ist. Eine Erhebung, die von einer norwegischen Tageszeitung veröffentlicht wurde, zeigte, daß der königlichen Familie mehr Vertrauen entgegengebracht wird als der Regierung, dem Parlament oder einer anderen sozialen Einrichtung. Das ist ein gutes Zeichen für die Zukunft der Monarchie.

beiden derzeitigen Lieblingssportarten. Er ist jedoch auch kulturell interessiert und hat einige Stücke von Ibsen in der Schule inszeniert. Bei einem Fernsehinterview an seinem 18. Geburtstag beeindruckte er das Land mit seinen intelligenten und wohlüberlegten Antworten und mit der Ansicht, daß Kunst und Kultur in seinem künftigen Leben eine größere Rolle spielen werden als Sport.

Beide Kinder wurden, soweit dies möglich war, wie normale norwegische Kinder erzogen; sie haben öffentliche Schulen besucht (in Norwegen gibt es nur sehr wenige Privatschulen) und durften sich ihre Freunde selbst aussuchen. König Harald ist genauso aufgewachsen.

Sie pflegen den Kontakt zu ihrem großen Freundeskreis, von dem einige Freundschaften schon in der Schulzeit gegründet wurden. Diese Freunde haben Harald und Sonja neun Jahre lang abgeschirmt und die Beziehung geheimgehalten, bevor ihre Verlobung bekanntgegeben wurde. Sie stehen immer noch loyal zu ihnen, sind durchschnittliche Menschen und träumen nicht einmal davon, aus ihren königlichen Beziehungen einen Vorteil zu ziehen.

Insgesamt gesehen hat die norwegische Königsfamilie mehr Freiheiten als andere europäische Königsfamilien. „Unser Alltagsleben wird nicht ständig von

Mutig – Kronprinz Haakon liebt Sportarten, die ihn herausfordern: Kajakfahren, Drachenfliegen, Surfen und Skiabfahrtsläufe. Vielleicht aus Liebe zum Wassersport leistete der König seinen Militärdienst bei der Marine ab.

Spanien

von Ismael Fuente

Geschichte

Der König, Juan Carlos.

Am 22. November 1975 wurde Juan Carlos I. im Alter von 37 Jahren vom Parlament zum neuen König von Spanien ernannt. In den Jahrhunderten zuvor gibt es nur sehr wenige Beispiele dafür, daß eine Monarchie gestürzt wird und später wieder mit größerer Glaubwürdigkeit an die Macht gelangt, so wie es in Spanien der Fall war. Im April 1931, nachdem die Forderungen nach einer Republik in der Öffentlichkeit immer lauter geworden waren, hob sein Großvater, Alfonso XIII., die Monarchie auf und ging schweren Herzens mit den anderen Mitgliedern der königlichen Familie ins Exil.

Vierundvierzig Jahre später wurde Juan Carlos I. auf Wunsch des Generals Francisco Franco zum König ernannt. Franco hatte 1939, am Ende eines dreijährigen blutigen Bürgerkrieges, der auf eine fünfjährige Republik unter unzulänglicher Führung gefolgt war, mit Hilfe der Armee die Macht im Land übernommen. Der Bürgerkrieg kostete 500.000 Menschen das Leben, in manchen vielleicht übertriebenen Schätzungen ist sogar die Rede von einer Million Opfern. Franco blieb bis zu seinem Tod Regierungschef. Mit ihm kam am Ende des Bürgerkrieges ein Regime an die Macht, das Tod, Exil, Trauer, Hunger, Isolation vom Rest der Welt in der langen Nachkriegszeit sowie politische, kulturelle, ökonomische und soziale Rückständigkeit zur Folge hatte.

Franco selbst leitete 1947 die offizielle Rückkehr der spanischen Monarchie (die sich seit dem ersten katholischen König Don Pelayo im 8. Jahrhundert nicht geändert hatte) ein. Er ernannte 1969 Juan Carlos I. zu seinem „Nachfolger mit dem Titel eines Königs". So lautete seine Bestimmung, obwohl ihm bewußt war, daß der legitime Erbe – der 56jährige Don Juan de Borbón, Vater von Juan Carlos und Oberhaupt des Königshauses, der seit 1941 im

König Juan Carlos I. als Kind.

Exil lebte, übergangen wurde. Das hat jedoch die Tatsache nicht beeinträchtigt, daß Juan Carlos seit 18 Jahren das Oberhaupt eines modernen, in der westlichen Welt voll integrierten Staates ist, der vor allem mit den Nachbarländern eng verbunden ist.

Der letzte König, Alfonso XIII. (1886 als König geboren, da sein Vater, Alfonso XII. – zum zweitenmal verheiratet mit Königin Maria Christina von Österreich – einige Monate vor seiner Geburt gestorben war) mußte das unglückselige Erbe des 19. Jahrhunderts, der schlimmsten Zeitspanne in der spanischen Geschichte, übernehmen. Es war ein politisch und sozial unheilvolles Jahrhundert, in dem es unter anderem 110 Regierungsführer und zahlreiche militärische Aufstände gab, mit herrschsüchtigen Königinnen und Generälen, die teilweise unverantwortlich handelten und das Ansehen der weltlichen Institution allmählich untergruben. Das Land hatte bereits Erfahrungen mit einer republikanischen Regierung (Februar 1873 bis Januar 1874), die auf Verlangen des Volkes ausgerufen worden war, von der man in Spanien allerdings als ein *experimento con gaseosa* (Spiel mit dem Feuer) sprach.

Weder Carlos IV., Fernando VII., Isabel II., Alfonso XII. oder den Regentinnen Cristina de Borbón (Regentenkönigin für Isabel II.) und Maria Christina von Österreich (Regentin für Alfonso XIII.) noch während der kurzen Herrschaftszeiten der „ausländischen" Könige – José Bonaparte in der französischen Besatzungszeit unter Napoleon von 1805 bis 1814 und Amadeo de Saboya (1871 bis 1873) – gelang es, den langsamen Verfall der spanischen Monarchie aufzuhalten. Diese hatte ihren Höhepunkt zu der Zeit des katholischen Königspaares Isabel I. und Fernando V. erreicht, das Ende des 15. Jahrhunderts ganz Spanien vereinigen konnte. Die Monarchie genoß sowohl unter der österreichischen Dynastie wie auch unter den ersten Bourbonen, dem Gründer der spanischen Dynastie Felipe V. und Carlos III., ein hohes Ansehen.

Juan Carlos de Borbón mit seinem jüngeren Bruder Alfonso, der im Alter von 15 Jahren bei einem Unfall starb, als die beiden Jungen mit einem Revolver ihres Vaters spielten.

Aber der junge König Alfonso XIII. (1902 im Alter von 16 Jahren zum König gekrönt) konnte die Selbstzerstörung nicht aufhalten. Statt dessen sollten mehrere Attentate auf ihn verübt werden, die er jedoch unversehrt überlebte. Eines fand 1906 in Madrid statt, am

Tage seiner Hochzeit mit Viktoria Eugenie von England, und ein weiteres bei einem offiziellen Besuch in Paris. Er sollte außerdem miterleben, wie José Canalejas und Eduardo Dato, beide Regierungschefs, in Madrid von Anarchisten ermordet wurden. Nach vielen Anschlägen auf die zivile Regierung endete seine Herrschaft 1923 mit der Machtergreifung des Generals Miguel Primo de Rivera, der sich bis 1930 an der Macht hielt. Das war ein großer Fehler des Königs, da der eifrige Militärdiktator ihm zwar den Thron unter seiner Macht zugesichert hatte, dies jedoch auf Kosten einer politischen und sozialen Verwüstung des Landes, wobei er ihm gleichzeitig jeden menschlichen Kontakt zum Volk verwehrte. Obwohl Primo de Rivera sich halten konnte, vor allem dank erheblicher Verbesserungen der archaischen Infrastrukturen im Land, wurde er weder geliebt noch geachtet und 1930 schließlich seines Amtes enthoben. Als der König jedoch die Ernennung des Nachfolgers Dámaso Berenguer, ebenfalls ein General, unterzeichnete, war fast jedem klar, daß er seine letzte Karte ausspielte, und das war ein *naipe comodín* (Joker). Es mußten nur noch Kommunalwahlen stattfinden, die am 12. April 1931 abgehalten wurden. Zwar siegte die Regierung, in den großen Städten mußte sie jedoch Verluste einbüßen, was dazu führte, daß das Volk eine Republik und die Abschaffung der Monarchie forderte.

Das Opfer Alfonso XIII., einer interessanten historischen Persönlichkeit, war jedoch vergebens. Obwohl die Republik mit Niceto Alcalá Zamora als erstem und Manuel Azaña als letztem Präsidenten (trotz allem waren beide große Politiker) dem Volk größere Freiheiten gab, endete sie in Krieg und der anschließenden Spaltung Spaniens in zwei Lager. Dies drückte keiner so lebendig aus wie der berühmte spanische Poet Antonio Machado in seinen prophetischen Versen, der im Exil einige Wochen vor Ende des Krieges im französischen Coillioure starb.

„Kleiner Spanier, Gott beschütze dich auf dieser Welt.
Eines der beiden Spanien muß dein Herz gefrieren lassen.“

Die Folgen des Krieges waren verheerend. Hunderttausende verließen das Land, um dem Tod zu entgehen (zunächst flüchteten viele in andere europäische Länder, später folgte ein großer Exodus nach Mittel- und Südamerika), viele Menschen starben, wurden verhaftet, mußten unter großer Armut leiden oder wurden verbannt. Lange Jahre waren die Lebensmittel im unfreien Spanien knapp. Die Hartnäckigkeit einer visionären Person, die sich selbst Caudillo (Führer) von Spanien nannte, vom Heiligen Kreuzzug sprach und sich nur Gott und der Geschichte gegenüber verantwortlich fühlte, führte zu der Isolation vom Rest der Welt.

Dennoch hatte der König Alfonso XIII. einige Erwartungen in den Krieg gesetzt. Insgeheim hoffte er, daß bei einem Sieg General Franco ihn oder seinen Erben Juan, sein fünftes Kind und sein dritter Sohn (seit 1933 Thronerbe, da seine beiden älteren Brüder schriftlich auf ihre Rechte verzichtet hatten), wieder auf den Thron setzen würde. Deshalb sandte er Don Juan heimlich nach Spanien, um an der Seite Francos zu kämpfen. Don Juan stieß bei Franco auf Ablehnung: „Ihre Hoheit, Ihr Leben ist zu wertvoll, um es im Krieg zu riskieren.“.

Die Bourbonen

(Die Dynastie wurde 1700 von Philip von Anjou, dem Enkel Ludwig XIV. von Frankreich, gegründet, als mit dem Tode Karl II., der keine Erben hinterließ, die österreichische Linie ausstarb. Sein Tod löste in Spanien einen Erbfolgekrieg zwischen den Anhängern der französischen Bourbonen und den Anhängern des Erzherzogs Karl von Österreich, der ebenfalls Anspruch auf den spanischen Thron erhob, aus. Der Krieg dauerte bis 1714 und endete mit der Niederlage des Erzherzogs und dem Verlust seiner Ansprüche.)

Felipe V., Herzog von Anjou (1700 – 1746)
Fernando VI. (1746 – 1759)
Carlos III. (1759 – 1788)
Carlos IV. (1788 – 1808)
Fernando VII. (1808 und 1814 – 1833) *
Isabel II. (1833 – 1868) **
Alfonso XII. (1876 – 1885) ***
Alfonso XIII. (1886 – 1931)
Juan Carlos I. (1975 –) ****

* Nach der französischen Invasion wurde der Bruder Napoleon Bonapartes, Joseph, zum König ernannt (1808 – 1814). Er verließ Spanien, nachdem die spanischen Truppen den sogenannten Unabhängigkeitskrieg gewonnen hatten.

** Isabel II. war drei Jahre alt, als sie 1833 den Thron nach dem Tode ihres Vaters bestieg. Die Königinmutter, María Cristina de Borbón, wurde gemeinsam mit den Generälen Espartero und Narváez zur Regentin bestellt, bis die Cortes 1843 die damals 13jährige Isabel für volljährig erklärten. Nachdem sie 1868 den Thron aufgegeben hatte und nach Paris gegangen war, übernahm General Serrano die Regentschaft (1868 – 1871). Ihm folgte Amadeus von Aosta (1871 – 1873) auf den Thron. Nach seiner Abdankung wurde die erste spanische Republik ausgerufen (Februar 1873 bis Januar 1874). Die Generäle Pavía und Martínez Campos übernahmen die Herrschaft, bis Alfonso XII., Sohn Isabel II., 1876 nach Spanien zurückkehrte.

*** Alfonso XIII. wurde sechs Monate nach dem Tod seines Vaters, Alfonso XII., geboren. Seine Mutter, die verwitwete Königin Cristina von Österreich, übernahm bis 1902, als Alfonso von den Cortes für volljährig erklärt wurde, die Regentschaft.

**** 1931 wurde die zweite spanische Republik ausgerufen. 1936 erhoben sich Francisco Franco und andere Generäle gegen das Regime und lösten einen Krieg aus, der bis April 1939 dauern sollte. Bis zu seinem Tod im Jahre 1975 in Madrid war Franco als Diktator an der Macht. Sechs Jahre zuvor (im Juli 1969) hatte das Parlament unter Franco Juan Carlos de Borbón, Enkel von Alfonso XIII., zum „Nachfolger Francos mit dem Titel eines Königs“ ernannt. Don Juan de Borbón, Graf von Barcelona, Erbe von Alfonso XIII., Sohn eines Königs und Vater eines anderen Königs, sollte eines der großen Opfer der Geschichte und das fehlende Glied in der Reihe der Bourbonen auf dem Königsstuhl werden.

Mit seinen Eltern, Don Juan de Borbón und Doña María de las Mercedes de Borbón, im Exil auf dem Familiensitz in Estoril.

Der Monarch aus dem Exil

Don Juan de Borbón und Doña María de las Mercedes de Borbón y Orleans, eine königliche Prinzessin aus dem Hause beider Sizilien, hatten 1935 in Rom geheiratet und bereits eine Tochter, María del Pilar. 1938, kam das zweite Kind, Juan Carlos, der zukünftige König von Spanien, zur Welt. Die Familie war gerade in eine große Wohnung nach Viale di Parioli, einem Villenviertel in der Ewigen Stadt, gezogen. Sie war zwar groß, aber nicht unbedingt standesgemäß für jemanden, der 37 Jahre später König von Spanien werden sollte.

Obwohl dieses blonde, rosige Kind nicht von Geburt an zum König bestimmt war, sondern nur durch Zufall auf den Thron kam (der Verzicht der beiden älteren Brüder seines Vaters wurde bereits erwähnt), gibt es keinen Zweifel, daß er für Spanien ein Geschenk Gottes war. Als fünftes Kind von König Alfonso XIII. und Königin Viktoria Eugenie (siehe Stammbaum zu Beginn des Kapitels) stand sein Vater, der weder das Verlangen noch die Erwartung gehabt hatte, Oberhaupt des Hauses der Bourbonen und der spanischen Königsfamilie zu werden, nur an dritter Stelle der Thronfolge (in der spanischen Verfassung hat die männliche Linie Vorrang vor der weiblichen). 1928 erhielt der 15jährige Don Juan die Erlaubnis seines Vaters, des Königs, die Marineschule von San Fernando in Cadiz, Spanien, zu besuchen, denn er hoffte, in den Rang eines Admirals der spanischen Marine aufsteigen zu können. Mit dem Aufkommen der Republik wurde diese Hoffnung nie ganz erfüllt, obwohl er in die königliche Marine von Großbritannien eintrat und den Rang eines Oberleutnants zur See erhielt, nachdem die Königsfamilie Spanien verlassen hatte.

Mit seinem Vater und der im Exil lebenden Königinmutter, Viktoria Eugenie, Witwe von Alfonso XIII. und Großmutter von Juan Carlos, in Lausanne.

Der Erbe, Alfonso, wollte eine Kubanerin, die nicht königlicher Abstammung war, heiraten. Eine nicht standesgemäße Ehe wie diese verstieß gegen einen Königlichen Erlaß, der Ende des 18. Jahrhunderts verkündet worden war und die Thronerben verpflichtete, Prinzessinnen oder Prinzen aus Königshäusern zu heiraten. Einige Wochen vor seiner Heirat, die ohne die Erlaubnis des Königs, Alfonso XIII., stattfand, übersandte er dem König ein Dokument, in dem er den freiwilligen Verzicht auf Thronansprüche für sich und seine Nachkommen erklärte. Er litt an einer Blutkrankheit und starb kinderlos im Alter von 31 Jahren in den Vereinigten Staaten bei einem Verkehrsunfall. Sein jüngerer Bruder Gonzalo war bereits vier Jahre zuvor, mit 20 Jahren, ebenfalls an den Folgen eines Verkehrsunfalls gestorben.

Dies geschah 1933 und Jaime, dem zweiten Sohn, wurde der Titel Prinz von Asturien verliehen, den seit 1344 alle Prinzen bis zu ihrer Krönung tragen. Jaime schrieb nur einige Tage später Alfonso XIII. einen ähnlichen Brief, in dem er und seine Söhne, Alfonso und Gonzalo, auf alle Ansprüche verzichteten. Der erste Sohn, der 1989 an den Folgen eines harmlosen Skiunfalls in den USA starb, versuchte in den letzten Tagen des Franco-Regimes den Platz Juan Carlos de Borbón einzunehmen, nachdem er 1972 die Lieblingsenkeltochter Francos, María del Carmen Martínez Bordíu Franco, geheiratet hatte.

Im Gegensatz zu seinen Brüdern Alfonso und Gonzalo litt Jaime nicht an Hämophilie, einer seltenen Krankheit, bei der das Blut nicht richtig gerinnen kann und die zwar von der weiblichen Linie übertragen wurde, aber nur bei männlichen Nachkommen ausbrach; in jener Zeit starben Bluter in der Regel sehr jung. Die Blutkrankheit wurde von der englischen Viktoria Eugenie in die königliche Familie eingebracht und bildete den Anlaß für häufige Auseinandersetzungen zwischen ihr und Alfonso XIII., die zwar keine offizielle Trennung im Exil zur Folge hatten, allerdings lebte der König in Rom, während die Königin sich in Lausanne niederließ. Nach einer zweifachen Operation (bei der sein Gehörknochen gewaltsam gebrochen wurde) wurde Jaime taub, und man hielt ihn für nicht mehr tauglich, die Aufgaben eines Königs zu übernehmen. Außerdem ging er später ebenfalls eine nicht standesgemäße Ehe mit Emmanuela Dampierre ein, die zwar aristokratischer Herkunft war, jedoch nicht Mitglied einer königlichen Familie, womit er seinen Thronanspruch auf jeden Fall verloren hätte.

So kam es, daß der damals 21jährige Don Juan de Borbón und seine Kinder Thronerben wurden. Nach Prinzessin María del Pilar und Prinz Juan Carlos wurden noch zwei weitere Kinder geboren – Alfonso und Margarita. Alfonso starb 1956 im Alter von knapp 15 Jahren auf dem Familiensitz in Portugal an den Folgen eines weiteren unglücklichen Unfalls, als sein Bruder Juan Carlos, der zwei Jahre älter war, mit einem kleinen Revolver seines Vaters spielte, ohne zu bemerken, daß dieser geladen war.

1941 wurde Don Juan Oberhaupt der spanischen Königsfamilie, als Alfonso XIII. schwer an einem Herzleiden erkrankte und schließlich mit 54 Jahren relativ jung im Grand Hotel in Rom starb. Sechs Wochen zuvor hatte er zugunsten seines Sohnes Juan, damals 28 Jahre alt, auf alle Rechte verzichtet.

Der spanische Bürgerkrieg war schon seit zwei Jahren zu Ende, und die Königsfamilie war sich immer noch nicht im klaren über die Absichten General Francos, der sich selbst zum Staatsoberhaupt und ständigen Regierungschef ernannt hatte. Einerseits wurden bestimmte Zeichen, die *El general* nach Rom schickte, dahingehend interpretiert, daß er beabsichtigte, die Monarchie wieder einzusetzen, „wenn die Zeit reif sei“. Andererseits befürchteten Don Juan und auch Alfonso XIII. in seinen letzten Monaten, daß Franco in Wirklichkeit plante, sich selbst mit absoluten diktatorischen Befugnissen auszustatten. 1942 entschloß sich Don Juan, mit der Königsfamilie das kriegsgeschädigte Rom zu verlassen und in die friedliche Schweiz nach Lausanne zu ziehen, wo Viktoria Eugenie, die Königinmutter (sie starb 1969), im Exil lebte. Dort erschien auch Don Juans erste öffentliche Stellungnahme im „Journal de Geneve“, in der er Franco daran erinnerte, daß die Monarchie Spaniens eine säkuläre Institution mit ihm als Oberhaupt sei. Dieser Erklärung folgten weitere, die immer deutlicher wurden.

Erst 1945 brach Don Juan offiziell die Verbindungen zu Franco ab, als er in einem historischen Dokument, das als „Lausanne Manifesto“ bekannt wurde, den General als Diktator und Usurpator verurteilte. Er verlangte von ihm, sein Versagen einzugestehen und zugunsten der Monarchie, die als einzige Institution die beiden Spanien wieder versöhnen und dem Land ein freiheitliches und demokratisches System bieten könne, zurückzutreten. Diesem System, das er in allen Einzelheiten erläuterte, lag im wesentlichen die Freiheit und Demokratie zugrunde, die die Spanier heute unter Juan Carlos I. genießen.

Franco (rechts) gibt die Ernennung von Juan Carlos de Borbón als seinem Nachfolger „mit dem Titel eines Königs“ im Parlament bekannt.

Franco reagierte, indem er den spanischen Medien verbot, jeden Hinweis nicht nur auf das Manifest, sondern auch auf Don Juan selbst zu veröffentlichen, und eine Kampagne gegen Don Juan ins Rollen brachte, die von verschiedenen gesetzgebenden Organen sowie Francos herrschender Partei ausgetragen wurde. Darüber hinaus wurde 1947 ein Nachfolgegesetz ersonnen und nach einer zweifelhaften Volksabstimmung, in der es fast mehr Ja-Stimmen als mögliche Stimmen überhaupt gab, von Fran-

Der König führt als Staatsoberhaupt den Trauerzug seines Vorgängers, General Francisco Franco, an.

cos Regierung verkündet. Es besagte, daß der Nachfolger den „Titel eines Königs" tragen werde. Der Nachfolger wurde jedoch nicht namentlich genannt, sondern es hieß nur, daß er Spanier sein müsse, männlichen Geschlechts, über 30 Jahre alt, katholisch und königlicher Abstammung.

Abgesehen von Don Juan de Borbón, der aus historischer Sicht als einzig legitimer König von Spanien in Frage kam, hatte Franco mit dieser gesetzlichen Bestimmung die Türen für andere Prätendenten geöffnet. Das Gesetz enthielt einen Artikel, in dem Franco sich vorbehielt, seinen „Nachfolger mit dem Titel eines Königs" zu „enterben" und eine andere Person zu benennen.

Ein Trojanisches Pferd für die Demokratie

Ein historischer Widerspruch ist auf jeden Fall die Tatsache, daß Franco seine Aufmerksamkeit auf den Sohn seines Widersachers, Prinz Juan Carlos, richtete. Das war 1948; 1946 war die königliche Familie von Lausanne, wo sie ein zurückgezogenes Leben geführt hatte, in das als „Les Rocailles" bekannte Schloß nach Estoril in die Nähe von Lissabon gezogen, um die Vorgänge in Spanien besser verfolgen zu können und leichter Kontakt mit den Hunderttausenden Monarchisten in Spanien zu knüpfen. Franco überzeugte Don Juan, seinen ältesten Sohn in Spanien erziehen und ausbilden zu lassen, da man ihn andernfalls als Ausländer betrachten würde.

Heute ist klar, daß mehr als nur die persönliche Achtung, die der General im Laufe der Zeit für den Prinzen entwickelt hatte, dahinter steckte. Franco selbst hatte nie einen Sohn gehabt (nur eine Tochter). Er sah in Juan Carlos auch die Möglichkeit, eine Verbindung zwischen der „Monarchie des 18. Juli" (das Datum des Militärstreichs von 1936 und Symbol seiner langen Diktatur) und dem legitimen Thronanspruch der Bourbonen zu schaffen, obwohl dies auch bedeutete, daß Don Juan auf seine Rechte verzichten mußte – Rechte, die in jedem Fall vom General völlig ignoriert wurden.

Don Juan, ein großmütiger Mann, der die „demokratische Skrupellosigkeit" des Diktators im eigenen Land und im Ausland drei Jahrzehnte selbst erlebt hatte, brachte eines der großen Opfer der Geschichte und verzichtete in aller Stille auf seine Rechte. Er war ein echter Ehrenmann, dem das spanische Volk nach fast 40jähriger Zensur, Demütigung und Beleidigung durch Franco in dem nun demokratischen Land großen Dank für seine Bemühungen, die sich nicht zuletzt auf seine persönliche Gesundheit ausgewiesen hatten, erwies. Er war der Sohn eines Königs und der Vater eines Königs, hatte aber selbst die Krone nie getragen. Ihm erging es ähnlich wie dem ältesten Sohn von Ludwig XIV. von Frankreich.

Der Prinz verließ daraufhin das inzwischen aufgelöste Internat Ville Saint Jean in Freibourg. Dort hatte er die Wochenenden in der Regel mit seiner Großmutter, Königin Viktoria Eugenie, verbracht, die es vorgezogen hatte, mit ihren Erinnerungen in der ruhigen Stadt Lausanne in der „Vieille Fontaine“, einem hübschen Haus am See, zu leben, anstatt nach Portugal zu ziehen.

Der gegenwärtige König hat schöne Erinnerungen an diese Zeit mit Königin Viktoria Eugenie. Seine Ausbildung, über die in den Gewässern vor San Sebastian auf der Jacht Francos bei einem gereizten Gespräch entschieden wurde, setzte er in der Stadt, die in der Nähe von Frankreich liegt, fort. Seine dreijährige Militärzeit und das Universitätsstudium absolvierte er ebenfalls in Spanien. So konnte er Kontakte mit Universitätsmitgliedern und Armeeangehörigen knüpfen, die auf dem Weg zur Demokratie Schlüsselpositionen übernehmen sollten, nachdem er 1975 inthronisiert wurde.

Am 22. Juli 1969 schlug Franco „seinem“ Parlament vor, Prinz Juan Carlos – mit 31 Jahren inzwischen ein Jahr älter als gesetzlich vorgeschrieben – zu seinem Nachfolger zu ernennen. Er erhielt eine überwältigende Mehrheit. Die sechs langen Jahren, die bis zu seiner Krönung vergingen, erwiesen sich für Don Juan und Prinz Juan Carlos als harter Dornenweg. Neben der großen Demütigung, die Don Juan zu erleiden hatte, nutzte Franco sämtliche arglistigen Quellen, um Vater und Sohn zu entzweien, obwohl ihm dies glücklicherweise nie gelang.

Die innere Unsicherheit, in der Juan Carlos de Borbón sich befand, das Fehlen jeglicher politischer Aktivitäten (von einem Regime verweigert, das er einmal führen sollte), die ständige Kontrolle und die wachsamen Blicke von Francos Vertrauten sowie die mangelnden Kenntnisse des spanischen Volkes von seiner Persönlichkeit, seinem Werdegang und seinen Pflichten (die es nicht gab, da er zwar Erbe war, aber keine öffentlichen Verpflichtungen eingehen durfte), führten dazu, daß er als schwacher Charakter ohne Persönlichkeit und Zukunftsvisionen eingestuft wurde.

Obwohl es für diese Vermutungen keine Grundlage gab, wie die Geschichte nur allzu deutlich zeigen sollte, wurden sie vom Franco-Regime schamlos ausgenutzt, was sogar so weit ging, daß dieses sich dem Vater des Königs, Don Juan, annäherte. Statt des Demokraten Don Juan, als der er sein Leben lang galt, hatte nun ein „ehrgeiziger junger Mann“ die politische Szenerie betreten, der angeblich alles tat, um auf den Thron zu kommen und sogar bereit war, sich zum Spielball der Launen eines willkürlich handelnden Diktators zu machen und auf diese Weise die Ideale seines Vaters zu verraten. Mit diesen und ähnlichen Unterstellungen versuchte man die Position und das öffentliche Ansehen Juan Carlos' zu schwächen – nicht ohne Erfolg.

Scheinbar stand also jetzt ein „Marionettenkönig“ gegen einen demokratischen „König“, als der sein Vater betrachtet wurde. Nur wenige Menschen wußten zu jener Zeit, daß Vater und Sohn sich auf diese Täuschung geeinigt hatten. Eine Tatsache, die Juan Carlos verbarg, während er auf seine Zeit wartete und Pläne für eine Demokratie schmiedete. Die vorgetäuschte Ergebenheit war eine Art legitimer Verrat an Franco, und Don Juan stellte ein demokratisches Trojanisches Pferd inmitten des Franco-Regimes dar, um das Land im alten Kontinent Europa zu gegebener Zeit wieder in die Demokratie zu führen.

Dies brachte ihn in eine unangreifbare Position, als er kurz nach dem Tode Francos gekrönt wurde und die Welt in Erstaunen versetzte, indem er eine grausame und blutige Diktatur (Francos letzte Handlung bestand zwei Monate vor seinem Tod darin, die Hinrichtung von fünf Mitgliedern der terroristischen Organisationen ETA und GRAPO zu befehlen) in eine junge, fortschrittliche Demokratie wandelte.

Die heutige Königin von Spanien, Doña Sofía, als junges Mädchen.

Das war die Belohnung für die Opfer der düsteren Jahre. 1975/76 wurden politische Reformen mit großer Begeisterung unterstützt, und der komplizierte gesetzliche Rahmen des Diktators (der sich damit gerühmt hatte, alles genauestens festgelegt zu haben) wurde in strenger Übereinstimmung mit dem Gesetz zerlegt. Erhebungen und Meinungsumfragen, die seit 1977, als freie Wahlen mit allen politischen, inzwischen legalisierten Parteien durchgeführt wurden, ergaben, daß das spanische Volk die Krone als wertvollste Institution betrachtete, obwohl es immer Meinungsverschiedenheiten darüber gab, was an zweiter Stelle stand.

Königin Sofia nach ihrer Verlobung mit dem König.

Der König und die Königin bei den Hochzeitsfeierlichkeiten in Athen im Mai 1962.

Der König und die Königin mit ihren Kindern (von links nach rechts: Elena, Cristina und Felipe) vor der Thronbesteigung des Königs.

König Juan Carlos I. und Königin Sofia bei einer offiziellen Feier.

Ein offizielles Galadiner im Palast La Zarzuela. Die ehemaligen Präsidenten George Bush und Michail Gorbaschow, König Juan Carlos I. und Felipe González bei der Madrider Friedenskonferenz im Oktober 1991.

Das offizielle Leben

In den drei Jahren nach Francos Tod am 20. November 1975 bis zum 28. Dezember 1978, als Juan Carlos I. die spanische Verfassung unterzeichnete, war er die treibende Kraft, die das verängstigte, gedemütigte Volk in ein für alle Spanier freies Land, ähnlich wie seine Nachbarländer, führte.

Der König brachte Demokratie

Dieser Wandel, der in Spanien „politischer Übergang" genannt wird und wahrscheinlich schneller hätte durchgeführt werden können, war insoweit ungewöhnlich, als keine großen Umwälzungen in diesem Prozeß stattfanden. Obwohl der gesamte Staatsapparat, das politische System, die Verwaltung, die repressive Polizei, die regimetreuen Richter, die zentralistische Entscheidungsgewalt und die zahlreichen Pfründe, die innerhalb des damaligen Einparteiensystems verteilt wurden, so angelegt waren, daß sie nur vom Diktator kontrolliert werden konnten.

Sein Erbe, dem er nur ein Minimum an Macht zugestand, war seltsamerweise nicht Juan Carlos de Borbón, was logisch gewesen wäre, sondern seine langjährige „rechte Hand", Admiral Louis Carrero Blanco, den der General im Juni 1973 zum Ministerpräsidenten ernannt hatte. Er war jedoch nur sechs Monate im Amt, als er am 20. Dezember des gleichen Jahren von der ETA bei einem der spektakulärsten Attentate in der Geschichte des Terrorismus umgebracht wurde.

Juan Carlos I. hatte schon in seiner ersten Ansprache am Todestag seines Vorgängers – wenn auch sehr zaghaft – angedeutet, daß ein neuer Abschnitt für das Land beginnen werde. Sein Handeln war geprägt von Umsicht, Klugheit und politischer Courage, so daß der von Franco aufgebaute Apparat ohne ernsthafte öffentliche Unruhen oder Blutvergießen aufgelöst werden konnte – abgesehen von Angriffen der ETA, der extrem Ultramontanen Rechten und der GRAPO, einer terroristischen Organisation, deren Führer von der Polizei bei verschiedenen Vorfällen festgenommen wurden, denen aber immer wieder neue folgten.

In diesen sechs Jahren hatte der „Nachfolger mit dem Titel eines Königs", Juan Carlos I., seinen Plan und seine Strategie geduldig und sorgfältig ausgearbeitet. Die einzigen Menschen, die alle Einzelheiten dieser Strategie kannten, waren sein Vater, Don Juan, der als sein wichtigster Berater eine Schlüsselposition beim Übergang spielen sollte, und Torcuatro Fernández Miranda, der ehemalige Studiendirektor des Prinzen. Der König ernannte ihn gleich nach seiner Krönung zum Regierungssprecher – eine Schlüsselposition für die Reformierung des Fundamentalen Gesetzes (eine Pseudo-Verfassung des Franco-Regimes), die den legalen

Die Eröffnungszeremonie der Olympischen Spiele in Barcelona.

Der König begrüßt in Madrid die Zuschauer bei einem Stierkampf.

Rahmen für eine baldmögliche Wahl bilden sollte.

Und so geschah es auch. Neben Fernández Miranda waren weitere Personen daran beteiligt, aber eine, die die vom König vorbereitete und eingeleitete Strategie im Grunde genommen durchsetzte und sich immer in der Nähe des Monarchen aufhielt, ragte heraus.

Adolfo Suárez wird nicht nur in die Geschichte eingehen, weil er einige Monate nach dem Tode Francos zum Ministerpräsidenten ernannt wurde, sondern auch, weil er zwei Wahlen in Folge gewann. Für die erste Wahl, die 1977 stattfand, hatte seine provisorische Regierung den Weg per Gesetz geebnet, und die nächste Wahl fand 1978 statt, nachdem die neue Verfassung in Kraft getreten war. Er wurde der erste Regierungschef einer konstitutionellen Regierung in Spanien seit dem Ende der Republik.

Der König und die Königin von Spanien mit König Baudouin und Königin Fabiola von Belgien und Prinzessin Elena.

El Breve, Juan Carlos der Kurze) zurücknehmen, die 1975 als Zeichen der erreichten Freiheit überhört worden waren.

Don Juan de Borbón, immer noch in seinem Exil in Estoril (Portugal), setzte ein weiteres Zeichen und übertrug am 14. Mai 1977, einen Monat vor der Wahl, bei einer privaten Zeremonie im Palast La Zarzuela alle Rechte auf seinen Sohn, den er für fähig hielt, die schwere Aufgabe zu erfüllen. Die vielen spanischen Monarchisten waren tief bewegt; viele andere, neutrale Menschen wurden aufmerksam, und die Republikaner waren gewarnt. Der Thronerbe herrschte bereits 18 Monate lang, während das Oberhaupt der königlichen Familie sich ruhig und zurückgezogen verhielt, was aus historischer Sicht betrachtet zweifellos ungewöhnlich ist, seine Ursache jedoch in der geistigen Übereinstimmung zwischen Vater und Sohn hat – allen gegenteiligen Behauptungen und Verleumdungen zum Trotz. Juan Carlos I. sollte die in ihn gesetzten Hoffnungen und das Vertrauen seines Vaters nicht enttäuschen – obwohl er Francos Günstling war.

In den Jahren von 1975 bis 1978 versöhnten sich die beiden Spanien (die Sieger und Verlierer des Bürgerkriegs). Viele, die ins politische Exil ins Ausland gegangen waren, kehrten zurück, und eine große politische Amnestie wurde gewährt. Die Pressefreiheit, die Redefreiheit und das Recht auf Versammlungen und Demonstrationen wurden wieder hergestellt. Das Gesetz der politischen Reform für freie Wahlen wurde verabschiedet und alle politischen Parteien legalisiert. Aber das Meisterstück des politischen Übergangs war in erster Linie die Verfassung von 1978: eine moderne, fortschrittliche, zukunftsweisende Verfassung. Darüber hinaus wurde diese Verfassung im Einverständnis mit allen politischen Parteien erarbeitet. Ein wertvoller Teil der Gesetzgebung, der den Wiederaufbau der spanischen Demokratie, die in den vielen Jahren der Diktatur verfallen war, signalisierte.

König Juan Carlos I. hielt hinter dem Vorhang die Zügel fest in der Hand und überlegte jeden gefährlichen Zug auf dem Schachbrett sorgfältig. Die gesamte Opposition des Falangisten-Regimes, die ihn in seiner Rolle als Francos Nachfolger verachtet hatte, mußte ihre entsetzlichen Voraussagen und geschmacklosen Äußerungen (wie *Juan Carlos I.*

Königin Sofia bei einem Besuch in Bolivien.

Juan Carlos I. begrüßt die Ehefrau des Präsidenten von Kolumbien bei einem offiziellen Besuch.

Der König, der herrscht, aber nicht regiert

Am 28. Dezember 1978 nahm Juan Carlos, der die von ihm langersehnte Verfassung unterzeichnet hatte, seinen rechtmäßigen Platz als König ein, der herrscht, aber nicht regiert. Die neue Verfassungsurkunde legte seinen Aufgabenbereich fest, den er bereits in den dunklen Jahren des Franco-Regimes ausgearbeitet hatte und der darin bestand, als Symbol der Einheit und Kontinuität Spaniens, als Schlichter und Vermittler der demokratischen Institutionen sowie als Repräsentant des Staates, wenn auch nur mit geringer politischer Macht ausgestattet, zu dienen. Seine Befugnisse beschränken sich in erster Linie auf das Unterzeichnen und Verkünden von Gesetzen, die Einberufung und die Auflösung des Parlaments, die Festlegung von Wahlen und Volksabstimmungen auf Vorschlag des Ministerpräsidenten und in Einklang mit der Verfassung. Er kann darüber hinaus einen Kandidaten für das Amt des Ministerpräsidenten vorschlagen und, falls erforderlich, diesen in Übereinstimmung mit den Wahlergebnissen ernennen sowie Regierungsminister auf Vorschlag des Ministerpräsidenten berufen und entlassen, Erlasse des Ministerrats herausgeben und den Oberbefehl über die Streitkräfte übernehmen, Botschafter ernennen, internationale Verträge gemäß der Verfassung unterzeichnen, den Krieg ausrufen und Friedensverträge unterzeichnen, wenn er vom Parlament die Befugnis erhalten hat.

Diese Aufzählung verdeutlicht seinen eingeschränkten Machtbereich. Darüber hinaus wirkt er in seiner neutralen Stellung als Schlichter und Vermittler hinsichtlich politischer Parteien und Institutionen, und ist Beschützer des Volkes.

Und diese Aufgabe erfüllte er mit beachtlichem Mut am 23. Februar 1981, als eine große Gruppe der Guardia Civil, unter der Führung des Oberstleutnants Antonio Tejero, einen spektakulären Putschversuch durchführte und alle Parlamentarier, die Regierung und eine große Anzahl Senatoren in ihre Gewalt brachte. Bei der außerordentlichen Sitzung sollte über den Amtsantritt von Leopoldo Calvo Sotelo abgestimmt werden, dem zweiten Regierungs-

Der König und die Königin bei einem offiziellen Besuch in Saudi Arabien.

Der König gratuliert einer jungen Frau zum Abschluß ihrer Ausbildung bei der Zivilwache.

Nach einem Skiunfall; der König scherzt mit Ministerpräsident Felipe González.

chef der konstitutionellen Regierung, denn Adolfo Suárez hatte den König nach fast fünfjähriger Amtszeit um seinen Rücktritt gebeten.

Die wahren Demokraten, die sich an jede Einzelheit des traurigen Vorfalls erinnern können (der zur Verhaftung des charismatischen Generalleutnants Jaime Milans del Bosch und des Generals Alfonso Armada, seit vielen Jahren ein Vertrauter des Königs, führte), machten die schlimmsten Stunden ihres Lebens durch. Die Regierung und das Parlament waren machtlos, und es schien, als lösten sich die Grundlagen der Demokratie und Freiheit, die in aufopferungsvollen sechs Jahren aufgebaut worden waren, mit der Rückkehr zu einer neuen Diktatur in nichts auf. Die Führer, die die wohlüberlegte Blitzoperation geplant hatten und Panzer in Valencia sowie die Artillerie in Madrid auf die Straße schickten, Radio- und Fernsehstationen und Redaktionsbüros besetzten (obgleich etwas amateurhaft), und den Militärstreich in anderer Weise unterstützten, hatten mit einer Person nicht gerechnet: König Juan Carlos. In der

Staatsoberhäupter und Regierungschefs von lateinamerikanischen Ländern bei einem Treffen im Madrider Königspalast im Juli 1992.

Uniform eines Feldmarschalls trat er den Aufständischen von seinen offiziellen Amtsräumen aus gegenüber und ordnete mit außerordentlichem Mut zivile und militärische Aktionen an. Er setzte eine provisorische Regierung mit Vertretern aus jedem Ministerium ein und gab sein Einverständnis für Befehle an das Kommandozentrum der Armee, die Hauptquartiere und Regimenter im ganzen Land, die nicht am Komplott beteiligt waren, um so die Normalität aufrechtzuerhalten und die Aufständischen zur Aufgabe zu zwingen. Diese kritischen Stunden endeten mit einer Erklärung des Königs, die vom Fernsehen übertragen werden konnte und nach der die Anführer des Militärstreichs aufgaben und verhaftet wurden.

Nach ihrer 24stündigen Gefangennahme machten sich die führenden Politiker aller Parteien gemeinsam mit Adolfo Suárez, dem immer noch amtierenden Regierungschef, sogleich auf den Weg zum Zarzuela-Palast, um dem König zu gratulieren. Er hatte die Demokratie in den schwersten Stunden seiner 18jährigen Herrschaft gerettet. Monate und Jahre später noch hieß es, daß Juan Carlos an diesem einzigen Tag mehr Monarchisten für sich eingenommen hat, als seine Vorgänger in vielen Jahren.

Erst richtig auf die Probe gestellt wurde diese junge Demokratie wahrscheinlich 1982 bei der Machtübernahme der sozialistischen Partei mit Felipe González als Ministerpräsident. Diese fand sieben Jahre nach Francos Tod statt, der alles „gut geregelt" hinterlassen hatte, führte aber nicht zu Unruhen in der Zivilbevölkerung Spaniens, die einen Machtwechsel für relativ normal hielt, obwohl ihre Demokratie noch in den Kinderschuhen steckte. Viele Menschen glauben, daß der Übergang am 2. Dezember 1982 abge-

Der König und die Königin mit ihren Kindern, dem Ministerpräsidenten, Felipe González, und seiner Frau.

Der König und die Königin erhalten im Palast La Zarzuela eine Auszeichnung.

König Juan Carlos I. führt den Vorsitz beim nationalen Verteidungskomitee.

Die königliche Familie bei der Eröffnung der Weltausstellung in Sevilla im April 1992.

schlossen wurde und sehen in dem Photo des jungen Sozialisten Felipe González, 40 Jahre alt, neben dem König aller Spanier, Juan Carlos I., 44 Jahre alt, das Symbol eines neuen, starken und demokratischen Spaniens.

Die Krone ist auch weit über Spaniens Grenzen hinaus hoch angesehen. Obwohl nur die Regierung für Außenpolitik verantwortlich ist, stattete der König in seiner Amtszeit ungefähr 100 offizielle Besuche in den wichtigsten Ländern, die die Interessen Spaniens teilen, ab. Er hat alle europäischen Länder – seltsamerweise mit der Ausnahme Griechenlands (Königin Sofia stammt aus der griechischen Königsfamilie, die jetzt im Exil lebt) – Nord-, Mittel- und Südamerika, abgesehen von Kuba (da weder die Regierung noch der König Fidel Castro unterstützen) sowie die führenden Länder der anderen drei Kontinente besucht.

Auf der ganzen Welt gilt Juan Carlos I. als ein Symbol des neuen, modernen, fortschrittlichen Spaniens, das die Beziehungen zu seinen Nachbarländern in kurzer Zeit verbessert hat. Sein Einfluß ist so groß, daß die Türen von bis dahin fest verschlossenen Institutionen (wie dem Europarat, der NATO, der EU etc.) für Spanien geöffnet wurden.

Sein Erbe, Felipe de Borbón, Prinz von Asturien, der mit seinen 26 Jahren die Werte der spanischen Jugend verkörpert, scheint, ähnlich erfolgreich, in die Fußstapfen seines Vaters zu treten. Er ist ebenfalls ein neues Instrument der Außenpolitik und ein wichtiger Botschafter für Spanien, eine Aufgabe, die er auch in Zukunft gerne weiter übernehmen möchte.

Das Privatleben

Der König und die Königin hätten zwar in den herrlichen Königspalast von Madrid aus dem 18. Jahrhundert einziehen können, in dem ihre Vorgänger von Carlos III. (ab 1764 der erste Bewohner) bis Alfonso XIII., der 1931 auszog, gelebt hatten, aber sie zogen den kleinen Palast La Zarzuela als Wohnsitz vor. La Zarzuela, wo sie seit 13 Jahren leben, liegt in den Hügeln von El Pardo im Nordwesten Madrids, nicht weit entfernt von Francos ehemaliger Residenz mit dem gleichen Namen, in der jetzt ausländische Staatsoberhäupter, die Spanien offiziell besuchen, untergebracht werden.

Ein einfaches Leben im kleinen Palast

Die Bourbonen haben sehr schnell aus der Geschichte Spaniens, die gleichzeitig auch die Geschichte ihrer eigenen Dynastie ist, gelernt. Juan Carlos erkannte, daß der herrliche Königspalast einer der Gründe für die Auflösung der Monarchie unter Alfonso XIII. war. Felipe V., der die Dynastie der Bourbonen begründete, ließ den Palast auf den Ruinen des Alcázar der Könige bauen, der Weihnachten 1734 niedergebrannt war. *El rey francés* (der französische König) sehnte sich nach dem Schloß von Versailles und ließ einen ähnlichen Palast errichten, wenn auch in architektonisch abgewandeltem Stil.

Der Königspalast in Madrid wird nur für offizielle Anlässe genutzt.

Aus diesem Grunde entschied sich Juan Carlos, in La Zarzuela zu leben und den Königspalast für große feierliche Anlässe zu nutzen. Dieses Zeichen der Genügsamkeit, seine erste Geste, gefiel dem Volk. Die neue Königsfamilie beabsichtigte, nur feierliche Empfänge zu geben, die das Protokoll vorschrieb, und auf große Feiern, Bälle oder andere Veranstaltungen zu verzichten. Sie wollte ein ganz normales Familienleben führen – abgesehen von den königlichen Pflichten – und in dem kleinen Palast wohnen. Der Kronprinz und seine beiden älteren Schwestern, die Infantas (Prinzessinnen) Elena und Cristina, sollten ihre weiterführende Ausbildung in Schulen und nicht im Palast erhalten. Sie sollten normale Schulen besuchen, normale Freunde in ihrem Alter haben und, soweit die Sicherheitsvorschriften dies zuließen, an normalen Veranstaltungen teilnehmen. (Im November 1975 war Elena 12 Jahre alt, Cristina 10 und Felipe 7, während der König und die Königin 37 Jahre alt waren).

Prinz Juan Carlos de Borbón heiratete im Mai 1962 Prinzessin Sofia von Griechenland. Sie ist die Tochter von

Der Palast La Zarzuela, der offizielle Wohnsitz des Königs und der Königin.

König Paul und Königin Frederica, die inzwischen beide verstorben sind, und die ältere Schwester von König Konstantin, der 1967 bei einem „Militärputsch" abgesetzt wurde. Die Hochzeit, die nach katholischen und griechisch-orthodoxen Riten gefeiert wurde, fand in Athen statt. Die folgenden Flitterwochen führten sie vier Monate lang durch die ganze Welt. Franco ließ La Zarzuela als Wohnsitz für sie herrichten. Die meisten Menschen glaubten, daß der General erst sechs Jahre später eine Entscheidung über die Thronbesteigung treffen würde, denn erst dann würde Juan Carlos die gesetzliche Altersgrenze von 30 Jahren erreichen (bei seiner Hochzeit war er 24 Jahre alt). Am 22. Juli 1969, als er über 31 Jahre alt war, und die drei Kinder bereits geboren waren (Elena 1963, Cristina 1965 und Felipe 1968), fiel die Entscheidung. Als hätte Franco auf die Geburt eines Jungen gewartet, auf den „Erben" des „Erben"

Die spanische Familie mit Prinz Charles, Prinzessin Diana und ihren Kindern.

und den „Nachfolger" des „Nachfolgers". La Zarzuela und die anderen kleinen Paläste in der Umgebung, wie La Quinta und La Casita de El Escorial, befinden sich in Staatsbesitz. Der Palast wurde im Bürgerkrieg vollkommen zerstört und war soeben wieder aufgebaut worden. Er ist ein einfaches, zweistöckiges Gebäude, das im Laufe der Herrschaftsjahre des gegenwärtigen Königs erweitert wurde, um den wachsenden Anforderungen zu entsprechen. So wurden Amtsräume, Räume für den Sicherheits- und Haushaltsdienst, ein Hubschrauber-Landeplatz und andere Einrichtungen angebaut. Ein Großteil der Hügel von El Pardo wurde eingezäunt.

Eine „arme" Königsfamilie

Da die offiziellen Aufgaben des Königs um ein Vielfaches gestiegen sind, wurden die Gebäude vergrößert und modernere Sicherheitsmaßnahmen und Kommunikationssysteme eingebaut, um den Anforderungen eines heutigen Staatsoberhauptes zu entsprechen. In einem Jahr empfängt der König ungefähr 25 Staatsoberhäupter oder Regierungschefs mit zahlreichen Ministern und Repräsentanten verschiedener Länder und internationaler Organisationen und Institutionen und, soweit es die offiziellen Verpflichtungen zulassen, Bürger, Organisationen und Institutionen, die eine Audienz wünschen. Trotzdem ist das königliche Leben von Schlichtheit geprägt. Das Staatseinkommen des Königs betrug 1993 etwas mehr als 900 Millionen Peseten (ungefähr 8 Millionen Dollar), von dem er die Lebenskosten seiner Familie bestreiten, seine Mitarbeiter und Angestellten bezahlen und alle laufenden Kosten des königlichen Haushalts begleichen muß, abgesehen natürlich von den Reisekosten und Spesen für offizielle Tätigkeiten, die von der Regierung übernommen werden.

Die spanische Königsfamilie ist zwar eine der ältesten Monarchien der Welt, aber auch eine der ärmsten. Man darf nicht vergessen, daß König Alfonso XIII. in einem Hotelzimmer in Rom starb; Königin Viktoria Eugenie, seine Frau, lebte 40 Jahre lang in einem Haus („Vieille Fontaine") in Lausanne, das ein geeigneter Wohnsitz für einen wohlhabenden Manager gewesen wäre; Juan Carlos I. wurde zwar in einer großzügigen, aber dennoch einfachen Wohnung in einem Wohnblock geboren. Außerdem hatten seine Eltern in einem gleichfalls einfachen Schloß in Lausanne in der Schweiz, dann in den Räumen eines ehemaligen Golfclubs in Estoril in Portugal und schließlich, nach der Rückkehr aus dem Exil Mitte der 80er Jahre, in einem ähnlich bescheidenen Wohnsitz in Madrid gewohnt.

In der Vergangenheit, in der Zeit von Ferdinand und Isabel und der österreichischen Dynastie, war die spanische Krone eine der reichsten Institutionen der Welt. Damals führten spanische Schiffe und Galeonen, die aus Indien und von den Antillen zurückkehrten, Gold und unbezahlbare Schätze an Bord. Heute besitzt die spanische Monarchie wenige Juwelen und kaum Besitztümer. Die Verschwen-

Eines der letzten Bilder der Eltern des Königs, Don Juan de Borbón und Doña María de las Mercedes de Borbón.

Die königliche Familie. Der König und die Königin mit ihren Eltern, Kindern, Schwestern, Brüdern und Schwägerinnen, Nichten und Neffen.

dungssucht einiger Könige, Eroberungen und Plünderungen wie in den Zeiten Napoleons, unfähige Regentschaften, andere Mißgeschicke und die schlechte Verwaltung des Besitzes sowie die Kurzsichtigkeit einiger Vorgänger führten dazu, daß die königliche Familie heute im Vergleich zu anderen königlichen Haushalten relativ arm ist.

Unter den bedeutendsten verbliebenen Juwelen befinden sich die Krone und das Zepter, die im Königspalast aufbewahrt werden und von unermeßlichem Wert sind. Es ist nicht bekannt, daß der König und die Königin eigene Besitztümer haben, und ihr privates Einkommen ist gering. Die Familie zählt wahrscheinlich nicht zu den 500 reichsten Familien des Landes. Der Königspalast, La Zarzuela, und andere Paläste wie Granja de San Ildefonso, Aranjuez, das Kloster El Escorial, Yuste, Poblet etc., stehen der Krone zur Verfügung (obwohl der gegenwärtige König und die Königin dort nicht einmal vorübergehend wohnen), befinden sich aber in Staatsbesitz wie auch die vielen Bilder, Gobelins, Teppiche, Möbel und viele äußerst wertvolle Gegenstände. Nicht einmal Marivent auf Mallorca, der Palast, in dem sie in den letzten 30 Jahren den Sommer verbracht haben, gehört der Königsfamilie (er befindet sich im Besitz der autonomen Regierung der Balearen), obwohl sie ein lebenslanges Nutzungsrecht genießt. Die offiziellen Geschenke, die sie erhalten, dürfen vorübergehend von den Familienmitgliedern verwendet werden, werden aber als allgemeines Staatseigentum, abgesehen von Autos und anderen praktischen Gegenständen, registriert.

Das Königspaar beim Skifahren in den spanischen Pyrenäen.

Der König und die Königin gemeinsam mit dem Prinzen und den Prinzessinnen bei einer offiziellen Veranstaltung.

Der König auf Mallorca auf dem Weg zum Segeln.

Geld war nicht die Triebfeder für den Weg, den Juan Carlos I. beschritt, sondern die Prinzipien der Demokratie, der Moderne und der sozialen Gerechtigkeit. Darauf ist er in seinem Alter (er wurde 1994 56 Jahre alt) stolz. Sein Vater, Don Juan de Borbón, war oft gezwungen, Spenden bekannter, reicher *juanistas* (seine Anhänger) anzunehmen, um die Monarchie und die Stellung des königlichen Hauses im Exil aufrechtzuerhalten. Prinz Juan Carlos besuchte staatliche Internate und Einrichtungen in Spanien und war immer auf die Staatskasse angewiesen.

Die wenigen Aktivitäten, die nicht mißbilligt wurden, als der Prinz und die Prinzessin in Spanien lebten, waren ihre Auslandsreisen und ihre Besuche in spanischen Provinzen. Nicht einmal die treuesten Anhänger Francos waren gegen ihre häufigen Reisen; je größer die Entfernung, desto besser, und das galt auch im eigenen Land. Diese Reisen halfen Juan Carlos und Sofia nicht nur, die Welt, mit der sie sich in Zukunft auseinandersetzen mußten, kennenzulernen, sie gaben ihnen auch die Möglichkeit, die „organische“ Demokratie Spaniens (wie Franco sie nannte) mit der wirklichen Demokratie zu vergleichen. In dieser Zeit schlossen sie Freundschaften und knüpften Beziehungen mit führenden Persönlichkeiten auf der Welt wie Gerald Ford, dem späteren Präsidenten der Vereinigten Staaten, dem deutschen Bundespräsidenten Walter Scheel, seinem französischen Pendant Valéry Giscard d’Estaing und vielen anderen. Diese Kontakte erwiesen sich in den ersten Mona-

Prinzessin Cristina (rechts) mit ihrer griechischen Cousine Alexia während der Olympischen Spiele 1992 in Barcelona.

Der König und die Königin, der Prinz, die Prinzessinnen und Regierungsminister feuern ein spanisches Team bei den olympischen Spielen an.

ten und Jahren der neuen Monarchie als unschätzbar. Der Prinz und die Prinzessin waren bei ihren Besuchen von der finanziellen Unterstützung pro-royalistisch eingestellter Ministerien abhängig.

Prinzessin Elena und Prinzessin Cristina, die beiden älteren Kinder, haben ihr Studium abgeschlossen und sind inzwischen berufstätig. Der Thronerbe, mittlerweile 26 Jahre alt, der letztes Jahr sein Jura- und Wirtschaftsstudium und eine dreijährige Militärausbildung abgeschlossen hat, erhält von seinen Eltern eine Zuwendung von 1,5 Millionen Peseten (ca. 12.500 Dollar) jährlich für seine Unkosten. Prinzessin Elena unterrichtet an einer speziellen Bildungseinrichtung in Madrid und studiert gleichzeitig an der Universität. Prinzessin Cristina war nach dem Abschluß ihres Studiums der politischen Wissenschaften und einem Aufbaustudium in New York für die UNESCO (Organisation der Vereinten Nationen für Bildung, Wissenschaft und Kultur) in Paris tätig. Sie lebt jetzt in Barcelona und arbeitet weiterhin für die UNESCO.

Königin Sofia hat in ihrem Leben schon viel Leid ertragen müssen. 1940 war sie erst zwei Jahre alt, als Mussolini Griechenland besetzte und sie mit ihren Eltern Paul und Frederica und dem Rest der Familie nach Cape Town in Südafrika ins Exil flüchten mußte, bis sie nach dem Ende des Zweiten Weltkriegs in ihr Heimatland zurückkehren konnten. Im Alter von zwölf Jahren wurde sie auf ein Internat in Deutschland geschickt. Einige Jahre später, 1967, nach ihrer Hochzeit mit Juan Carlos, mußte sie den Sturz ihres Bruders, König Konstantin, miterleben.

Eine bescheidene, kluge Königsfamilie

Von Anfang an lag die Maxime der königlichen Familie in Tugenden wie Bescheidenheit, Vernunft und Zurückhaltung, und ihr Hauptziel lag darin, keine Fehler zu machen – was nicht nur positive Auswirkungen auf die Monarchie haben kann, denn die Presse ist nur bei offiziellen Anlässen gern gesehen. Wenn man Zeitschriften und Magazine, Ton- und Filmarchive durchgeht, findet man über sie nur wenige Berichte und Interviews.

Der Grund für ihr Verhalten liegt wahrscheinlich darin,

daß weder die Königin noch die Kinder den König in den ersten Jahren von seiner wichtigen Arbeit ablenken wollten. Der Prinz und die Prinzessinnen waren 1975 noch Kinder und besuchten eine Privatschule in der Nähe von La Zarzuela, wo sie im Laufe der Zeit ihre besten Freundschaften schlossen, z. B. mit ihren griechischen Cousins und anderen Mitgliedern königlicher Abstammung. Auch später an der Universität waren sie von der Presse abgeschirmt. Im Grunde genommen gaben die Prinzessinnen weniger als ein Dutzend ausführlicher Interviews.

Für den Prinzen, das jüngste Kind und Thronfolger, ist die Situation anders. Nach seiner Ernennung zum Prinzen von Asturien im Alter von acht Jahren bis zu seinem Vorbereitungskurs für die Universität am Lakefield College in der Nähe von Toronto, Kanada, die auch Prinz Andrew von Großbritannien besuchte, mußte er nur sehr wenige offizielle Aufgaben übernehmen.

Wie zuvor bereits erläutert, wurde wahrscheinlich zuviel Wert auf Vorsicht und Zurückhaltung gelegt, so daß der Durchschnittsspanier die Geschichte von Juan Carlos I. sehr gut, die der Königin schon weniger gut und die des Prinzen und der Prinzessinnen erst als Erwachsene richtig kennenlernen konnte. Es gibt immer noch sehr viele unbekannte Eigenschaften der Prinzessinnen. Das läßt sich einerseits auf die schon extreme Schüchternheit und Zurückhaltung zurückführen, mit der die Prinzessinnen, vor allem die jüngere Cristina, ihr Privatleben schützen, andererseits auf die übervorsichtige Erziehung der Königin.

Bis vor drei Jahren traf dies auch auf Prinz Felipe zu, der langsam immer mehr offizielle Pflichten (Besuche, Teilnahmen an offiziellen und königlichen Veranstaltungen, Empfänge, Audienzen usw.) übernahm, als er noch mitten im Universitätsstudium steckte. Sobald seine Romanze mit der jungen Isabel Sartorius, einer Aristokratin und Universitätsstudentin, bekannt wurde, begann die Jagd der Presse auf ihn. Die Aufmerksamkeit der Medien ging danach wieder auf ein vernünftiges Maß zurück, wenn man bedenkt, daß der Prinz 26 Jahre alt ist und die Frage, wen er heiratet und wer Spaniens zukünftige Königin sein wird, von allgemeinem öffentlichem Interesse ist. Vor allem wollen die Diskussionen, ob er eine königliche Prinzessin heiraten soll, nicht aufhören.

Denn Isabel Sartorius, mit der Prinz Felipe seine erste ernsthafte Verbindung einging, hat kein blaues Blut in den Adern. Das führte zu lebhaften Diskussionen im ganzen Land, ob die Regeln der morganatischen Heirat (eine nicht standesgemäße Heirat) angewendet werden sollten, da genau aus diesem Grund Don Juans ältere Brüder zu seinen Gunsten auf ihre Rechte verzichten mußten, abgesehen natürlich von der Tatsache, daß Felipes Vaters auf Grund einer persönlichen Entscheidung Francos gekrönt wurde. Die sogenannten „Legitimisten" führen daher an, daß Prinz Felipe den Königlichen Erlaß erfüllen müsse, da seit über zweihundert Jahren, seit Karl III., die Thronerben verpflichtet sind, standesgemäße Ehen zu führen. Das Gegenargument ist einwandfrei. Die spanische Verfassung von 1978 legt zum ersten Mal die Bedingungen einer Heirat der Erben fest, und besagt, daß „eine Ehe nicht gegen den Willen des Königs oder des Parlaments geschlossen werden darf", so daß nach Ansicht der meisten Anwälte die frühere Bestimmung der Bourbonen keine Rolle mehr spielt.

Abgesehen davon hat sich die Sache bereits „erledigt", da der Prinz seit einigen Jahren bei verschiedenen Anlässen betont, daß er nur „aus Liebe" heiraten werde, wenngleich in Übereinstimmung mit der Verfassung. Noch im Oktober 1992 sagte er jedoch, daß er eine Heirat in naher Zukunft nicht in Betracht ziehe. Auch dieser Aspekt ist nicht gerade ideal, denn das Wesentliche einer Dynastie liegt in der Sicherung der Nachfolge.

In den letzten 18 Jahren hat die Familie ihre Arbeit nicht nur professionell und fast schon bis zur Selbstaufgabe ausgeübt, sondern sie hat sich überaus verantwortungsbewußt der Regierung genähert (die Regierung ist zuständig für den offiziellen Terminkalender des Königs). Darüber hinaus hat sie, wenn auch weniger als zuvor, eine sichtbare Präsenz im täglichen Leben des Landes gezeigt. Alle Familienmitglieder sind begeisterte Sportler; sie lieben Kultur und Tradition (obwohl sie sich über die Bedeutung der Zeit und des Fortschritts im klaren sind); sie sind immer noch das Symbol des modernen Spaniens und werden vom Volk geliebt und verehrt. Meinungsumfragen zeigen schon seit mehreren Jahren, daß die Monarchie nach wie vor die Institution ist, die vom spanischen Volk am meisten geschätzt wird.

Die einzelnen Familienmitglieder

Freunde und Verwandte des Königs betonen immer wieder seine Wärme, Herzlichkeit und Spontaneität sowie seine Fähigkeit, sich auf die Ebene seines Gesprächspartners zu begeben, unabhängig von seiner oder ihrer Herkunft; Eigenschaften, die ein zwangloses Gespräch mit jedem ermöglichen. Er ist immer noch ein hervorragender Sportler. Er war schon immer ein begeisterter Segler und Skiläufer und liebt alles, was mit Geschwindigkeit zu tun hat. Er mag Autos und Maschinen, obwohl er auf Grund eines Unfalls (glücklicherweise kein schwerer) und seines Alters vorsichtiger geworden ist. Die herausragendste Eigenschaft ist jedoch seine Professionalität – sein Leben als König ist nicht 365 Tage im Jahr *divertido* (lustig). Der historischen Verantwortung, die er trägt und zu gegebener Zeit seinem Sohn übergibt, ist er sich genauso bewußt wie des Ansehens, der Achtung und der Zuneigung, die er beim Volk genießt.

Die bekanntesten Eigenschaften der Königin sind ihr wacher Verstand und ihr Verantwortungsgefühl in ihrer Rolle als Königin. Sie ist kulturell interessiert und hat eine Leidenschaft für die Musik. Ihre Hobbys sind Astronomie (das Interesse hierfür hat ihr Sohn geerbt), Parapsychologie und Archäologie. Sie meidet Skandale und hält sich in der Öffentlichkeit strikt an das Protokoll. Einige halten sie wahrscheinlich für zu ernst, zu deutsch, und sind der Ansicht, sie strebe eine zu „verdeutschte" Beziehung zu dem König und dem Prinzen an, obwohl sie sich bemüht, spanisch und sogar borbonisch zu werden, um die komplexe Dynastie, aus der ihr Ehemann als derzeitiger König hervorging, zu verstehen. Sie teilt die Begeisterung ihres Mannes und ihrer Kinder für den Skisport und ihre Liebe zum Meer.

Der Thronerbe war Mitglied eines spanischen olympischen Segelteams, das den sechsten Platz gewann und ein Zertifikat erhielt.

Prinzessin Elena ist eine ausgezeichnete Reiterin.

Die Begeisterung für den Sport – abgesehen davon, daß sie gute Skifahrer sind, ist Prinzessin Elena eine vollendete Reiterin und Prinzessin Cristina eine überragende Seglerin – wurde bei den Olympischen Spielen deutlich, die die königliche Familie regelmäßig besuchte und tatkräftig unterstützte. Ohne Übertreibung kann man sagen, daß die königliche Familie in den letzten 20 Jahren viel für den spanischen Sport geleistet hat, und der Erfolg der spanischen Sportler 1992 bei den Olympischen Spielen in Barcelona bereitete ihnen große Freude. Einer der erfolgreichen Teilnehmer war der Thronerbe, der mit einem Segelteam den sechsten Platz errang und ein olympisches Zertifikat erhielt.

Das Interesse an allem, was in der Stadt und auf dem Land vor sich geht, äußert sich darin, daß sie jährlich Tausende von Audienzen auf La Zarzuela abhalten oder unangemeldet Restaurants, Konzerte, Bars usw. in Madrid und in Baquera Beret, ihrem bevorzugten Skigebiet in den spanischen Pyrenäen – obwohl der König auch gern in den französischen und schweizerischen Alpen Ski fährt – besuchen. Das trifft besonders auf den Prinzen und die Prinzessinnen zu, die gelegentlich in mondänen Nachtbars entdeckt werden. Sie segeln gerne und nehmen an Regatten auf Mallorca teil. Abgesehen von den offiziellen Verpflichtungen fühlen sie sich in den fünfwöchigen Sommerferien hier am wohlsten. Sie zählen jedes Jahr die Wochen und Tage, bis sie nach Marivent, einen wunderschönen Ort am Mittelmeer, fahren können.

Der Thronerbe, Felipe de Borbón, konnte sich frei entwickeln. Er teilt die Eigenschaften der anderen Familienmitglieder, und obwohl er nicht die gleiche Spontaneität und Herzlichkeit seines Vaters hat, fehlt es ihm nicht an Wärme. Ende des 20. Jahrhunderts repräsentiert er die zukünftigen Werte der jungen Menschen in Spanien, wobei er die größten Probleme Spaniens nicht aus den Augen verliert: Arbeitslosigkeit, Terrorismus, die derzeitige schlechte wirtschaftliche Situation und der Verfall bestimmter Werte in unserer heutigen Gesellschaft.

Er widmet seinen offiziellen und zeremoniellen Verpflichtungen viel Zeit, die er routiniert ausführt, obwohl er auch weiß, wie er sein Privatleben schützt und viel aus seiner Freizeit macht. Es ist bekannt, daß er sich intellektuell weiterbildet und sich außerdem seines „Wertes“ für die zukünftige Monarchie sehr bewußt ist. Wenn er nach der zukünftigen Monarchie unter der Herrschaft Felipe VI. von Spanien gefragt wird, antwortet er, daß er sich bemühen wird, die Kontinuität der Monarchie und Demokratie in Spanien zu sichern – und man glaubt es ihm.

Schweden

von Bobby Andström

Geschichte

König Carl XVI. Gustav ist der siebte Thronfolger in Schweden aus dem Hause Bernadotte. Er wurde am 15. September 1973 zum König ernannt, nachdem sein Großvater, Gustav VI. Adolf, in einem Krankenhaus in Helsingborg friedlich aus dem Leben geschieden war. Der König ist mit der schönen Königin Silvia verheiratet, eine Braut seiner Wahl, die er im Sommer 1976 in Stockholm heiratete.

Nach einer Reihe großer Könige wie Gustav Vasa, Gustav II. Adolf, Karl XII. und Gustav III. war das Erscheinen der Bernadotte-Dynastie auf der königlichen Bühne das Ergebnis aufregender politischer Spiele und

Per Kraffts berühmtes Gemälde zeigt die Krönung von Carl XIV. Johan in der Stockholmer Kathedrale am 11. Mai 1818.

Oscar II., König von Schweden und Norwegen, im Jahr 1872. Er verzichtete 1905 auf den norwegischen Thron und starb 1907.

Zufälle. Am Nachmittag des 20. Oktobers 1810 traf in Helsingborg einer der größten französischen Generalmarschalle Napoleons und schwedische Kronprinz Carl Johan ein. Dieser Augenblick markiert einen neuen Abschnitt in der schwedischen Geschichte. Soldaten paradierten stolz durch die Straßen, eine große Menschenmenge war begierig darauf, den neuen Kronprinz zu sehen, der zum ersten Mal schwedischen Boden betrat. Etwas überrascht stellten das Empfangskomitee und die Öffentlichkeit fest, daß der hochgewachsene Gast allein eingetroffen war, seine Frau Désirée und sein Sohn Oskar waren in Paris zurückgeblieben.

Helsingborg im Süden Schwedens sollte später ein Handelszentrum werden und auch weiterhin für die König-

Der junge Prinz Carl Gustav bei einer feierlichen Prozession durch die Straßen von Stockholm mit König Gustav V. und seiner Mutter, Prinzessin Sibylla.

Krieg Finnland an Rußland verloren. Das Land brauchte ein starkes Staatsoberhaupt, um die Probleme in den Griff zu bekommen und die schwache Wirtschaft anzukurbeln.

Nach einer politischen Revolution wurde der 62jährige Karl XIII. im Juni 1809 zum König gewählt und folgte seinem entthronten und verbannten Neffen, Gustav IV. Adolf, auf den Thron. Karl XIII. war allerdings ein träger und frühzeitig gealterter Mann ohne Kinder. Er war lange Zeit krank und konnte nach mehreren Schlaganfällen im Jahre 1809 nicht mehr regieren. Beim Volk war er jedoch sehr beliebt, denn er hatte sehr viel zur Linderung des sozialen Elends beigetragen. Er war mit Königin Hedvig Elisabet Charlotta, einer Cousine von ihm, verheiratet. Obwohl sie zwei Kinder sehr früh verloren hatte, war die Königin ein aufgeschlossener und glücklicher Mensch. Sie war bekannt für ihren Scharfblick und führte regelmäßig Tagebuch, das uns ein Bild des Hoflebens Anfang des 19. Jahrhunderts vermittelt.

Viele hatten gehofft, daß Karl August, der von Karl XIII. adoptierte dänische Prinz, ihm auf dem Thron folgen würde, aber er verschwand sehr früh von der politischen Bühne: an einem Tag des Jahres 1910 fiel er bei einer Militärparade in Kvidinge in der Nähe von Helsingborg von einem Pferd und starb wahrscheinlich an einem Herzanfall.

liche Krone eine große Rolle spielen. Die späteren Generationen der Familie Bernadotte und ihre Verwandten verbrachten viele Sommer in dem schönen Sommerpalast Sofiero im Westen von Helsingborg. In Helsingborg schied 1973 König Gustav VI. Adolf aus dem Leben, und das Erbfolgegesetz von 1810 brachte seinen Enkel Carl XVI. Gustav auf den Thron.

Die Reise Jean Baptiste Bernadottes über das offene Meer von Helsingør in Dänemark über Öresund nach Helsingborg in Schweden verzögerte sich wegen eines Unwetters um 24 Stunden. Am Tag zuvor hatte der neue Kronprinz den katholischen Glauben aufgegeben und den evangelischen angenommen.

Die Tatsache, daß Jean Baptiste Bernadotte, ein französischer Marschall und General in der Armee Napoleons, Kronprinz und im Mai 1818 schwedischer König wurde, war das Ergebnis einer ganzen Reihe dramatischer Ereignisse. Schweden befand sich in einer Krise und hatte im

Der Vorfall wäre nur eine kurze Erwähnung in der Geschichte Europas wert gewesen, hätte der Tod nicht politische Brisanz in sich geborgen. In der Hauptstadt verbreitete sich daraufhin das Gerücht, daß der Kronprinz als Opfer eines Komplotts vergiftet geworden war.

Der Marschall des Königreichs, Axel von Fersen, und die Gustavianer gerieten in Verdacht. Eine Hetzkampagne gewaltigen Ausmaßes wurde in Gang gesetzt. Als die Trauerprozession Stockholm erreichte, wurde Fersen aus der Staatskutsche gezogen und auf der Straße vom Mob ermordet. Polizei und Militär waren hilflos.

An dem Nachmittag, als Axel von Fersen in Stockholm ermordet wurde, trafen zwei schwedische Gesandte in Paris ein, um den Tod des Kronprinzen Karl August bekanntzugeben. Als neuer Kronprinz war der dänische Prinz, Frede-

König Gustav VI. Adolf und Königin Louise genießen die friedliche Atmosphäre im Sofiero Park in der Nähe von Helsingborg.

stand bei der Krönung mit der Kette Napoleons in der Hand neben dem Thron. Lange Zeit waren seine Dienste nicht vonnöten, bis er sich 1805 seinem Idol in der Dreikaiserschlacht von Austerlitz anschloß. Kurz danach, im Jahre 1806, wurde Bernadotte zum Prinzen von Ponte Corvo ernannt, einer kleinen Enklave mit etwas mehr als 5000 Einwohnern in der Nähe des Königreiches von Neapel in Italien. Von 1807 bis 1809 war er Generalgouverneur von Hamburg. Marschall Bernadotte hatte sich nicht als talentierter General ausgezeichnet, war jedoch ein geschickter Organisator und Verwalter für den Kaiser.

Es wurde spekuliert, daß Bernadotte das schwedische Angebot begrüßte, um sich in Frankreich eine zukünftige Position auf höchster Ebene zu sichern.

Doch noch mußte die schwedische Regierung und das Parlament von den Vorzügen Bernadottes überzeugt werden. Leutnant Mörner, dem es mit knapper Not gelang, bei seiner Ankunft in Schweden einer Strafe zu entge-

rik Christian von Augustenborg, vorgesehen. Bei den Gesandten handelte es sich um Carl Otto Mörner, 29 Jahre alt und Leutnant des Upplander Regiments, und den Adjutanten August Anckarsvärd. Es war allgemein bekannt, daß Mörner kein Anhänger des Königs in Stockholm war, sondern gemeinsam mit vielen Offizieren und Politikern von der Thronbesteigung eines französischen Kriegshelden träumte. Ein dänischer Prinz kam für Mörner nicht in Frage, da er befürchtete, daß Schweden dann zu einer dänischen Provinz degradiert werden würde. So begann eine phantastische Geschichte, die damit enden sollte, daß der jüngste Sohn des Rechtsanwaltes Henri Bernadotte aus der kleinen Stadt Pau im Süden Frankreichs ein großer schwedischer Staatsmann wurde.

Leutnant Mörner war vom schwedischen Staat mit keinerlei Befugnissen ausgestattet worden, um mit Paris in Verhandlung über den schwedischen Thron zu treten. Trotzdem nahm er Kontakt zu verschiedenen Kriegshelden Napoleons auf, denen er jeweils anbot, König von Schweden zu werden. Alle lehnten aus diesen oder jenen Gründen ab. Als er jedoch an Marschall Jean Baptiste Bernadotte geriet, sagte dieser nach einigen Überlegungen zu. Das Glück hatte den Marschall verlassen, nachdem er während der Revolution vom Privatmann zum General aufgestiegen war. Als Napoleon im Frühjahr 1804 das Kaiserreich ausrief, wurde er zum französischen Marschall befördert und

Der junge Prinz und sein Großvater Gustav VI. Adolf.

Der junge Prinz Carl Gustav liebte das Leben in Haga.

hen, wurde in Uppsala unter dem nächstbesten Vorwand unter Hausarrest gestellt. Dies hielt ihn nicht davon ab, sein Anliegen, Bernadotte auf den schwedischen Thron zu verhelfen, unerschrocken weiterzuverfolgen.

Schweden befand sich in einer unruhigen Phase, und das Parlament, das sich mit der Thronfolge beschäftigte, zog von Stockholm in das friedliche und ländliche Örebro, um den Frieden sicherzustellen. Der König, die Regierung und das Komitee, das sich mit der Angelegenheit befaßte, unterstützten zunächst den dänischen Prinzen, Frederik Christian von Augustenborg.

Dann erschien plötzlich aus heiterem Himmel der französische Geschäftsmann Jean Antoine Fournier als Fürsprecher und Anhänger von Jean Baptiste Bernadotte. Fournier, der eine Zeitlang in Gothenburg gearbeitet hatte, vertrat eindrucksvoll die Interessen Bernadottes. Außer einem allgemeinen Empfehlungsschreiben des schwedischen Konsuls in Paris und einem kleinen Portrait der Ehefrau von Jean Bernadotte, Désirée, und seines Sohnes Oskar konnte er nicht viel verweisen. Nur mit diesen Argumenten sowie mit einer Reihe liberaler Versprechungen und einer beträchtlichen Geldsumme, die beim schwedischen Schatzamt hinterlegt werden sollte, gelang es Fournier, den Premierminister Lars von Engeström von Bernadotte zu überzeugen, so daß dieser von diesem Zeitpunkt an die Kandidatur unterstützte. Im Parlament von Örebro erinnerte man sich auch daran, daß Bernadotte die schwedischen Offiziere und Soldaten, die bei der Schlacht von Lübeck gefangengenommen worden waren, sehr menschlich behandelt hatte; all dies sprach für ihn und verbesserte seine Aussichten.

Die Tatsache, daß er vom Premierminister Unterstützung erhielt, trug dazu bei, daß er die schwedische Thronfolge antrat. Am 21. August 1810 wurde der französische Marschall offiziell vom schwedischen Parlament zum Kronprinzen gewählt. Er war 47 Jahre alt. Im November des gleichen Jahres adoptierten König Karl XIII. und Königin Hedvig Elisabet Charlotta Carl Johan (Bernadotte). Vier Jahre später wurde er außerdem Kronprinz von Norwegen.

Am 2. November 1810 wurde der ehemalige Revolutionsgeneral in Stockholm empfangen. Diesen Augenblick hatte er im Drottningholm-Palast abgewartet. Eine große Menschenmenge wartete in der feierlich geschmückten Stadt, um den neuen Kronprinz zu begrüßen, und für unvorhergesehene Ereignisse war das Militär anwesend. Die Feier und der Festumzug, an dem die Menschen großes Vergnügen fanden, verliefen jedoch ohne Zwischenfälle. Drei Tage später legte der Kronprinz vor König Karl XIII. im Festsaal des Stockholmer Palastes seinen Eid ab und nahm die Huldigungen aller vier Stände der schwedischen Gesellschaft entgegen. Der Eid wurde von Engeström abgenommen, der einen großen Teil dazu beigetragen hatte, daß Bernadotte in Örebro gewählt worden war.

Wenn die Ankunft des Kronprinzen mit viel Lärm und Jubel gefeiert worden war, so fiel der Empfang von Kronprinzessin Désirée etwas kühler aus. Sie hatte mit ihrem Sohn Oskar Anfang November 1810 Paris und ihren Freundeskreis nur ungern verlassen und traf etwas verspätet kurz vor Weihnachten in Helsingborg ein. Ihr neues Heimatland war eine herbe Enttäuschung für sie. Ihr gefiel weder das Klima noch die Sitten und Bräuche, und als sie schließlich in Stockholm landete, um ihren Mann Carl Johan vor der

Carl Gustavs geliebter Großvater Gustav VI. starb 1973.

Carl Gustav und die Mitglieder der königlichen Familie führen die Trauerprozession mit der Asche von Gustav VI. Adolf durch die Menschenscharen, die ihm auf dem Weg zu seiner Ruhestätte die letzte Ehre erweisen.

Stadt zu treffen, spürte sie, daß ihr Schicksal besiegelt war. Vom ersten Moment an wollte Désirée zurück an den Pariser Hof und verlangte mit ihrem schlechten Gesundheitszustand ständige Aufmerksamkeit. Anfang Juni wurde beschlossen, die Kronprinzessin eine Zeitlang in einen Kurbadeort zu schicken. Niemand ahnte, daß Carl Johan und ihr Sohn Oskar zwölf Jahre auf ihre Rückkehr warten mußten.

Im März 1811 wurde Kronprinz Carl Johan zum Regenten bestellt. Der Gesundheitszustand König Karl XIII. hatte sich verschlechtert, und nach mehreren Krisengesprächen wurde dem Kronprinzen schließlich die Herrschaft über das Königreich übertragen. Der alte König starb am 5. Februar 1818, die Königin folgte ihm einige Monate später. Ihr Tod kennzeichnete das Ende der Dynastie Holstein-Gottorp. Von nun an sollten die Bernadottes über das Schicksal Schwedens entscheiden. Carl XIV. Johan wurde am 6. Februar zum König ernannt und am 11. Mai 1818 gekrönt.

Viele hofften, daß der König seine Beziehungen zu Napoleon nutzen würde, um Finnland zurückzugewinnen. Statt dessen machte er sich daran, Norwegen zu erobern und schloß sich einer Koalition gegen Napoleon an. Nach der Schlacht von Leipzig, wo der König mit der nordischen Armee Napoleon schlug, zwang er Dänemark 1814 mit dem Vertrag von Kiel zu der Abgabe Norwegens. 1815 wurde die Union zwischen Schweden und Norwegen gegründet. Mit der Zeit wurde Carl XIV. Johan immer konservativer und widmete sich fast nur noch der Landespolitik. Er starb am 8. März 1844 im Stockholmer Palast. Ihm folgte sein Sohn Oscar, der von 1844 bis 1859 als König von Schweden und Norwegen herrschen sollte. Oscar I., der 1823 Josefina von Leuchtenburg geheiratet hatte, brachte liberale Reformen auf den Weg und schloß während des Krimkrieges den Novembervertrag mit den Westmächten ab.

Mit Carl XV., Oskar II. sowie seinem und Königin Sofias Sohn Gustav V., der von 1907 bis 1950 herrschte, wurde die direkte Linie der schwedischen Könige fortgesetzt. Gustav V., als begeisterter Tennisspieler unter dem Namen Mister G. bekannt, heiratete 1881 Viktoria von Baden. Gustav und Viktoria hatten drei Söhne, Gustav Adolf, Wilhelm und Erik.

Während der Unionskrise zwischen Schweden und Norwegen trat Gustav zwar voll für den Erhalt der Union ein, nachdem ihm jedoch klar geworden war, daß sie keinen Bestand mehr haben sollte, empfahl er die Auflösung auf Schwedens Initiative hin. Ein weiterer erwähnenswerter politischer Vorfall war 1914 der sogenannte Bauernmarsch. Er wurde von einem Händler aus der Universitätsstadt Uppsala ausgelöst, der die Vorstellung hatte, daß die Bauern ihre Loyalität dem König gegenüber unter Beweis stellen sollten, indem sie die Verteidigungskräfte unterstützten. Am 6. Februar 1914 demonstrierten 30.000 Bauern vor dem Stockholmer Palast, und König Gustav V. verkündete seine persönlichen Vorstellungen von der Landesverteidigung in der sogenannten Schloßhofrede. Die Rede, die von der Regierung mißbilligt wurde, löste eine Verfassungskrise aus. Der König weigerte sich, seine Äußerungen zurückzunehmen, und Premierminister Staaff war gezwungen, mit

Die offizielle Ernennung Carl Gustavs zum König von Schweden im Stockholmer Palast war ein feierlicher Augenblick.

seinen Ministern zurückzutreten. Eine Prozession von 25.000 Arbeitern marschierte zwei Tage nach der Schloßhofrede vor den Palast, um die Regierung Staaffs zu unterstützen. Hunderte verlangten in Sprechchören nach einer Republik. Aber der König und seine Autorität überstanden diese Zerreißprobe.

Nach diesem Vorfall wurde die schwedische Monarchie nur noch einmal ernsthaft auf die Probe gestellt, als in den 50er Jahren unter der Regierung von Tage Erlander eine politische Entscheidung getroffen wurde. Tage Erlander brachte den Ruf nach einer Republik, der auf den Kongressen der sozialdemokratischen Partei von 1967, 1968 und 1969 immer lauter wurde, zum Verstummen. Spätere Forderungen nach einer Republik fanden nur noch wenig Unterstützung.

Die lange Herrschaft Gustav V. verlief in vielerlei Hinsicht glücklich, obwohl der Zweite Weltkrieg und andere Vorfälle auch ihre Schatten auf Schweden warfen. In pro-royalistischen Publikationen idealisierte man den alten König, der am liebsten Tennis spielte und auf die Jagd ging. Im Palast standen die Prinzessinnen Margaretha,

König Carl Gustav wird von dem schwedischen Volk begrüßt. Hier mit seinen Schwestern Christina, Birgitta, Désirée und Margaretha.

Eine Prozession begleitet die Asche von König Gustav Adolf von Sofiera in Skåne zum Stockholmer Palast.

Birgitta, Désirée und Christina im Mittelpunkt des ständigen Interesses. Das Familienglück war vollkommen, als die königlichen Schwestern 1946 einen Bruder bekamen. Am Morgen der Walpurgisnacht, am 30. April, schenkte Prinzessin Sibylla einem kleinen Jungen das Leben. Auf Skeppsholmen wurden 84 Salutschüsse abgegeben, wie es die Tradition bei der Geburt eines Kronprinzen vorsah. Ganz Schweden war begeistert, und in Stockholm beglückwünschte man sich dazu, daß Prinzessin Sibylla nach vier Töchtern einen Sohn zur Welt gebracht hatte. Das Personal im Stockholmer Palast war so aufgeregt, daß eine Bedienstete sogar in Ohnmacht fiel. Der sieben Pfund schwere Junge wuchs allmählich zu einem jungen Prinzen und zum Liebling des schwedischen Volkes heran.

Die Thronfolge war für die nächsten beiden Generationen mit den Erben Gustav Adolf und seinem Sohn Carl Gustav Folke Hubertus gesichert. Dies sollte sich jedoch mit dem Tod des Thronerben am 25. Januar 1947 bei einem Flugzeugunglück über Kastrup in der Nähe von Kopenhagen ändern.

König Gustav V. starb 1950. Ihm folgte sein Sohn Gustav VI. Adolf, der damals bereits 67 Jahre alt war, auf den Thron. Aus seiner ersten Ehe mit Margareta von Großbritannien (1905 – 1920) stammten fünf Kinder: Gustav Adolf, Sigvard, Ingrid, Bertil und Carl Johan. Drei Jahre nach dem Tod von Margareta heiratete er Louise, Tochter des Prinzen Louis von Battenberg, später Mountbatten, des ersten Marquis von Milford Haven und Viktoria, Prinzessin von Hessen. Ihr Tod am 7. März 1965 wurde in ganz Schweden betrauert.

Schon als Kronprinz hatte Gustav Adolf königliche Pflichten übernommen und sich für die Monarchie in Schweden eingesetzt. Seine Verbindungen zu Großbritannien wurden sehr begrüßt, nachdem seine Eltern sich eng an Deutschland gelehnt hatten.

Unter Gustav VI. Adolf wandelten sich die Monarchie und das Haus Bernadotte grundlegend. Sein großer Wissensdurst und Lerneifer flossen in seine Arbeit als Staatsoberhaupt und als Wissenschaftler ein. Er interessierte sich sehr für Archäologie und widmete einen Großteil seiner Energie Ausgrabungen im Mittleren Osten, Griechenland und Italien. Darüber hinaus hat er beeindruckende Beiträge zu verschiedenen wissenschaftlichen Einrichtungen und Akademien geleistet.

Die schwedische Gesellschaft hat sich von einer Klassengesellschaft unter der Herrschaft eines Königs in eine Demokratie mit einer konstitutionellen Monarchie gewandelt. Gustav VI. Adolf war in der Lage, sich an diese neuen Anforderungen anzupassen und verkörperte einen neuen Herrschertyp innerhalb einer Demokratie. Mit dieser Fähigkeit war er auch ein Vorbild für seinen Enkelsohn Carl Gustav, der eines Tages die Verantwortung als König von Schweden tragen sollte.

Das offizielle Leben

In den letzten Jahren wurde immer wieder hervorgehoben, daß die königliche Familie einen wertvollen Beitrag zu Schwedens Öffentlichkeitsarbeit leistet. Dies verdeutlichen vielleicht am besten die vielen offiziellen Staats- und Freundschaftsbesuche, wie zum Beispiel die Reise im April 1988 in die USA, wo das Königspaar an den Feierlichkeiten anläßlich der Ankunft der ersten Schweden in Delaware im Jahre 1688 teilnahm.

Diese Reise fand sehr viel Beachtung und stärkte die Bande zwischen Schweden und den USA – dem Kontinent mit einer Million Menschen, die ihre Wurzeln in Schweden haben. Im amerikanischen Fernsehen wurde in dieser einen Woche viel über Schweden, die Struktur der schwedischen Gesellschaft, die Wirtschaft, das Finanzwesen, die Sozialleistungen und die Kunst sowie über das heutige Leben der Schweden und ihre Vorlieben berichtet. König Carl Gustav und Königin Silvia führten das Kamerateam von „Good Morning America!“ durch ihren prächtigen Palast Drott-

Die Reisen durch das Land gehören zu den vielen Aufgaben der königlichen Familie.

ningholm und den herrlichen Park was großen Anklang fand. Eine königliche Tradition, die sehr geschätzt wird und bis ins Mittelalter zurückgeht, sind die Reisen in alle Bezirke Schwedens. Schon immer reisten die Könige mit ihrer königlichen Begleitung durch das Land, um Kommunalpolitiker und das schwedische Volk kennenzulernen.

König Carl Gustav und Königin Silvia halten diese Tradition aufrecht und haben seit ihrer Thronbesteigung 1973 bereits jeden Bezirk in Schweden besucht. „Die Menschen zeigen gern, was sie herstellen und sind stolz auf ihre Arbeit", sagte König Carl Gustav einmal bei einer Reise. Das wurde besonders deutlich in Blekinge, bei einer der letzten Reisen des Königs, bevor er in den königlichen Bezirk von Stockholm zurückkehrte.

Als wichtigster Repräsentant von Schweden ist der König gesetzlich verpflichtet, eine Anzahl Aufgaben zu übernehmen. Er ist Vorsitzender des Informationsrates und des Beratungsorganes zur Außenpolitik. Er eröffnet das Parlament, nimmt die Beglaubigungsschreiben ausländischer Botschafter entgegen und repräsentiert im höchsten Rang der Armee das schwedische Verteidigungswesen. Darüber hinaus ist er Schwedens Repräsentant bei den königlichen Banketten, die jedes Jahr im Stockholmer Palast stattfinden. Die Gäste an der reich gedeckten Tafel kommen aus Regierungs- und Parlamentskreisen, aus dem schwedischen Staatsdienst, dem Palast und aus anderen Bereichen wie Wirtschaft, Handel und Kultur.

Dem König wird immer viel Beachtung geschenkt, wenn er sich zu politischen Themen äußert. Das war auch bei der im ganzen Land lebhaft geführten Diskussion über eine Gesetzesänderung der Fall, bei der es darum ging, ob auch das erstgeborene Kind des königlichen Paares, Prinzessin Victoria, Thronfolgerin in Schweden werden konnte. Es war bekannt, daß der König gern seinen Sohn, Prinz Carl Philip, als Nachfolger gesehen hätte. Die Änderung des Gesetzes führte dahin, daß das Geschlecht bei der Nachfolge keine Rolle mehr spielt.

Prinzessin Victoria wird also eines Tages als Königin von Schweden den Thron besteigen. Schon jetzt wird sie auf ihre zukünftigen Aufgaben vorbereitet und übernimmt immer mehr offizielle Pflichten. Ihre erste öffentliche Aufgabe führte sie aus, als die Stadt Skara ihr 1000jähriges Jubiläum feierte.

Der Herbst 1973 war für die schwedische Königsfamilie überaus dramatisch. Der Großvater von König Carl Gustav, Gustav VI. Adolf, erkrankte bei einem Besuch im Sofiero Palast in Südschweden und wurde in Helsingborg ins Krankenhaus eingeliefert. Ganz Schweden hielt den Atem an.

Schon bald war klar, daß sein Zustand sehr kritisch war,

Der königlichen Familie wird eine Audienz beim Papst in Rom gewährt.

Der schwedische Nationalfeiertag wird auf der Insel Skansen in Stockholm traditionell begangen.

und bei seinem Tod am 15. September 1973 kam der Augenblick, den der Kronprinz erwartet, aber auch gefürchtet hatte. Jetzt war es an ihm, den Mantel der Geschichte überzustreifen und als siebter König aus dem Hause Bernadotte den Thron zu besteigen.

Als der König nach einem ergreifenden Besuch am Totenbett seines Vaters in Helsingborg nach Stockholm zurückkehrte, wurde er am Flughafen Bromma von einer Menschenmenge empfangen. Bei seinen ersten Schritten wirkte er noch sehr ernst, als er jedoch die rechte Hand

Das Königspaar besucht jedes Jahr zahlreiche Betriebe.

Carl Gustav und Silvia in Venedig.

Mit einem Botschafter im Stockholmer Palast.

Königreich und Kaiserreich – das schwedische Königspaar besucht Japan.

zum Gruß anhob, konnte man den Anflug eines Lächelns entdecken. Nach seiner Ankunft im Stockholmer Palast gingen die Feierlichkeiten weiter – die Menschen spürten den nahen historischen Wandel und wünschten ihm alles Gute für die schwere und anspruchsvolle Arbeit.

Carl Gustav wurde am 19. September 1973 im Festsaal des Stockholmer Palastes offiziell zum König ernannt. Die

Ein Besuch des Königspaares ist immer ein Anlaß zum Feiern.

Das schwedische Königspaar bei einem Staatsbesuch in Saudi Arabien, ein Jahr vor dem Ausbruch des verhängnisvollen Golfkrieges.

Krone und die Insignien lagen neben dem silbernen Thron aus Hermelin. Die in historischen Uniformen feierlich gekleidete Leibwache stand hinter dem König.

Der König verlas seine Ansprache mit klarer Stimme. „Mein verehrter und geliebter Großvater war das Symbol einer neuen Monarchie. Ich bin entschlossen, seinem guten Beispiel zu folgen." Die Krönung war ein großartiges Ereignis, 20.000 Menschen warteten vor dem Palast, um Carl Gustav zu sehen. Die Geschichte hatte sein Schicksal bestimmt. Carl Gustav wählte „För Sverige i tiden" [Für Schweden – in unserer Zeit] als Leitspruch.

Die Feierlichkeiten sind unvergeßlich. Tief ergriffen winkte er den Menschenscharen zu, und es wurde deutlich, wie sehr das schwedische Volk mit der Königsfamilie verbunden ist, auch wenn Sozialdemokraten sich immer

Fröhlicher Besuch in Lappland.

Staatsbesuch bei der niederländischen Königin Juliana.

Der Königspalast im Herzen Stockholms steht im Mittelpunkt aller königlichen Empfänge.

Das Königspaar im Palast auf dem Weg zu einem Vorbereitungstreffen.

wieder für die Abschaffung der Monarchie eingesetzt haben. Die Menschen in seiner Umgebung konnten leicht erkennen, wie schnell sich der König an die neue Situation anpaßte. Die sorgenfreie Zeit als Kronprinz war vergangen, nun begann der Ernst des Lebens. Carl Gustav führte seine Pflichten mit Leichtigkeit aus.

Trotz seiner günstigen Voraussetzungen war das Leben des Kronprinzen recht dramatisch verlaufen. Er war erst acht Monate alt, als sein Vater und der Thronerbe, Gustav Adolf, bei einem Flugzeugunglück am Kopenhagener Flughafen Kastrup ums Leben kam. Kronprinzessin Sibylla stand plötzlich mit vier Töchtern und einem Sohn allein.

Da der Sohn eines Tages König werden sollte, wurde er von Anfang an entsprechend erzogen und auf seine Aufgabe als Thronfolger vorbereitet. Sein Großvater, König Gustav VI. Adolf, spielte in diesem Zusammenhang eine genauso große Rolle wie sein Onkel Bertil. Vor allem in seiner Jugend war es nicht immer einfach, den Jungen im Zaum zu halten. Das Palastleben hat auch Nachteile, wie schon Karl III. erfahren mußte, wenn er auf einem Pferd im Galopp in und um den Palast ritt. In dieser Hinsicht eiferte Carl Gustav ihm nach.

Die Mutter des Kronprinzen, die in Deutschland geborene Prinzessin Sibylla, wäre wahrscheinlich Königin von Schweden geworden, wäre ihr Ehemann nicht tödlich verunglückt. Sie fand Trost in der Tatsache, daß ihr Sohn eines Tages König werden sollte, erlebte diesen Tag jedoch nicht mehr. Am 28. November 1972, ein Jahr, bevor Carl Gustav den Thron bestieg, schied sie aus dem Leben.

König Carl Gustav an seinem Arbeitsplatz.

Carl Gustavs Trauer um den Tod seiner Mutter, sein Schmerz wurde jedoch von der großen Liebe seines Lebens gelindert, die er einige Monate zuvor bei den Olympischen Spielen in München gefunden hatte. Im allgemeinen Rummel sah der Kronprinz plötzlich ein Paar wunderschöne Augen, die ihn fortwährend beobachteten. Wie er später der internationalen Presse beschrieb, hatte es bei ihm sofort gefunkt. Allerdings ahnten nur die engsten Freunde Carl Gustavs, was geschehen war. Das änderte sich, als ein Photograph das schöne dunkelhaarige Mädchen in Carl Gustavs schnellem Porsche entdeckte. Das war im Sommer 1973, und die schwedische Liebesgeschichte des Jahrhunderts konnte nicht länger geheimgehalten werden. Ich selbst sah das liebenswerte Mädchen mit den langen dunklen Haaren im Park der Sommerresidenz Solliden auf Öland. Mit ihrem wunderschönen Lächeln versuchte sie, sich vollkommen natürlich zu geben. Ihr Name und ihre Identität wurden schon bald herausgefunden, es handelte sich um Silvia Sommerlath, Hostess bei den Olympischen Spielen in jener glücklichen Zeit in München. „Wir sind beide relativ jung“, sagte sie in ihrem ersten Interview. „Es ist einfach, sich gern zu haben, aber es braucht Zeit, bis sich daraus Liebe entwickelt ...“ Danach wurde das Paar ständig verfolgt. Jeder fühlte, daß Carl Gustav die zukünftige Königin von Schweden gewählt hatte.

Das Königspaar legt Hand an bei den Vorbereitungen zum Stockholmer Wasserfest.

Der Stockholmer Palast beherbergt eine wahre Fundgrube an Kunst und Kultur.

Am 12. März 1976 gab der Palast die Verlobung von Carl Gustav und der schönen Silvia bekannt. Die offizielle Ankündigung lautete: „Das Büro des königlichen Marschalls gibt die Verlobung Ihrer Majestät des Königs mit Fräulein Silvia Renate Sommerlath, Tochter des Direktors Walter Sommerlath und seiner Ehefrau Alice, geborene

Die Galerie Carls XI. ist für eines der königlichen Bankette vorbereitet.

Toledo, bekannt. Am heutigen Abend findet im Stockholmer Palast ein Familiendiner statt."

Die Verlobung wurde überall erfreut aufgenommen; Schweden sollte eine Königin und der König eine Familie bekommen, eine neue Generation würde die Räume und Säle des Palastes beleben. Eine Pressekonferenz wurde einberufen, bei der das Paar vor Glück strahlte. Der König beschrieb, wie der Funken übergesprungen war, und Silvia hatte ausführlich Gelegenheit, ihre Begabungen unter Beweis zu stellen. Eine Frage an sie lautete: „Fräulein Sommerlath, haben Sie eine bestimmte Königin zum Vorbild?" „Nein, aber einen König", antwortete sie glücklich und lächelte ihren Verlobten an, der neben ihr auf dem grünen Sofa saß.

Am 19. Juli des gleichen Jahres wurde ihre Liebe bei der unvergeßlichen Hochzeit in der Hohen Kathedrale von Stockholm gesegnet. Auf der ganzen Welt wurde der Gang der Braut und des Bräutigams zum Altar verfolgt. Das unwahrscheinliche Märchen von der Liebe eines „Königs und eines einfachen Mädchens" wurde um 12.18 Uhr Wirklichkeit, als König Carl Gustav laut und deutlich an seine Braut gerichtet die Worte „Ja, ich will" sprach. Einige Sekunden später ging Silvia in die schwedische Geschichte ein, als sie vor dem Erzbischof Olof Sundby, den Familienangehörigen, Adligen und ausgewählten Gästen dem König mit „Ich will" antwortete.

Eine andere Überraschung war vor der königlichen Hochzeit angekündigt worden – Prinz Bertil, Herzog von Halland, hatte am 7. Dezember Lilian Craig, geborene Davis, geheiratet. Die Hochzeit, mit der man schon lange gerechnet hatte, denn Prinz Bertil und Lilian Craig hatten schon während des Zweiten Weltkriegs nach einer romanti-

Das schwedische Königspaar Carl XVI. Gustav und Königin Silvia beim Besuch einer Gala.

Königin Silvia steht bei der Nobelpreisverleihung in der Stockholmer Konzerthalle immer im Mittelpunkt.

schen Liebesgeschichte in London inoffiziell zusammengelebt, fand in der Kapelle des Drottningholm-Palastes in Anwesenheit der königlichen Familie und engen Freunden statt. Bei der Hochzeit wurde Frau Craig zur Herzogin von Halland ernannt und begleitet seitdem als schwedische Prinzessin ihren Mann bei der Ausübung seiner Pflichten. Gemeinsam mit dem Königspaar nehmen sie jedes Jahr an der Verleihung des Nobelpreises in der Konzerthalle von Stockholm teil.

In seiner Rolle als König und Staatsoberhaupt von Schweden ist König Carl Gustav gereift. Königliche Besuche und Reisen werden mit Pflichten und Aufgaben im Heimatland verbunden. Nur wenige Schweden haben einen so vollen Terminkalender wie König Carl Gustav. Er arbeitet gern und ist glücklich, seinen Tagesablauf mit sinnvollen Tätigkeiten versehen zu können. Die Fähigkeit des Königs, die vielen Aufgaben zu bewältigen, ist nicht zuletzt seiner körperlichen Fitneß zuzuschreiben. Er trainiert und läuft im Sommer regelmäßig. Er liebt den Wintersport, die Skiabfahrt wie den Langlauf, und hat am angesehenen Rennen in Vasaloppet, mit über 85 Kilometern der längste Skiwettbewerb weltweit, teilgenommen, der jedes Jahr mehr als 10.000 Sportler anzieht. Eines seiner Lieblingsskigebiete ist Jämtland, das erschlossenste Winterskigebiet Schwedens und als möglicher Austragungsort für die Olympischen Winterspiele vorgesehen. Die Königsfamilie besitzt seit langer Zeit eine Skihütte in Storlien, nicht weit von den Skipisten und Loipen Jämtlands entfernt, auf denen schon Rennen mit Ingemar Stenmark und anderen Weltmeistern stattgefunden haben. Die Winterferien verbringt der König häufig mit Königin Silvia und den Kindern, Kronprinzessin Victoria, Prinzessin Madeleine und Prinz Carl Philip. Nach Storlien brachte er auch heimlich seine geliebte Silvia Sommerlath nach dem außergewöhnlichen Kennenlernen in München 1972.

Nur wenige betreiben für Schweden so gut Werbung wie das Königspaar.

Man kann ohne Übertreibung behaupten, daß diese olympische Hostess, die Königin von Schweden wurde,

Wenn Königin Silvia die Leuchtenberg-Saphire trägt, verdient sie die gesamte Aufmerksamkeit.

Am 30. April kommen viele Menschen zum Palast, um dem König zum Geburtstag zu gratulieren.

sehr geliebt wird. Von Anfang an hat sie in ihrem neuen Heimatland ihre Rolle als Ehefrau von König Gustav und Mutter von drei Kindern in bewundernswerter Weise erfüllt. Der Grund ihrer Beliebtheit liegt in ihrem Charisma und ihrer Vielseitigkeit. Sie hat der Rolle der Königin von Schweden etwas Neues und Außergewöhnliches verliehen. Ihr Engagement hat beachtliches Interesse für den Behindertensport auf internationaler Ebene ausgelöst und viele Menschen auf dieses wichtige Problem aufmerksam gemacht.

Die Königin hinterließ einen nachhaltigen Eindruck, als sie vor einigen Jahren im Fernsehen demonstrierte, daß sie sich in der Zeichensprache unterhalten kann. Sie war recht unglücklich darüber, daß sie nur mit Hilfe eines Übersetzers mit tauben Kindern sprechen konnte und entschloß sich daher, die Sprache gewissenhaft zu lernen. Die Reaktion war überwältigend. Zahlreiche Briefe und Telegramme wurden ihr in den Palast geschickt.

Der König und die Königin sind begeisterte Verfechter des Behindertensports. 1989 reiste Königin Silvia durch die USA, um für das Buch „Go for it" zu werben, das einige Jahre zuvor veröffentlicht worden war. Der Umsatz erhöhte sich um ein Vielfaches, als bei einem Besuch im Weißen Haus in Washington die First Lady, Barbara Bush, 150 einflußreiche Persönlichkeiten zu einem Essen einlud und Königin Silvia die Möglichkeit gab, das Buch über Behindertensport zu präsentieren. Das Buch ist auch auf deutsch und spanisch erschienen und fand großen Anklang.

In den Sendungen der berühmten Gehörlosenuniversität Gallaudet im amerikanischen Fernsehen fand die Königin mit ihrer Zeichensprache viel Anerkennung. Silvia wurde im universitätseigenen Fernsehstudio von Marylou Novinsky in „Deaf Mosaic", einer Sendung, die in der Vergangenheit mehrfach ausgezeichnet wurde, interviewt. „Das

Das Königspaar und Prinzessin Lilian auf dem Weg zu einem der königlichen Bankette.

Königin Silvia ist eine der am besten gekleidetsten Frauen, sicher in Geschmack und Stil.

Die Familie versammelt sich zum Geburtstag des Vaters im Stockholmer Palast.

Kronprinzessin Victoria ist eine charmante junge Dame, die eines Tages Königin von Schweden sein wird.

Eine begeisterte Königsfamilie begrüßt das schwedische Volk im Hofgarten des Stockholmer Palastes.

war mein allererstes Interview in der Zeichensprache", sagte die glückliche Königin, als sie danach vor die Presse trat. Die kreative Königin schlug jedoch vor, eine internationale Zeichensprache zu schaffen – ein Vorschlag, der bei ihren amerikanischen Gastgebern auf große Zustimmung stieß. Sie konnte ihr Anliegen außerdem in der Sendung „Good Morning America", die zur besten Sendezeit ausgestrahlt wird, in einem Interview mit der äußerst beliebten Joan Lunden vortragen. Man schätzt, daß acht Millionen Zuschauer die Sendung gesehen haben. Auf die Frage der CNN-Reporterin Sonya Friedman, wie sie es geschafft habe, die Unterstützung Barbara Bushs zu gewinnen, antwortete Silvia glücklich: „Ich kannte sie bereits und wußte, daß sie sich für die Belange der Behinderten interessiert. Deshalb nahm ich Kontakt zu ihr auf, und sie war so freundlich, mir zu helfen."

Ihr Engagement ist nicht oberflächlich; im Gegenteil, sie testet Rollstühle und andere Hilfsmittel für Behinderte und steht in Kontakt mit Wissenschaftlern und Spezialisten für verschiedene Behinderungen. Sie weiß die Namen der führenden Sportler und Sportlerinnen, kann sich an ihre Zeiten und Erfolge erinnern und notiert sorgfältig jede Leistungsverbesserung. Zu der Behindertenolympiade und ähnlichen Veranstaltungen wird die Königin von Schweden immer als Ehrengast eingeladen. Was aber erweckte anfangs ihr Interesse für junge, behinderte Menschen? „Der König ist dafür verantwortlich. Als er vor einigen Jahren mit blinden Kindern tauchte, erzählte er mir später, daß er sich selbst nicht weniger behindert gefühlt habe. Das interessierte mich. Wenn ich jetzt mit einem Behinderten rede, sehe ich den Menschen und nicht mehr die Behinderung."

Bei zahlreichen Gelegenheiten repräsentiert Königin Silvia Schweden. Gemeinsam mit ihrem Ehemann König Carl Gustav übernimmt sie eine große Anzahl königlicher Verpflichtungen, die mit vielen Aufgaben und öffentlichen Auftritten eine Arbeitswoche füllen. Sie erledigt sehr viel Korrespondenz und führt mehrere Treffen in ihren Amtsräumen im Stockholmer Palast durch. Sie trifft sich mit allen möglichen Menschen, von ausländischen Würdenträgern bis hin zu Freunden der Olympischen Spiele.

Als Mutter muß sie außerdem für ihre drei Kinder Zeit aufbringen. Bei der Erziehung helfen ihr ausgebildete Mitarbeiter und loyales Personal. Die Rolle als Mutter hält sie für überaus wichtig und möchte sie nicht vernachlässigen. Deshalb liebt die Königsfamilie den Sommer mehr als jede andere Jahreszeit. Im Sommer verbringen sie glückliche und entspannte Tage in der Sommerresidenz Solliden auf der Insel Öland an der Ostküste Schwedens. Solliden ist eine Oase, wo die Familie mit Freunden und Verwandten ungestört im Meer schwimmen und Tagesausflüge auf der Motorjacht der Familie unternehmen kann. Hier können sie ausruhen, und die langen, glücklichen Sommer geben ihnen die Kraft, sich den königlichen Pflichten, die sie bei ihrer Rückkehr in Stockholm erwarten, zu stellen. Dabei kann es sich um die Schulaufgaben der Kinder handeln oder um offizielle Aufgaben für den König und die Königin wie Staatsbesuche, Bankette und Nobelpreisverleihungen.

Geliebte Verwandtschaft zu Besuch: Königin Margrethe und Prinz Henrik von Dänemark treffen in Stockholm ein.

Das Privatleben

In jungen Jahren führte König Carl Gustav ein recht einsames Leben – zumindest schien es so. Sein Vater, Prinz Gustav Adolf, starb, bevor er ein Jahr alt war, und er hatte noch vier ältere Schwestern – Margaretha, Désirée, Birgitta und Christina. Er wuchs ohne eine Vaterfigur auf, und seine Mutter, Prinzessin Sibylla von Sachsen-Coburg-Gotha, mußte die schwere Verantwortung für die Erziehung ihrer Kinder allein übernehmen. Natürlich half ihr der Großvater des Königs, Gustav VI. Adolf, dabei, und die Unterstützung ihres Schwagers, Prinz Bertil, darf nicht vergessen werden. Dieser verkörperte die junge Generation in der Familie, und mit seiner jugendlichen Begeisterung bedeutete er dem Prinzen sehr viel. Mit seinen zahlreichen Ideen und guten praktischen Hinweisen bereicherte er das Haus der Bernadottes. Der Kronprinz freundete sich auch mit Lehrern und Offizieren an. Er erwartete von ihnen, gleichwertig behandelt zu werden, und so kam es, daß er während seiner Offiziersausbildung in der schwedischen Marine wie alle anderen auch die Decks schrubben mußte.

Von seiner ersten Schulzeit in der Schule von Broms bis zu seinem Abschluß in Sigtuna 1966 war er nur einer von vielen Schuljungen. Der Unterschied lag darin, daß seine Freunde nach der Schule ein anonymes Leben führten, während der Prinz im Blickfeld der unbarmherzigen Öffentlichkeit stand.

Die Erziehung und das königliche Verhalten wurden im engen Kreis des Stockholmer Palastes häufig diskutiert. Die Sorge war den Gesichtern oft abzulesen. „Sie müssen mir jetzt bei der Erziehung des Prinzen helfen“, bat die Königin eines Tages einen einflußreichen Mann im Palast. Dies geschah vielleicht zu einem Zeitpunkt, als er in seiner Ungestümheit wieder einmal zu weit gegangen war. Oder als seine jugendliche Lebensfreude einmal nicht mit den Regeln des Palastes und der Familie in Einklang stand.

Daher wurde die Nachricht, daß der Prinz sich in ein schönes deutsches Mädchen verliebt hatte, erfreut aufgenommen. Plötzlich war eine junge Frau an seiner Seite, die ihn aus seiner Isolation und Abhängigkeit von älteren Menschen löste.

Von Anfang an war Silvia eine treue Gefährtin. Sie war eine unabhängige Persönlichkeit, die regelmäßig als Hostess bei den Olympischen Spielen tätig war. Auch mit ihrer Meinung hielt sie sich nicht zurück und war sicherlich ein Gewinn für den traditionsreichen und hierarchisch strukturierten Stockholmer Palast, in den sie einige Jahre später einzog.

Natürlich war sie sich der vielen Gefahren und Versuchungen, denen sie in ihrer neuen Umgebung ausgesetzt war, bewußt. Mehr als einmal rang sie mit sich selbst, bevor sie den Mut aufbrachte und in die Welt des königlichen Lebens eintrat.

Aber, wie sich viele, die an der königlichen Liebesgeschichte Anteil nahmen, erinnern werden, kam sie nicht sofort nach Stockholm oder Schweden. Zunächst wollte sie ihre Pflichten bei der Organisation der Olympischen Spiele erfüllen und verdeutlichte damit ihre Einstellung gegenüber ihrem Verlobten Carl Gustav. Es ist nur zu offensichtlich,

Der wunderschöne Palast Drottningholm ist das Heim der königlichen Familie.

daß er ihre Entschlossenheit und Entscheidungskraft respektiert. Man weiß, daß der König Unterwürfigkeit und Anbiederung nicht sonderlich schätzt.

Verliebt, verlobt, verheiratet – so verwandelte sich Carl Gustav von einem glücklichen eingefleischten Junggesellen zu einem verheirateten Mann mit Frau und Kindern, für die er sorgen mußte. Einige Freundschaften lösten sich auf, neue wurden geschlossen – das ist der Gang der Dinge. Auch die Veränderungen, die in Carl Gustav stattfanden, beeinflußte Silvia. Er hat ein Reifestadium erreicht, das natürlich mit seiner persönlichen Entwicklung zusammenhängt. Königin Silvia bemerkte einmal, daß es möglich sei, nachzuvollziehen, was seine Entwicklung gefördert habe. Er ist jetzt ein glücklicher, zugänglicher und an vielen Dingen außerordentlich interessierter Mensch.

Mit Silvia kamen auch Kinder in das Leben des Königs. Alle Eltern, unabhängig, welcher Herkunft, hegen Zuneigung für ihre Kinder. So auch der König, und er nimmt großen Anteil an dem Leben und den Spielen seiner geliebten Kinder Victoria, Carl Philip und Madeleine. In der durch Bäume und Büsche abgeschirmten Sommerresidenz Solliden geht es lebhaft zu, wenn die Familie dort ist. Der junge Prinz und die Prinzessinnen teilen die sportlichen Vorlieben ihres Vaters, sei es Windsurfing oder Motorcross. Er zeigt ihnen nur allzu gern die Lieblingsplätze seiner Kindheit. Die Königin sieht glücklich zu und freut sich mit ihnen. Dieser enge Kontakt bildet eine äußerst notwendige Grundlage ihres Lebens. „In der Vergangenheit wurden die Kinder getrennt von den Eltern erzogen", erklärte der König einmal in einer Radiosendung vom Drottningholm-Palast. „Aber wir teilen unser Leben mit den Kindern. Wenn sie uns rufen, sind wir sofort bei ihnen."

Zunächst wohnten der König und die Königin im Stockholmer Palast, wo ihre Wohnräume einen Blick über die Stadt boten. Aber bald schon wurde deutlich, daß sich der große Palast im alten Teil der Stadt nicht für die Königskinder eignete. Zum Spielen wurden sie in die Parkanlagen der Stadt mit dem Auto gefahren, wobei ausreichende Sicherheitsvorkehrungen getroffen werden müssen.

Nachdem mehrere Königspaläste in Betracht gezogen worden waren, wurde 1981 Drottningholm gewählt, das der Königsfamilie ein ideales Zuhause bieten sollte. Drottningholm auf Lovön ist einer der Höhepunkte der schwedischen Architektur. Seit dem historischen Umzug des Königs Carl Gustav und seiner Familie vom Stockholmer Palast in den goldenen Palast von Mälarstranden kurz vor Weihnachten 1981 hat dieses schwedische Versailles sehr viel Aufmerksamkeit erregt.

Es gibt kaum einen geeigneteren Ort für die schwedische Königsfamilie. Traditionen müssen aufrechterhalten werden. Im späten 16. Jahrhundert wurde der sich im staatlichen Besitz befindliche Landsitz von der Frau Johan III., Katarina Jagellonika, verkauft. Im Auftrag von Johan III. wurde das Gebäude mit den vielen Türmen von dem Architekten Willem Boy gebaut. 1661 kaufte Hedvig Eleonora den Besitz von Magnus Gabriel de la Gardie. „In jenem Jahr brannte der Palast nieder", erklärte König Carl Gustav. „Jemand war zu unvorsichtig, als er die Kerzen in einem Raum anzündete". Aber die Umgebung war zu schön, um sie zu verlassen. Deshalb gab Hedvig Eleonora

Eine schwedische Familie in unserer Zeit (von links): Kronprinzessin Victoria, König Carl Gustav, Prinz Carl Philip, Prinzessin Madeleine und Königin Silvia.

Der Barockgarten im Park von Drottningholm aus der Zeit Karls XII. wurde von Tessin und seinem Sohn angelegt.

ein Jahr später dem Architekten Nicodemus Tessin den Auftrag, mit den Aufbauarbeiten zu beginnen. Der Architekt erlebte das Ergebnis seiner Arbeit jedoch nicht mehr, denn er starb 1681, und sein Sohn vollendete die Arbeit. Man sieht die Spuren des jungen Tessins bei der Inneneinrichtung. Die Palastkapelle wurde vollständig unter seiner Leitung gebaut.

1744 schenkte Fredrik I. Drottningholm der jungen Kronprinzessin Lovisa Ulrika zur Hochzeit. Sie ließ am Palast die erforderlichen Modernisierungen durchführen, und ihr Einfluß ist heute noch zu erkennen. 1777 erlaubte König Gustav III. den Verkauf von Drottningholm an die Regierung, womit die letzte grundlegende Änderung am Palast begann. Die Restauration zwischen 1907 und 1911 unter der Leitung von John Böttiger und Professor Erik Lallerstedt sollte ebenfalls erwähnt werden.

Diese kurze Reise durch die sieben Meilensteine der Geschichte Drottningholms bringt uns in die Zeit von 1981/1982. Mit der nötigen Sorgfalt und Behutsamkeit ließ das Bauministerium die erforderlichen Renovierungen am Palastgebäude durchführen. Der König und die Königin nahmen aktiv an der Planung teil und konnten fast jeden Tag beobachtet werden, wie sie sich einen Weg durch die Baumaterialien und Farbtöpfe bahnten. Ihr Ziel war es, ein funktionelles, auf die Bedürfnisse der Königsfamilie zugeschnittenes Heim zu schaffen.

Wenn man vor dem Palast steht und auf die Vorderseite sieht, die in Richtung Park zeigt, befinden sich die Räume der Familie auf der rechten Seite des Palastes, im Südostflügel. Die Schlafräume sind im Turm ganz in der Nähe des Sees untergebracht. Der Palast ist mit vielen Gästezimmern, einer herrlich großen Küche, die für jeden Anlaß ausgerüstet ist, und einem sehr persönlichen Frühstückszimmer ausgestattet. Sämtliche Sicherheitsvorkehrungen für die Kinder und eine einfache Bewirtschaftung wurden bei der Planung berücksichtigt. „Ich bin gern hier draußen", erzählte Königin Silvia einmal in einem Gespräch, nachdem die Familie eingezogen war. „Verglichen mit dem Stockholmer Palast ist es sehr hell hier." Die Königin macht kein Geheimnis daraus, daß sie gern in der wunderschönen Umgebung des Mälarsees lebt. Der König teilt ihre Ansicht. „Ich finde es wunderbar, hier zu wohnen und dort zu arbeiten." Er zeigt Richtung Stockholm. „ Es ist gut, wenn zwischen der Pflicht

Die königliche Hochzeit im Juni 1976 war ein unvergeßliches Ereignis.

Bei der Trauung, die Erzbischof Olof Sundby durchführte, wurde Silvia Sommerlath die Frau von Carl Gustav und Königin von Schweden.

über die Zukunft der Königsfamilie spekuliert. Vielleicht ist die Königsfamilie in ihrer derzeitigen Form, in der sie nur das Land repräsentiert, für Schweden am besten geeignet. Der Grundstein für das heutige System wurde von Gustav VI. Adolf gelegt, und König Carl XVI. Gustav tritt in dieser Hinsicht in die Fußstapfen seines Großvaters. Am 1. Januar 1980 wurde eines der drei konstitutionellen Gesetze Schwedens geändert – und die weibliche Thronfolge eingeführt. Folglich ist Prinzessin Victoria Erbin des schwedischen Throns. Kronprinzessin Victoria hat ihre ersten repräsentativen Pflichten und öffentlichen Auftritte mit großer Umsicht durchgeführt. Sie ist eine entzückende junge Frau mit deutlichen Eigenschaften der Bernadottes. Das ist ein gutes Zeichen für Schweden und für die Königsfamilie. Natürlich kann man nie vorher wissen, wie sich die Lage entwickelt hat, wenn sie die Nachfolge ihres Vaters antreten wird. Die Mehrheit der Schweden ist mit der Vorstellung, daß eine Frau den Thron besteigen wird, einverstanden.

Staatsbesuche im Ausland und in alle Gebiete Schwedens bilden einen wesentlichen Bestandteil der königlichen Pflichten.

und dem Privatleben eine gewisse Entfernung liegt, besonders wenn man Kinder hat."

Der Palast ist umso attraktiver, als die Familie Zugang zu den schönen Wegen des Palastgartens hat. Im Sommer liegt die Motorjacht des Königs vor dem Palast, so daß die Familie jederzeit auf dem Mälarsee oder zu dem einzigartigen Inselmeer Stockholms mit mehr als 30.000 Seen, Inseln und Riffen fahren kann. In den Ferien fährt der König mit seinem Adjutanten in dem Boot nach Öland und zur Sommerresidenz Solliden. Königin Silvia und die Kinder zogen es gewöhnlich vor, mit dem Auto von Drottningholm nach Öland zu fahren.

Wie auch in anderen monarchischen Ländern wird viel

Diese Besuche, in die eine Anzahl von Repräsentanten offizieller und kultureller Einrichtungen einbezogen werden, verlangen eine lange und detaillierte Vorbereitung im Palast. Der Stockholmer Palast wird vorher gründlich entstaubt und poliert, Paradeuniformen werden gebügelt, treue Bedienstete putzen das in großen Mengen vorhandene Tafelbesteck und Geschirr. Die Staatskutschen in den Palastställen werden nochmals überprüft.

Besondere Beachtung wird der Garderobe des Königspaares gewidmet. Die Uniformen und Anzüge von König Carl Gustav bereiten wenige Probleme, wenn offizielle und persönliche Eleganz gefragt sind. Mehr Zeit und Arbeit erfordert die Garderobe Königin Silvias, mit der Schneider

Der Palast Drottningholm bietet im Winter einen eindrucksvollen Anblick.

und Hutmacher betraut werden. Außerdem müssen die dem Anlaß entsprechenden Juwelen aus der Sammlung der Bernadottes ausgewählt werden. Ein Großteil des königlichen Familienschmucks stammt aus der Zeit des napoleonischen Frankreichs. Bei verschiedenen Erbschaften und Hochzeiten kamen neue Schmuckstücke zu der Sammlung hinzu, die aber auch mehrfach geteilt werden mußte.

Heute sind die unersetzbaren Stücke Teil einer unveräußerlichen Kollektion, der nur noch neuer Schmuck hinzugefügt werden darf. Juwelen für einen Staatsbesuch werden schriftlich angefordert und aus einem gut bewachten Raum des Stockholmer Palastes geholt. Die verzierte, rote Schachtel wird unter hohen Sicherheitsvorkehrungen in die Räume von Königin Silvia gebracht, die von einem Friseur und weiterem Bedienungspersonal auf die entsprechende Galaveranstaltung vorbereitet wird.

Auf Drottningholm werden die Kerzen angezündet.

Winterferien in Storlien.

Sobald die offiziellen Einladungen an die Staatsoberhäupter und Königsfamilien gegangen sind, kann die richtige Arbeit beginnen. Termine werden vereinbart und Programme ausgearbeitet. Den bestimmten Interessen und Belangen der Gäste schenken die schwedischen Gastgeber besondere Beachtung. Außerdem wird viel Wert auf kulturelle Veranstaltungen gelegt, bei denen Sänger und Künstler auftreten und an deren Planung König Carl Gustav sich gern beteiligt. Eine Folkloregruppe tritt zum Beispiel auf, wenn die Gäste zum

Den Sommer verbringt der König immer mit seiner Familie auf der Insel Öland. Dort im schönen Sommerpalast Solliden haben sie viel Zeit füreinander.

Der Palast Solliden dient der Familie in den Sommermonaten als Zufluchtsort. Viktoria, Königin von Schweden von 1907 bis 1930, ließ ihn errichten.

Galadiner im Palast eintreffen. Eine andere wichtige Einzelheit im Zusammenhang mit Staatsbesuchen ist das königliche Menü. Es ist bekannt, daß der König die Delikatessen, mit denen die königliche Tafel gedeckt wird, abschmeckt. Vom ersten Kontakt an dauern die Vorbereitungen für einen Staatsbesuch insgesamt ein Jahr. Bestimmte Entscheidungen müssen fünf bis sechs Monate im voraus getroffen werden, und Probebesuche werden fünf bis sechs Wochen, bevor die Fahne in Stockholm gehißt wird und die Gäste in einer Prozession vor dem Stockholmer Palast vorgefahren werden, durchgeführt.

Die Tradition schreibt die strikte Einhaltung des Protokolls und des für einen Staatsbesuch vorgesehenen Programms vor. In der Regel reisen die Staatsoberhäupter mit ihrem Sicherheitspersonal im Flugzeug, mit dem Zug und gelegentlich mit dem Auto an. Königin Elisabeth II. von Großbritannien und ihr Ehemann, Prinz Philip, Herzog von Edinburgh, die im Mai 1983 Schweden besuchten, trafen auf ihrer königlichen Jacht Britannia in Stockholm ein. Als das Schiff Fjäderholmarna am inneren Archipel Stockholms erreichte, gingen Prinz Bertil und Prinzessin Lilian an Bord, um die Gäste zu begrüßen. In ähnlicher Weise empfängt das Paar andere Staatsoberhäupter am Flughafen Arlanda.

Nach einer herrlichen Fahrt durch das Zentrum Stockholms zum Palast findet eine Parade der Ehrenwache im Hofraum statt. Es folgen ein offizieller Phototermin, ein privates Essen und der Austausch von Geschenken. Königliche Gäste und Staatsoberhäupter treffen danach schwedische Diplomaten, womit der offizielle Teil des Programms eingeleitet wird. Am ersten Abend des Besuches findet ein Galadiner im Stockholmer Palast statt. Der zweite Tag beginnt im allgemeinen mit den Besuchen verschiedener Institutionen; die könig-

Eine königliche Idylle im weitläufigen Park von Solliden.

Die Königskinder lieben das Landleben.

lichen Waffen- und Schatzkammern werden immer gern besichtigt. Nach einem geschäftigen Morgen lädt die Stadt Stockholm die Gäste zum Essen ein. In der Regel werden die Gäste mit einem reich geschmückten Galaruderboot von Riddarholm in das Rathaus gebracht, ein beliebter Teil des Programms, der häufig von einer großen Menschenmenge an den Stränden von Riddarfjärden verfolgt wird.

Besichtigungen von Industriegebieten, musikalische Darbietungen, Galaabende im königlichen Theater, dem Opernhaus Stockholms, sowie das Diner mit den königlichen Gästen oder den Staatsoberhäuptern als Gastgebern sind weitere Programmpunkte, häufig auch ein Landausflug.

Staatsbesuche in anderen Ländern verlaufen nach dem gleichen Muster, nur umgekehrt. Der König hat insgesamt 29 Staatsbesuche durchgeführt, bei denen ihn seit 1976 Königin Silvia begleitet. Der erste fand 1974 in die Nachbarländer Norwegen und Finnland statt. Im folgenden Jahr besuchte er Dänemark, Island und England. 1976 unternahmen König Carl Gustav und Königin Silvia eine bemerkenswerte Reise auf der HMS Älvsnabben in die Niederlande. Im März 1977 besuchten sie Belgien. 1978 öffnete Präsident Leonid Breschnew die Türen des Kreml in Moskau.

Dann folgten eine ganze Reihe Staatsbesuche: 1979 in die Bundesrepublik Deutschland und nach Österreich, 1980 nach Japan und Frankreich. Im Februar 1981 fanden Staatsbesuche nach Tansania und Saudi Arabien statt. Im September fuhren sie nach China. Im Januar 1982 wurden sie vom mexikanischen Präsidenten, José Lopez-Portillo, empfangen, und im April des gleichen Jahres reiste der König nach Australien.

Prinz Bertil und Prinzessin Lilian werden in Königskreisen sehr geliebt.

1983 besuchten sie Spanien. Im August fuhren sie nach Finnland. Einen Monat später luden der Großherzog Jean und Großherzogin Josephine-Charlotte sie zu einem großen Bankett in den Palast von Luxemburg ein. 1984 fuhren sie nach Brasilien. Im folgenden Jahr lud die Schweizer Regierung das Paar ein. 1986 besuchten sie Portugal und Ägypten. 1987 war Präsident Vigdis Finnbogadottir Gastgeber auf Island und ein Jahr später der Generalgouverneur von Kanada, Jeanne Sauvé. 1989 waren Neuseeland und Jordanien die weit entfernten Ziele. Italien war 1989 das Gastgeberland. Kaum einen Monat später besuchten sie den Vatikan und Papst Johannes Paul II. Im gleichen Jahr reiste die Königsfamilie ein weiteres Mal nach Italien, um an den Feierlichkeiten zu Ehren Birgittas in Rom teilzunehmen. 1992 fanden Besuche in Irland und Estland, Lettland und Litauen statt. Das Königspaar hat außerdem sehr viele Staatsbesucher empfangen. Der erste Besucher nach der Thronbesteigung des Königs war Finnlands Präsident Urho Kekkonen im Oktober 1975, dem im Herbst des gleichen Jahres König Olav von Norwegen folgte. Seitdem wurde Schweden von Vertretern aus dem ehemaligen Jugoslawien, Österreich, Spanien, Mexiko, Rumänien, Kanada, Island, Finnland, England, Frankreich, Sambia, Japan, Dänemark, Algerien, den Niederlanden, Deutschland, Israel, Portugal, der früheren Tschechoslowakei, Luxemburg und Norwegen besucht.

Prinzessin Christina und ihr Ehemann Tord Magnuson.

Das Fürstentum Liechtenstein

von **François Billaut**

Das Haus Liechtenstein

Mit einem Gebiet von 160 Quadratkilometern ist das Fürstentum Liechtenstein zwischen Österreich und der Schweiz eines der kleinsten Länder Europas. Weder die Geschichte noch die geographische Lage scheinen für fürstliche Hoheiten interessant genug zu sein, um sie in dieses Land zu locken.

Die Ursprünge der Fürsten von Liechtenstein verlieren sich im genealogischen Dunst des frühen Mittelalters. Sie stammen wahrscheinlich von der Familie Donauwörth, bayerische Feudalherren, ab, waren vom 10. Jahrhundert an in Niederösterreich ansässig und entlehnten ihren Namen dem Schloß Liechtenstein, ungefähr 30 km von Wien entfernt. Huc von Liechtenstein ist der erste Ahnherr, der im 12. Jahrhundert namentlich erwähnt wird. Seine Nachfahren waren den Habsburgern treu ergeben und erwarben große Besitztümer im Kaiserreich. Im Heiligen Römischen Reich wurde ihnen 1608 die Fürstenwürde verliehen; 1613

Seine Durchlaucht Hans-Adam II., Fürst von Liechtenstein.

Fürstin Marie-Aglaé, geborene Gräfin von Wchinitz und Tettau.

erhielten sie den Titel der Herzöge von Troppau und 1623 die Titel der Fürsten und Herzöge von Jagerndorf. 1699 erwarben sie die Feudalrechte über Schellenberg und 1712 über Vaduz, die zu einem neuen Fürstentum unter ihrem Namen vereint wurden. So wurde von Kaiser Karl IV. der 343. Staat des Heiligen Römischen Reiches Deutscher Nation geschaffen, der einzige, der heute noch existiert. Zu jener Zeit zeigte das Oberhaupt der neuen Dynastie, das in Wien in diplomatischen und militärischen Diensten stand, kein großes Interesse an dem kleinen Land. Erst 1842 sah das Volk anläßlich des Besuchs Alois II. in Liechtenstein zum ersten Mal seinen Souverän. Das Fürstentum wurde 1799 von den Franzosen besetzt und dem Rheinbund angegliedert, wodurch das Land die volle Unabhängigkeit erlangte. Unter der Herrschaft Johannes II. von 1858 bis 1929, eine der längsten in der Geschichte, erhielten die

Die Verbindung zwischen Fürst Franz I. (1853 – 1938) und Elisabeth von Gutmann blieb kinderlos.

Einwohner Liechtensteins 1862 eine Verfassung und einen Landtag. Franz I. trat 1929 die Nachfolge seines Bruders an und starb 1938. Sein Großneffe, Fürst Franz-Joseph II., folgte ihm auf den Thron. Als erster Fürst von Liechtenstein lebte er in seinem Fürstentum auf Schloß Vaduz. Während des Zweiten Weltkriegs blieb das Land neutral, und Franz-Joseph holte die gesamte unschätzbare Gemäldesammlung der Dynastie, die bis dahin in Böhmen, Mähren und Österreich aufbewahrt worden war, nach Vaduz. Unter seiner Verwaltung entwickelte das Land seine Industrie und förderte die Geschäftstätigkeit ausländischer Unternehmen im Fürstentum. Das Durchschnittseinkommen der Einwohner von Liechtenstein ist heute das höchste in Europa. Fürst Franz-Joseph starb am 13. November 1989. Sein ältester Sohn, Fürst Hans-Adam II., ist der gegenwärtige Souverän.

Abgesehen von dem Fürsten von Monaco ist der Fürst von Liechtenstein der einzige europäische Monarch, der seine Macht bewahrt hat. Nach der Verfassung von 1921, die seitdem mehrmals geändert wurde, ist die Person des Souveräns, des Staatsoberhaupts, unverletzbar und heilig. Der Fürst handelt in Einklang mit den vom Landtag verabschiedeten Gesetzen und hat das Recht, diesen einzuberufen, zu schließen, zu vertagen und sogar aufzulösen. Er ernennt auf Vorschlag des Landtags den Regierungschef und die vier Minister und kann sie auch wieder entlassen. Um „die Sicherheit und das Wohl des Staates" zu wahren, hat er ein Vetorecht und die Befugnis, an der Gesetzgebung teilzunehmen, indem er Gesetze per Erlaß verkündet. Der Fürst billigt Gesetze, tritt als Schlichter auf und wacht über nationale Interessen. Die Todesstrafe wurde 1987 in Liechtenstein abgeschafft, aber der Souverän kann Urteile abmildern und umwandeln und sogar Gesetzeshandlungen stoppen. Der katholische Glaube ist Staatsreligion.

Der Monarch trägt den Titel „Seine Durchlaucht Fürst von Liechtenstein und in Liechtenstein, Herzog von Troppau

Prinz Franz-Joseph II., geboren 1906, trat 1938 die Nachfolge seines großen Onkels an.

und Jagerndorf, Graf von Rietberg". Die jüngeren Mitglieder der Familie sind Prinzen und Prinzessinnen von und in Liechtenstein; sie haben alle ein Recht auf die Anrede „Durchlaucht". Der Fürst kann Personen in den Adelsstand erheben und seinen Untertanen Titel verleihen, gewährt sie in der Regel jedoch nur Familienmitgliedern, die nicht standesgemäße Ehen eingegangen sind und auf diese Weise ihr Recht auf den Titel Prinz oder Prinzessin verloren haben.

Die Thronfolge ist auf die männliche Linie nach dem Erstgeburtenrecht und dem Repräsentationsrecht auf Nachkommen legitimer Ehen beschränkt. Ist kein männlicher Erbe vorhanden, besteigt die älteste Tochter den Thron und hinterläßt ihn ihrem ältesten Sohn, auf den wiederum die Erbfolge übergeht. Die Mitglieder des Hauses dürfen nur mit der Einwilligung des Souveräns heiraten. Mitglieder, die ohne Zustimmung des Souveräns heiraten, verlieren ihre Thronrechte und die ihrer Nachkommen.

Fürst Hans-Adam wurde am 14. Februar 1945 geboren. Er besuchte das Wiener Schottengymnasium und danach das College Alpinium de Zuoz in Les Grisons. An der Universität von St. Gallen schloß er sein Studium der politischen Wissenschaften ab. Fürst Hans-Adam herrscht

Am Abhang in den Bergen liegt die Fürstenresidenz: Schloß Vaduz.

seit dem 26. August 1984, als sein Vater ihn zum „Leutnant" ernannte und die Zukunft des Fürstentums in seine Hände legte, über das Land.

Unter der Herrschaft des neuen Souveräns besteht eine wachsende Tendenz, sich vom Schutz der Schweiz zu lösen. Liechtenstein ist seit dem 22. Juni 1991 Mitglied der europäischen Freihandelszone. 1992 trat das Land dem Europarat bei und wurde als vollwertiges Mitglied der Vereinten Nationen anerkannt. Der Fürst wünscht offenbar, die Unabhängigkeit seines Landes auszuweiten, ohne jedoch die diplomatische Repräsentation durch die Schweiz zu verlieren. Am 30. Juli 1967 heiratete der Fürst in Vaduz seine Cousine, die Gräfin Marie-Aglae Kinsky von Wchinitz und Tettau. Die Fürstin von Liechtenstein ist Vorsitzende des Roten Kreuzes und einer Anzahl weiterer Organisationen des Landes. Sie beschäftigt sich insbesondere mit ökologischen Problemen und Umweltfragen. Außerdem ist sie ausgebildete Graphikerin und sehr daran interessiert, die kulturelle Entwicklung Liechtensteins zu fördern.

Der Fürst und die Fürstin haben vier Kinder. Der älteste Sohn, Kronprinz Alois, der 1968 geboren wurde, hat die Militärakademie von Sandhurst besucht und Jura an der Universität von Salzburg studiert; Prinz Maximilian wurde 1969 geboren, Prinz Constantin 1972 und Prinzessin Tatiana 1973. Der Fürst und die Fürstin sind bestrebt, ihren Familienkreis vor übermäßigem Medienrummel zu bewahren.

Fürst Franz-Joseph II. und Fürstin Regina starben 1989 innerhalb von wenigen Monaten.

Der herrschende Fürst hat zwei Brüder, die beide jeweils drei Kinder haben. Prinz Philippe-Erasmus, geboren 1946, studierte Geschichte und ist mit Isabelle de l'Arbre de Malander verheiratet. Sie wohnen in Paris und haben drei Kinder: Alexander, geboren 1972; Wenzel, geboren 1974 und Rodolphe, geboren 1975. Sein zweiter Bruder, Prinz Nicholas, hat in Jura promoviert und ist Liechtensteins Botschafter in der Schweiz und, obwohl dort nicht ansässig, im Vatikan. Er ist mit der ehemaligen Prinzessin Marghareta von Luxemburg verheiratet. Sie leben in Bern und haben ebenfalls drei Kinder: Marie-Annunciata, geboren 1985, Marie-Astrid, geboren 1987, und Joseph-Emmanuel, geboren 1989. Ihre Schwester, Prinzessin Nora, die 1950 geboren wurde, lebt in Spanien. Sie ist mit dem Marquis de Marino verheiratet und hat ein Kind.

Mit fast einhundert Prinzen und Prinzessinnen der verschiedenen untergeordneten Zweige ist die Familie Liechtenstein heute die größte der Gothaer Linie.

Das Fürstenpaar und seine Kinder: Alois, Maximilian, Constantin und Tatiana.

Kronprinz Alois und Prinzessin Sophie von Bayern heirateten im Juli 1993.

Das Großherzogtum Luxemburg

von François Billaut

Das Haus Nassau

Großherzogtum Luxemburg; Haus Nassau; Luxemburg, das in der zweiten Hälfte des 10. Jahrhunderts gegründet wurde, hatte viele Herrscherhäuser. Das Haus Ardennen übte bis 1336 die Herrschaft aus, als es keine männlichen Nachfolgen mehr gab und das Erbe an das Haus Limburg überging, aus dem mehrere Kaiser des Heiligen Römischen Reiches Deutscher Nation hervorgingen.

Luxemburg, ursprünglich eine Grafschaft, wurde 1354 zum Herzogtum erhoben und 1441 an Philippe den Guten, Herzog von Burgund, verkauft, bevor es 1477 nach einer zeitweiligen Vereinigung mit den Niederlanden dem Hause Habsburg zufiel. Zeitweilig ein französisches „departement", wurde 1807 auf dem Wiener Kongreß beschlossen, den persönlichen Besitz der Familie Oranien-Nassau, die über das neue Königreich der Niederlande herrschte, dem deutschen Bund anzugliedern.

Unter dem Salischen Gesetz, das in Luxemburg galt und demzufolge Frauen von der Thronfolge ausgeschlossen waren, ging Luxemburg, nachdem Königin Wilhelmina den Thron der Niederlande bestiegen hatte, an den ältesten Zweig der Familie, die Nassau-Weilburger, über. Großherzog Adolph, Souverän des deutschen Herzogtums von Nassau, der 1866 von Wilhelm I. von Preußen enteignet wurde, war der Gründer der neuen Dynastie.

Als Nachfahren von Dudo, Graf von Laurenburg, der im 12. Jahrhundert lebte, gingen aus der Nassau-Dynastie eine Reihe von Herrschern hervor, deren Regierungszeiten so ereignisreich waren wie die Geschichte der beiden Länder Niederlande und Luxemburg, deren Grenzen im 19. Jahrhundert festgelegt wurden.

Ihre Hoheiten Jean und Joséphine-Charlotte, Großherzog und Großherzogin von Luxemburg.

1905 trat Wilhelm IV. die Nachfolge seines Vaters, des Großherzogs Adolph von Luxemburg, an. Mit seinem Tod am 25. Februar 1912 starb die männliche Linie des Hauses Nassau aus. Der Großherzog und seine Frau, die ehemalige Prinzessin Marie-Anne von Portugal, hatten sechs Töchter. Ein Familiengesetz, das 1907 verabschiedet und einige Monate später von der Abgeordnetenkammer ratifiziert wurde, ermöglichte die Thronbesteigung weiblicher

Adolphe (1918 – 1905), bis 1866 Herzog von Nassau, 1890 Großherzog von Luxemburg.

1987, Großherzog Adolphe, umgeben von den Prinzessinnen und Prinzen seiner Familie.

Marie-Anne von Portugal, Ehefrau von Wilhelm IV.

Großherzog Wilhelm IV. (1905 – 1912).

Großherzogin Marie-Adélaide herrschte von 1912 bis 1919.

Nachkommen. So wurde 1912 die älteste Tochter, Marie-Adelaide, zur regierenden Großherzogin.

Nachdem sie, wahrscheinlich zu unrecht, beschuldigt wurde, während des Zweiten Weltkriegs auf der Seite Deutschlands gestanden zu haben, mußte sie 1919 in Anbetracht der Feindseligkeit, die ihr ein Teil des Volkes und der Alliierten entgegenbrachte, abdanken. Sie trat unter dem Namen „Schwester Marie der Armen“ in ein Kloster ein und starb 1924 auf Schloß Hohenburg. Ihre jüngste Schwester Charlotte legte am 15. Januar 1919 den

Großherzogin Charlotte bestieg 1919 den Thron und stellte das Ansehen der Dynastie wieder her.

Verfassungseid ab. In dieser ganz zweifellos schweren Zeit verdankte die Monarchie in Luxemburg ihr Überleben allein der bemerkenswerten Persönlichkeit der jungen Souveränin. Sie ließ sofort ein Referendum durchführen, bei dem sie 80% der Stimmen erhielt, so daß sie ihre Herrschaft auf einer guten Grundlage antreten konnte. Nachdem die Deutschen 1940 Luxemburg besetzt hatten, wurden die Großherzogin und ihre Regierung im Exil zum Symbol der Unabhängigkeit des Landes. Die deutschen Behörden verlangten die Rückkehr Charlottes, die zunächst nach Portugal und dann nach Großbritannien geflohen war. Ihre stolze Antwort lautete: „Mein Herz sagt ja, aber mein Verstand sagt nein!“ Die Deutschen hatten zwar das Land besetzt und unterdrückten das Volk, es gelang ihnen jedoch nicht, den Nationalstolz des Volkes zu brechen. In den Augen der Alliierten hatte die Großherzogin die moralische Integrität des Landes gerettet.

Großherzogin Charlotte mit ihren Kindern: Jean, Elisabeth, Marie Adélaïde, Charles und Alix.

1944 kämpfte der damalige Souverän für die Befreiung seines Landes unter dem Pseudonym „Leutnant Luxemburg“.

Am 9. April 1953 heirateten Jean, der spätere Großherzog, und Prinzessin Joséphine-Charlotte von Belgien.

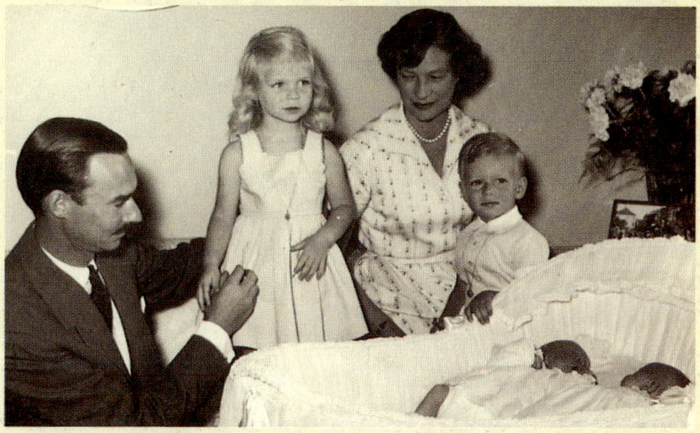

Das spätere Großherzogspaar mit seinen Kindern: Marie-Astrid, Henri und die Zwillinge Jean und Margaretha.

1919 hatte Charlotte Prinz Felix von Bourbon-Parma, Bruder der Kaiserin Zita von Österreich, Königin von Ungarn, und Sohn von Robert I. (1848 – 1907), letzter Souverän des Herzogtums von Parma, geheiratet. Sechs Kinder gingen aus dieser Ehe hervor. Die Herrschaft der

Der zukünftige Großherzog, Henri von Luxemburg, Kronprinz von Nassau, geboren 1955.

Die zukünftige Großherzogin von Luxemburg, Marie-Thérésa, geborene Mestre.

Großherzogin Charlotte verlief glücklich, und 1964 dankte sie zugunsten ihres Sohnes und Erben, Großherzog Jean, ab. 21 Jahre später starb sie friedlich, umgeben von der Liebe und der Achtung ihres Volkes und ihrer Familie.

Aufgrund seines Vaters ist Großherzog Jean von Luxemburg gleichfalls Prinz von Bourbon-Parma. Die Prinzen von Parma gehen auf den zweiten Sohn von Elisabeth Farnese und Philip V., des ersten Bourbonen-Königs von Spanien und Enkel von König Ludwig XIV. von Frankreich, zurück. Der gegenwärtige Souverän ist daher Mitglied des Hauses der Kapetinger, der einzigen Familie auf der Welt, die ihre Spuren bis in das Jahr 852 zurückverfolgen kann, mit Robert dem Starken, Graf von Angers, Urgroßvater von Hugo Capet, Begründer der französischen Kapetinger Dynastie und Vorfahr des Großherzogs in der 31. Generation, als Ahnherr.

Als er die Krone von der Familie seiner Mutter am 28. Juli 1987 erbte, verzichtete der Großherzog für sich und seine Familie auf den Namen Bourbon. Die Dynastie trägt daher nur den Nassauer Namen, während der Titel Prinz von Bourbon-Parma nicht mehr existiert.

Der vollständige Titel des Großherzogs lautet „von Gottes Gnaden Großherzog von Luxemburg, Herzog von Nassau (Prinz von Bourbon-Parma), Graf Palatine vom Rhein, Graf von Saygn, Königstein, Katzenellenbogen und Diez, Burggraf von Hammerstein, Herr von Mahlberg, Wiesbaden, Idstein, Merenberg, Limburg und Eppstein“. Der derzeitige Großherzog und seine Kinder haben aufgrund ihrer Abstammung aus dem Hause Bourbon-Parma immer noch das Recht auf die Anrede „Königliche Hoheit“. In Luxemburg wird jedoch die besondere Form der Anrede, „Ihre großherzogliche Hoheit“, angewendet. Der älteste Sohn und Erbe trägt den Titel Erbe des Großherzogtums Luxemburg, Kronprinz von Nassau (Prinz von Bourbon-Parma). Die anderen Familienmitglieder sind Prinzen und Prinzessinnen von Luxemburg und Nassau (Prinzen und Prinzessinnen von Bourbon-Parma).

Die Thronfolge des Großherzogtums ist in einer Übereinkunft des Hauses Nassau von 1783 sowie in einem Familiengesetz von 1907 und in der Verfassung des Großherzogtums festgelegt. In der Familie Nassau wird die Krone an die männliche Linie nach dem Erstgeburtenrecht weitergegeben. Falls kein direkter oder von einer Seitenlinie abstammender männlicher Erbe vorhanden ist, geht die Nachfolge nach dem Erstgeburtenrecht auf die weibliche Linie der herrschenden Dynastie über. Die Prinzen des Großherzogtums dürfen nicht ohne Zustimmung des Souveräns heiraten, da sie sonst ihr Nachfolgerecht, ihre Titel und Anredeformen verlieren. Der Erbe hat das Recht auf die Krone, sobald der Thron nicht mehr besetzt ist, sei es als Folge eines Todes oder einer Abdankung des jeweiligen Inhabers.

Jean, Großherzog von Luxemburg, seit 1961 Generalleutnant des Großherzogtums, bestieg 1964 den Thron.

Joséphine-Charlotte, Großherzogin von Luxemburg. Tochter des Königs Leopold III. von Belgien und der unvergessenen Astrid von Schweden.

Auf der Grundlage der Landesverfassung geht die höchste Gewalt vom Volke aus. Der Großherzog übt nur exekutive Macht aus. Er billigt und veröffentlicht Gesetze und gibt seine Entscheidung innerhalb von drei Monaten dem Abgeordnetenhaus bekannt. Die Billigung ist eine Handlung, bei der der Großherzog seine Zustimmung zu einer Entscheidung des Abgeordnetenhauses gibt und ihr damit Gesetzeskraft verleiht. Der Großherzog ordnet die Veröffentlichung und Anwendung des Gesetzes an. Wenn innerhalb von drei Monaten nach der Entscheidung des Abgeordnetenhauses der Großherzog ein Gesetz nicht billigt, wird die vom Parlament verabschiedete Bestimmung null und nichtig. Der Großherzog schließt Verträge ab, die gesetzlich anerkannt und veröffentlicht werden müssen. Er ist Befehlshaber über die Streitkräfte. Wenn gesetzlich nichts anderes vorgeschrieben ist, beruft er zivile und militärische Staatsdiener ein. Er übernimmt den Vorsitz des Staatsrates, falls er es für angebracht hält. Allerdings kann er dabei von einem Prinzen königlicher Abstammung vertreten werden, der dann den Titel des Leutnants des Großherzogtums annimmt. Der Vertreter muß im Großherzogtum ansässig sein und einen Eid auf die Verfassung ablegen. Alle Sitzungen der Kammer werden vom Großherzog oder einem für diesen Zweck ernannten Stellvertreter eröffnet und geschlossen. Auf Verlangen eines Drittels der Mitglieder der Kammer kann der Großherzog eine außerordentliche Versammlung einberufen. Darüber hinaus kann er die Kammer vertagen oder auflösen.

Die Gerichtsbarkeit liegt in den Händen von Gerichten und Tribunalen, die im Namen des Souveräns tätig sind, der wiederum das Recht hat, Urteilssprechungen der Richter auszusetzen und herabzusetzen.

Der Großherzog genießt aktives und passives Gesandtschaftsrecht: er kann diplomatische Botschafter zu ausländischen Monarchen und Staatsoberhäuptern entsenden und diese auch empfangen. Außerdem unterzeichnet er Beglaubigungsschreiben und ernennt Botschafter.

Die Rechte und Privilegien einer Hoheit hat der Großherzog bewahrt, insbesondere das Recht, Begnadigungen auszusprechen, Geld zu prägen, zivile und militärische Titel und Auszeichnungen zu verleihen.

Großherzog Jean wurde am 5. Januar 1921 auf Schloß Colmar-Berg geboren. Er besuchte eine Grundschule und eine weiterführende Schule im Großherzogtum und ging später als Internatsschüler auf das Ampleforth College in England, bevor er in Kanada an der Universität von Quebec Jura und Politik studierte. Im Zweiten Weltkrieg stellte er sich in den Dienst der Alliierten und nahm im Juni 1944 an der Befreiung seines Landes unter dem Namen Leutnant Luxemburg teil. Er ist seit 1951 Mitglied des Staatsrates von Luxemburg und wurde 1961 von der Großherzogin Charlotte zum Leutnant-Repräsentant ernannt, womit ihm

Der zukünftige Großherzog, Henri von Luxemburg, bei der Abnahme einer Militärparade.

die Autorität eines Souveräns im Namen seiner Mutter verliehen wurde. Am 12. November 1964 dankte die Großherzogin zugunsten ihres Sohnes ab. Großherzog Jean verfolgte die beiden wichtigsten Ziele seiner Vorgängerin: den Wohlstand seines Volkes zu vermehren und mit seinem Land eine führende Rolle beim Aufbau Europas zu spielen.

Am 9. April 1953 heiratete er Prinzessin Josephine-Charlotte von Belgien, die älteste Tochter des Königs Leopold III. und Schwester des derzeitigen Königs der Belgier. Die Großherzogin kümmert sich vor allem um die sozialen Probleme im Land. Sie ist Vorsitzende des Roten Kreuzes von Luxemburg. Das Großherzogspaar, das die Traditionen einer christlichen Familie bewahrt, führt ein einfaches, bescheidenes Leben und geht übermäßigem Presserummel aus dem Weg.

Jean und Josephine von Luxemburg haben fünf Kinder. Prinzessin Marie-Astrid wurde 1954 geboren und ist mit Erzherzog Carl-Christian von Österreich verheiratet. Prinz Henri, der Erbe des Großherzogtums, wurde 1955 geboren, hat im Großherzogtum und in Frankreich studiert und absolvierte bei Sandhurst in England eine militärische Ausbildung. Er hat Wirtschaft und politische Wissenschaften an der Universität von Genf studiert, wo er seine Frau Maria-Teresa Mestre, Tochter eines in die Schweiz geflüchteten Kubaners aus der Mittelschicht kennenlernte. Sie heirateten im Februar 1981 und haben bereits fünf Kinder: Wilhelm wurde 1981 geboren, Felix 1984, Luis 1986, Alexandra 1991 und Sebastian 1992. Die Prinzessin nimmt aktiv an Wohltätigkeitsveranstaltungen teil und setzt sich insbesondere für Behinderte ein. Die Schlichtheit und Freundlichkeit des Paares hat ihm große Beliebtheit beim Volk eingebracht. Prinz Jean und Prinzessin Margaretha, das dritte und vierte Kind, sind Zwillinge und wurden 1957 geboren. Prinz Jean lebt in Paris, wo er Helene Vestur heiratete; sie haben vier Kinder: Marie-Gabrielle wurde 1986 geboren, Constantin 1988, Wenceslas 1990 und Carl-Johann 1992. Der Prinz hat auf sein Thronfolgerecht verzichtet. Prinzessin Margaretha ist mit Prinz Nicholas von Liechtenstein verheiratet. Das jüngste Kind des Großherzogs und der Großherzogin, William, wurde 1963 geboren und ist noch nicht verheiratet.

Die Familie Luxemburg hat schließlich noch weitere Mitglieder, die vier Schwestern des Großherzogs: Prinzessin Elisabeth, Herzogin von Hohenberg, geboren 1922; Prinzessin Marie-Adelaide, Gräfin Hencke von Donnersmarck, geboren 1924; Prinzessin Marie-Gabrielle, Gräfin von Holstein-Ledreborg, geboren 1925, und Prinzessin Alix, Prinzessin von Ligne, geboren 1929. Ihr Bruder, Prinz Charles, der 1927 geboren wurde und 1977 starb, hatte zwei Kinder – Prinz Robert von Luxemburg wurde 1968 geboren und Prinzessin Charlotte 1967.

Das Fürstentum Monaco

von Vincent Meylan

Das Haus Grimaldi

Monacos Vergangenheit und Zukunft: Fürst Rainier mit seinen Enkelkindern.

Fürstentum Monaco; Haus der Grimaldi; Monaco, mit einem Gebiet von 1,5 ha und einer Bevölkerung von 23.000 eines der kleinsten Länder der Welt, ist aus einem historischen Zufall entstanden. Schriftstücke, die bis in das 5. Jahrhundert v. Chr. datieren, weisen auf eine ligurische Ansiedlung auf dem Burgfelsen hin. Mit den römischen Festungen war der wilde, isolierte Ort im gesamten Mittelalter ein idealer Schlupfwinkel für Piratenbanden.

Ende des 12. Jahrhunderts wurden die damaligen Mächte erstmals auf das gebirgige Land am Mittelmeer aufmerksam. Die Grafen von Provence, im Dienste des Heiligen Römischen Reiches, die seine strategische Bedeutung erkannten und zweifellos danach trachteten, die Piraten loszuwerden, erhielten den Titel „Herrschaft von Monaco".

Die Herrschaft währte jedoch nicht lange. 1162 und 1191 teilte der Kaiser der Stadt Genua die neugeschaffene Feudalherrschaft zu. Damals lag der größte Teil Italiens im ewigen Streit zwischen den Ghibellinen, Anhänger der kaiserlichen Oberhoheit, und den Guelfen, Inhaber der päpstlichen Macht. Monacos zukünftige Unabhängigkeit sollte nur geringe Auswirkung auf den politischen Kampf haben.

1297, als die Ghibellinen die Macht in Genua übernahmen, wurden die großen Familien der Guelfen, einst Herrscher über die Stadt, für lange Zeit verbannt. Unter den Vertriebenen war Francesco Grimaldi, der sich entschloß, mit Waffengewalt ein Lehnsgut für sich und seine Nachfahren zu schaffen.

Wir wissen jedoch, daß sich am Weihnachtsabend des Jahres 1306 Francesco und sein Bruder Rainier als Mönche verkleideten und die Stadttore für ihre Soldaten öffneten. Diese berühmte Episode fand Eingang in das Wappen des Fürstentums, auf dem mit „der silber-roten Raute" das Schild der Grimaldis, das von „zwei schwertschwingenden Minoritenbrüdern" gehalten wird, abgebildet ist. Zwei

Louise-Hippolyte Grimaldi, Anfang des 18. Jahrhunderts Fürstin von Monaco.

Fürstin Caroline (1793 – 1879).

Fürst Albert I. (1848 – 1922) und seine Frau, Lady Mary Douglas-Hamilton (1850 – 1922).

Fürst Karl III. (1818 – 1889).

Fürstin Charlotte (1898 – 1977).

Fürst Louis II. (1870 – 1949), Großvater von Fürst Rainier.

Fürst Albert I.

Jahrhunderte lang verfolgte Genua seine Gebietsansprüche mit Belagerungen und Kämpfen, bis schließlich Ludwig XI. im Jahre 1482 einwilligte, das Lehnsgut unter seinen Schutz zu stellen, und gleichzeitig anerkannte, daß es „außerhalb des Reiches" lag. Diese Unabhängigkeit wurde 1489 von Karl VIII., 1512 von Ludwig XII. und vom Herzog von Savoyen, dessen Macht sich über beide Seiten der Alpen erstreckte, bestätigt. Mit einer 1524 geschlossenen politischen Übereinkunft stellte Karl V. Monaco unter seine Schutzherrschaft und bestätigte ein weiteres Mal die Unabhängigkeit des kleinen Landes vom Heiligen Römischen Reich und von Spanien.

Der Titel Fürst von Monaco, der erstmals 1612 in einem offiziellen Schriftstück auftauchte, wurde 1641 formell von Frankreich unter Ludwig XIII. anerkannt. Unterdessen hatten die Fürsten von Monaco die nachbarlichen Lehnsgute Menton und Roquebrune erobert. Diese beiden Städte, zuvor unter der Lehnsherrschaft von Savoyen, wurden dem unabhängigen Fürstentum von Monaco einverleibt. Ungefähr zur gleichen Zeit verlieh Ludwig XIII. dem Fürsten Hercule von Monaco die französischen Titel Herzog von Valentinois, Marquis des Baux und Graf von Carlades.

Die Linie der Grimaldi starb zum erstenmal 1731 aus. Da Antoine I. keine Söhne hinterließ, ging die Krone an seine älteste Tochter, Louise-

Hyppolyte, verheiratet mit Jacques von Goyon de Matignon. Dieser war der jüngste Sohn einer Familie normannischer Abstammung und stimmte zu, den Namen und die Rechte der Grimaldis anzunehmen.

1793 fanden die Strukturen, die die Herren von Monaco geschaffen hatten, vorübergehend ein Ende. Im Februar jenes Jahres verkündeten die Einwohner des kleinen Staates den Niedergang ihrer Fürsten und den Anschluß an die französische Republik. Jahrzehntelang hatten sich die Fürsten mehr auf dem Hof von Versailles aufgehalten als sich um ihre Ländereien am Mittelmeer gekümmert. Honoré III. und sein ältester Sohn wurden gefangengenommen. Joseph, der jüngste Sohn, ging ins Ausland, während seine Frau in Paris blieb und auf dem Schaffott starb. Für 21 Jahre hatte Monaco seine Unabhängigkeit verloren.

Zwei kleine Kinder in Monaco: Prinz Rainier und seine Schwester, Prinzessin Antoinette.

1815 kehrten die Grimaldis an die Macht zurück. Honoré erbte ein ausgeblutetes, in den Jahren der Anarchie vollkommen zerstörtes Land. Seine Untertanen waren trotzdem nicht übermäßig beeindruckt von seiner autoritären Herrschaft. Die Bemühungen seines Bruders und Nachfolgers, Florestan I., die Wirtschaft des Fürstentums wiederherzustellen, waren trotz der Unterstützung seiner Ehefrau, Caroline Gilbert, vergebens. Ungeachtet seiner volksfreundlichen Maßnahmen und seines Liberalismus – weniger Steuern und Abgaben, freier Schulunterricht und Schutz – schien 1848 eine recht große Anzahl seiner Untertanen bereit zu sein, einen bewaffneten Aufstand zu führen. Menthon und Roquebrune rebellierten und forderten die Angliederung an das Königreich von Piemont Sardinien. Nach einem Volksentscheid der französischen und italienischen Regierung im Jahre 1861 wurden sie endgültig Frankreich angeschlossen.

1856 wurde eine Gesellschaft für den Seebadeort, die mit der Entwicklung des Tourismus in diesem Gebiet beauftragt wurde, gegründet, erzielte aber bis 1863, als Karl III. Louis Blanc zum Direktor ernannte, keine nennenswerten Erfolge. Das Glücksspiel, das in den Nachbarländern verboten war, sollte Monaco in einen luxuriösen Kurort verwandeln und einen nicht versiegenden Goldstrom in die fürstlichen Schatzkammern leiten. 1866 erlebte das Fürstentum, das nach der Angliederung Menthons und Roquebrunes an Frankreich nur noch aus der Stadt Monaco bestand, eine Erweiterung. Auf die Bitte Louis Blancs hin unterzeichnete Karl III. einen Erlaß zur Gründung von Monte-Carlo, einer neuen Stadt, die dem Spiel, Vergnügen und Tourismus gewidmet war. Der Erfolg übertraf alle Erwartungen.

Gleich nach dem Ersten Weltkrieg ermöglichte die Lösung eines kleinen Problems mit dem Zivilstatus ein zweites Mal den Fortbestand der Grimaldi-Linie. 1918 gab das Junggesellendasein von Ludwig, des 48jährigen Erben des Fürstentums, der französischen Regierung Anlaß zur Sorge. Sie befürchtete, daß die Krone bei seinem Tod an die deutschen Herzogen von Urach, Nachfahren der Prinzessin Florestine von Monaco, übergehen würde. Die mächtige Dritte Republik schloß ein Bündnis mit dem Fürsten, das die Außen- und Wirtschaftspolitik des Fürstentums erheblich einschränkte. Ihm zufolge wird beim Aussterben der Dynastie Monaco an Frankreich fallen.

Grace und Rainier, ein Hollywoodstar und ein charmanter Fürst.

Fürst Rainier teilt seine Freizeit zwischen dem Sport und seiner Familie.

Um diese Möglichkeit auszuschließen, adoptierte der Erbe mit Einwilligung seines Vaters sein geliebtes Kind, das 1898 geboren wurde und aus der Liaison mit Juliette Louvet hervorging. 1919 erhielt daher Charlotte Louvet den Titel Ihre Durchlaucht Prinzessin Charlotte von Monaco, Herzogin von Valentinois. 1922 heiratete sie Graf Pierre de Polignac, Nachkomme einer alten französischen Aristokratenlinie. Wie Jacques von Goyon de Matignon, ein entfernter Vorfahr seiner Frau, legte er seinen Namen ab, verzichtete auf die Rechte und den Titel und übernahm die seines Schwiegervaters. Ihm wurde der Titel Seine Durchlaucht Fürst Pierre von Monaco verliehen. Das Paar hatte zwei Kinder: 1920 wurde Prinzessin Antoinette, die 1951 zur Baronin von Massy ernannt wurde, und 1923 Fürst Rainier, der derzeitige Souverän, geboren.

1944 verzichtete Prinzessin Charlotte zugunsten ihres Sohnes auf den Thron. Als Ludwig II. 1949 starb, wurde Rainier III. Fürst von Monaco. Aus seiner Ehe mit Grace Patricia Kelly im Jahre 1956 stammen drei Kinder: der Erbe Prinz Albert, Marquis des Baux, und die Prinzessinnen Caroline und Stephanie.

Die Verfassung

Wäre es richtig, das Fürstentum Monaco als einzige noch bestehende absolute Monarchie in Europa zu bezeichnen? Zweifelsohne ist die Macht, die dem Fürsten in der Verfassung vom 17. Dezember 1962 gewährt wird, praktisch uneinschränkt.

Artikel 3 legt fest, daß „der Fürst mit allen exekutiven Befugnissen ausgestattet ist“. Artikel 4 besagt außerdem, daß „der Fürst und der Nationalrat die exekutive Gewalt ausüben. Dieser Nationalrat besteht aus 18 Mitgliedern. Artikel 66 der Verfassung zufolge besteht die Aufgabe des Nationalrates darin, zu beraten und Gesetze zu verabschieden. Paragraph 2 desselben Artikels besagt jedoch, daß der Fürst befugt ist, Gesetze einzubringen. Mit anderen Worten kann der Nationalrat ein Veto gegen Gesetzesvorschläge des Souveräns einlegen, hat jedoch keine eigenständige Macht.

Der Staatshaushalt wird wie in anderen europäischen Ländern jährlich verabschiedet. Er beinhaltet alle öffentlichen Einnahmen und Ausgaben und setzt Richtlinien für

Die Zukunft des Fürstentums: Albert, Caroline und ihre Kinder.

die Wirtschafts- und Finanzpolitik des Fürstentums fest. Darüber hinaus schließt er alle Ausgaben, die mit dem königlichen Haushalt, also mit dem Fürsten und seiner Familie, zusammenhängen, ein. Nach Artikel 40 der

Der Kronprinz ist ein begeisterter Anhänger des Wintersports.

Verfassung haben die zur Bestreitung des königlichen Haushalts bewilligten Beträge Vorrang vor allen Ausgaben des allgemeinen Haushaltsplanes. Sogar in einer schweren Wirtschaftskrise stünde der ihm bewilligte Betrag im Fürstentum an erster Stelle.

Artikel 88 besagt schließlich, daß der Fürst mit der Justizgewalt ausgestattet ist, die er an Gerichtshöfe und Gerichte weiterleitet. Daher ist das Prinzip der Gewaltenteilung, eine demokratische Vorsichtsmaßnahme, die Voltaire und Rousseau zu verdanken ist, in dem Fürstentum nur ein unbedeutender Kompromiß. In Wirklichkeit genießt Fürst Rainier eine Macht, um die ihn viele Staatsoberhäupter beneiden würden. Es ist jedoch sein Verdienst, daß er seinen Mitbürgern bisher nie einen Anlaß zur Beschwerde gegeben hat.

Auch innerhalb der Familie ist die Autorität des Souveräns unumschränkt. Das Erbfolgegesetz (Artikel 10 bis 16 der Verfassung) legt fest: „Der Thron von Monaco wird innerhalb der gesetzlichen Nachfolge des Fürsten nach dem Erstgeburtenrecht vererbt, wobei die männlichen Nachfolgen Vorrang genießen. Die Nachfolge kann der Souverän auch einem adoptierten Kind und seinen Abkommen übergeben, wenn kein legitimer Nachfolger geboren wurde." Diese vage Bestimmung gibt dem Fürst beträchtliche Freiheiten. Tatsächlich wurde dieses Prinzip ja schon einmal 1918 unter Beweis gestellt, als Fürst Albert I. seinem Erben, Ludwig II., erlaubte, seine leibliche Tochter Charlotte Louvet zu adoptieren.

Diese konstitutionelle Übereinkunft, einzigartig unter europäischen Monarchien, ist im Fall von Prinzessin Stephanie und ihrer Nachkommen von besonderer Bedeutung. Ihr unehelicher Sohn Louis Ducruet ist gegenwärtig von der Nachfolge seines Großvaters bzw. Onkels ausgeschlossen. Würde jedoch Prinz Albert keine Nachkommen hinterlassen und die Kinder von Prinzessin Caroline auf ihre Thronansprüche verzichten, hätten Prinz Rainier oder sein Sohn Albert, der derzeitige Thronerbe, das Recht, Louis Ducruet zu adoptieren und ihn zum Fürsten Louis III. von Monaco zu ernennen.

Es ist durchaus möglich, daß Fürst Rainier eines Tages einer seiner Töchter einen Titel verleihen wird. 1951 erhielt seine Schwester, Prinzessin Antoinette, den Titel Baronin von Massy. Ihre drei Kinder, Elisabeth, Christian und Christine, tragen nach dem Vornamen den Titel Baron bzw. Baronin von Massy.

Die Frage der Titel in der Fürstenfamilie ist sehr komplex. Alle, die den Namen Grimaldi von Geburt an, durch Heirat oder Adoption tragen, besitzen gleichzeitig den Titel Prinz oder Prinzessin von Monaco. Sie haben das Recht, als Durchlaucht bezeichnet zu werden. Der älteste Sohn und Erbe trägt den Titel Kronprinz. In diesem Zusammenhang beinhalten die umfangreichen Befugnisse, die dem Fürsten verfassungsgemäß zustehen, auch die vollständige Kontrolle über die Titel seiner Verwandten. Artikel 16 legt fest, daß Orden, Titel und andere Auszeichnungen vom Fürsten verliehen werden. Diese Verfügung ermöglichte es vor 40 Jahren, Prinz Rainiers Schwester zur Baronin von Massy zu ernennen. Der Kronprinz ist gleichzeitig Marquis von Baux. Der Fürst ist nicht nur befugt, den Kindern und Mitgliedern seiner Familie Titel zu verleihen, sondern kann sie ihnen auch nach eigenem Gutdünken wieder entziehen.

Schon lange sagt man, daß der Fürst von Monaco in Europa – oder vielleicht sogar weltweit – der Monarch mit den meisten Titeln ist. Dieses Übermaß an Titeln, das die Grimaldis beanspruchen, muß jedoch im Zusammenhang gesehen werden.

Als Ergebnis glänzender ehelicher Verbindungen mit dem gehobenen französischen Adel haben die Fürsten von Monaco über Jahrhunderte hinweg eine Anzahl von Titeln erworben, die – mit Zustimmung der Könige von Frankreich – in das Erbe eingingen. Herzog von Valentinois, von Estouteville, von Mazarin, von Mayenne; Prinz von Château-Porcien, Marquis von Baux und von Chilly, Graf von Carladès, Thorigny, Ferette, Belfort, Longjumeau, Than und Rosemont; Baron von Buis, Altkirch und Saint Lô, Lord von Saint-Rémy, Matignon und Isenheim: diese Titel unterliegen dem französischen Gesetz.

Auf diesem Gebiet ist das französische Gesetz jedoch besonders streng. Da französische Titel nur mit Zustimmung des Staatsoberhauptes an die weibliche Linie weitergegeben werden dürfen, werden sie offiziell als erloschen angesehen und tauchen in keinem Aristokratenbuch auf. Und tatsächlich ist schwer zu verstehen, wie Fürst Rainiers Mutter, Prinzessin Charlotte, die nicht nur weiblichen Geschlechts war, sondern auch aus einem unehelichen Verhältnis stammte, diese Titel geerbt und sogar an ihren Sohn weitergegeben haben kann. Nach französischem Recht besitzt der Fürst von Monaco, abgesehen von den rein monegassischen Titeln, nur den seines Vaters, Graf von Polignac.

Trotzdem trägt die Fürstenfamilie weiterhin einige dieser Titel. Als Prinzessin Charlotte auf ihr Thronrecht verzichtete, wurde sie zur Herzogin von Valentinois ernannt. Verfechter des französischen Adelsgesetzes betrachten diese Titel im allgemeinen als monegassische Schöpfungen. Das Land und die Regierung haben jedoch nie irgendwelche Einwände erhoben.

Die Fürstenfamilie

Die Geburt des Sohnes von Prinzessin Stephanie kennzeichnet ein neues Kapitel in der Geschichte der Fürsten von Monaco. Die Geschichte der Grimaldis liest sich im Grunde genommen eher wie ein Liebesroman. Schon im 17. und 18. Jahrhundert waren die unruhestiftenden Liebschaften in der Familie aufsehenerregend. Eine Prinzessin war Mätresse von Ludwig XIV. Eine weitere verließ ihren Ehemann, den Palast und das Fürstentum und suchte ihr Glück bei einem Prinzen von Condé, den sie am Ende auch heiratete. In jüngerer Vergangenheit hat das ereignisreiche und wechselhafte Familienleben ausreichend Stoff für die Presse geliefert. Am 9. April 1956 ging die Meldung einer Hochzeit zwischen Fürst Rainier und Grace Kelly, einer der berühmtesten amerikanischen Kinostars, über Zeitschriften, Radio und sogar Fernsehen durch die Welt. Dieser Tag stellte den Beginn einer Beziehung zwischen den Grimaldis und der Presse dar, die von Monaco ein utopisches Bild als Märchenland, regiert von einem eleganten Fürsten, zeichnete. Dieses Bild wurde abgerundet durch die Geburten von Prinzessin Caroline 1957, Kronprinz Albert 1958 und Prinzessin Stephanie 1965. Erst Prinzessin Caroline erzeugte die ersten Mißtöne.

Skandalprinzessin Stephanie.

Von ihrem 16. Lebensjahr an wurde Caroline mit ihrer nicht zu leugnenden Schönheit, ihrer Spontaneität und Lebensfreude weltweit ein beliebtes Ziel der Paparazzi, und wegen ihres lebhaften Verhaltens stellte sie eine beliebte Zielscheibe der Kritik dar. Nach einer behüteten Kindheit begann sie ein Studium der politischen Wissenschaften in Paris und wechselte dann zur Psychologie.

Obwohl sie eine vielversprechende Studentin war, verließ sie 1978 die Universität, als ihr die Liebe in Gestalt Philippe Junots, eines charmanten Junggesellen, der 17 Jahre älter als sie war, begegnete. Trotz des Widerstandes ihrer Eltern blieb Caroline hartnäckig. Und am 29. Juni des gleichen Jahres wurde Ihre Durchlaucht Prinzessin Caroline von Monaco in Anwesenheit zahlreicher Photographen, Schauspieler und einiger königlicher Hoheiten Frau Philippe Junot.

Die Flitterwochen waren kurz und alles andere als süß. Caroline war jung und unreif und hatte das große Verlangen, der Eingeengtheit des Familienkreises zu entkommen. Ohne zu überlegen war sie dem Charme eines Mannes erlegen, der sich selbst seiner Wahl nicht sicher war. Ihre Scheidung zwei Jahre nach der Hochzeit war zweifelsohne eine der härtesten Zerreißproben, die Fürstin Gracia je hatte ausstehen müssen. Ihre tiefe religiöse Überzeugung, ihr Glaube und Pflichtgefühl wurden durch das Scheitern der Ehe ihrer ältesten Tochter sehr verletzt. Die mütterliche Zuneigung war dennoch stärker.

Die zweite Ehe, mit Stephano Casiraghi, endete noch tragischer. Der in Italien geborene Geschäftsmann wurde im September 1989 bei einem Unfall mit einem Rennboot getötet. Aus dieser sechsjährigen Ehe gingen drei Kinder hervor, 1984 wurde Andréa geboren, 1986 Charlotte und 1987 Pierre. Die Kinder tragen keine Titel und haben kein Recht auf die Thronfolge. Sollte der Kronprinz jedoch Junggeselle bleiben, ist es denkbar, daß seine ältere Schwester und nach ihr die Kinder die Ahnenreihe auf dem Thron eines Tages fortsetzen. In der Verfassung steht nichts, was sie daran hindern könnte.

Ein Jahr vor Carolines Hochzeit hatte ein tragisches Ereignis die Familie Grimaldi und das gesamte Fürstentum in Trauer versetzt. Im Spätsommer 1982 wurde Fürstin Gracia bei einem Autounfall tödlich verletzt, als sie die Grande Corniche hinunterfuhr. Es war seltsamerweise die gleiche Straße, auf der sie fast 30 Jahre zuvor mit Cary Grant einen der berühmtesten Filme Alfred Hitchcocks, „Über den Dächern von Nizza“, drehte.

Mit dem Tod von Fürstin Gracia schien das Glück Monaco zu verlassen. Seit diesem traurigen Ereignis veröffentlichen spezielle Magazine regelmäßig Exklusivberichte über Fürst Rainiers flüchtige Bekanntschaften mit Prinzessinnen und mysteriösen fremden Damen. Seine Durchlaucht hat jedoch offenbar nicht die Absicht, ein zweites Mal zu heiraten. Der Fürst widmet einen Großteil seiner Zeit dem Land und der Familie. Unter seiner Herrschaft hat sich Monaco zu einem industriellen Unternehmen entwickelt. Als Geschäftsmann, mit Abschlüssen der besten französischen, schweizerischen und englischen Schulen, hat Rainier III. seine Bemühungen zielstrebig darauf ausgerichtet, sein Land in einen modernen Staat umzuformen. Er begann mit der Tourismusindustrie, mit dem Bau eines Hafens und neuer Strände, verbesserte die Hotelinfrastruktur und schuf vor allem ein herausragendes Sicherheitssystem. Anfang der sechziger Jahre richtete der Prinz seine Aufmerksamkeit auf die weiterverarbeitende Industrie und förderte die Mühlen, die Keramik, die Bekleidung und das Druckwesen.

Seit dem Tod ihres zweiten Ehemannes führt Prinzessin Caroline ein ruhiges Leben.

Die Archive mit den Niederschriften des Fürstentums berichten von einer schweren, zwischen zwei Elternteilen zerrissenen Kindheit, deren aus Vernunftgründen geschlossene Ehe alles andere als glücklich verlief. Schon in jungen Jahren verließ der Thronerbe das Land, um die bekannten Schulen Summerfield und Stowe in England zu besuchen. Er kehrte kurz vor Ausbruch des Zweiten Weltkriegs nach Frankreich zurück, nachdem er einen Teil seiner Jugend an der berühmten Rosey-Schule in der Schweiz verbracht hatte. Er studierte an den Universitäten von Montpellier und Paris. 1939 trat er in die französische Armee ein und erhielt 1947 für seine Dienste das Kreuz der Ehrenlogion.

In seiner Jugend boxte er gern, und auch heute noch ist er ein begeisterter Sportler. Trotz seines übervollen Terminkalenders sieht man ihn regelmäßig unter den Zuschauern bei den Grand-Prix-Rennen der Formel I in Monte Carlo und bei den Tennisturnieren. Wie alle Grimaldis ist er ein hervorragender Segler. Er besitzt eine Jacht, mit der er oft auf dem Mittelmeer segelt. Außerdem engagiert er sich stark für das von seinem Großvater gegründete ozeanographische Museum. Er besucht regelmäßig seinen Besitz in Machais an der Aisne. Die Ländereien, die er von seiner Mutter, Prinzessin Charlotte, geerbt hat, sind die einzigen, die von dem beträchtlichen, im Laufe der Jahrhunderte von den Grimaldis angeeigneten französischen Besitztümern übriggeblieben sind. Sie umfassen ein Schloß aus dem 17. Jahrhundert und ein wunderschönes Jagdschloß, wo er seiner Leidenschaft zur Jagd nachgehen kann.

Die Wiederbelebung der Kunst wird häufig Fürstin Gracia und ihrer ältesten Tochter zugeschrieben, jedoch sollte auch die bedeutende Rolle, die Fürst Rainier in diesem Bereich gespielt hat, nicht unterschätzt werden. Er schuf vor einigen Jahren den Fürst-Rainier III.-Literaturpreis, vielleicht in Erinnerung an die Lyrik, die er selbst als junger Mann geschrieben hatte. Der Fürst beteiligte sich auch aktiv am Umbau der Nationaloper, an der Gründung des Fernsehens und am Zirkusfestival.

Louis Ducruet und seine Mutter.

Eine kulturelle Bereicherung für das Fürstentum sind auch die zwei Projekte, die Fürst Rainier privat fördert und die mittlerweile unter staatlicher Aufsicht stehen: der Privatzoo im Palastgarten und die Sammlung von Weinernteautos. Der Zoo ist bereits für Besucher geöffnet, und der Fürst würde es gern sehen, wenn in Zukunft auch seine gepflegte Autosammlung für die Öffentlichkeit zugänglich sein würde. Schließlich gibt es einen Bereich, an dem Fürst Rainier besonders interessiert ist – die Vorbereitung Alberts, des Kronprinzen, auf seine zukünftigen Aufgaben.

Von diesem jungen Mann wird immer wieder gesagt, daß „er in jeder Hinsicht gut ist", ein Traumsohn für jede Mutter. Im Vergleich zu seinen eher auffälligen Schwestern besitzt er sicherlich eine sehr

Gracia und Rainier empfingen hohe Persönlichkeiten aus der ganzen Welt: Prinz Philip Herzog von Edinburgh.

klare Persönlichkeit. Anders als die der Prinzessinnen Caroline und Stephanie war seine Schul- und Universitätsausbildung in allen Bereichen konventionell. Nachdem er in Monaco die Schule besucht hatte, trat er nach der alten Familientradition der französischen Marine als Kadett bei. Nach einer mehrmonatigen Fahrt auf der „La Jeanne" belegte er an der amerikanischen Universität von Amherst in Massachusetts politische Wissenschaften, Deutsch und Kunstgeschichte. In Anwesenheit seiner Mutter, Fürstin Gracia, und seiner beiden Schwestern erhielt er 1981 seinen Abschluß. Schließlich absolvierte er einige Monate lang bei einer amerikanischen Bank in New York ein Praktikum, bei dem er die Grundzüge des Bank- und Immobiliengewerbes erlernte. Insgesamt gesehen genoß er eine überaus konventionelle Erziehung.

Seit einigen Jahren widmet der Kronprinz den überwiegenden Teil seiner Zeit dem Fürstentum und ist sich der ihm von seinem Vater übertragenen Verantwortung bewußt. Seit dem Tod seiner Mutter ist er außerdem Vorsitzender des Roten Kreuzes von Monaco. Das einzige Fragezeichen in der Zukunft des Prinzen ist seine Heirat. Lange Zeit ging das Gerücht, daß Fürstin Gracia es gerne gesehen hätte, wenn er eine Prinzessin königlicher oder zumindest fürstlicher Abstammung heiraten würde. Der Prinz von Wales galt als gute Partie für seine Schwester, und den Prinzen beabsichtigte man, mit Lady Helen Windsor oder vielleicht mit einer spanischen Prinzessin zu verheiraten. Bis jetzt hat der Prinz mehr Interesse für amerikanische Fotomodelle und Schauspielerinnen gezeigt, so daß die Spekulationen der Presse sich sehr gut als falsch erweisen können. Vielleicht wird die Weltpresse eines Tages eine Wiederholung der aufsehenerregenden Liebesgeschichte zwischen Grace und Rainier verkünden. Zur Zeit scheint der Prinz allerdings genauso im dunkeln zu tappen wie wir.

Wenn Albert als folgsamer Sohn und Caroline als schöne Märchenprinzessin galten, so wurde Ihre Durchlaucht Prinzessin Stephanie von Monaco zweifellos als das häßliche Entlein dargestellt. Reporter hatten immer viel an der Kleinen der Familie auszusetzen. Bis zu ihrem 18. Lebensjahr wurden ihre Disziplinlosigkeit, ihre unzulänglichen Schulleistungen und ihre, gemessen an den an sie gestellten Erwartungen, unkonventionelle Kleidung von der Öffentlichkeit und der Presse nachsichtig, teilweise sogar amüsiert beurteilt. Bis dahin hatte das jüngste Kind Fürst Rainiers und Fürstin Gracias wenig getan, um sein Image aufzubessern.

Ihr beruflicher Werdegang verlief alles andere als geradlinig. Nicht unmittelbar an einer herkömmlichen Universitätsausbildung interessiert, verließ die Prinzessin die Schule und hatte die Ambition – die von vielen jungen Mädchen geteilt wird –, in die Welt der Mode einzutreten. In ihrem Fall befanden sich Freunde ihrer Mutter in der richtigen Position und halfen ihr dabei, den Traum zu verwirklichen. Marc Bohan, langjähriger Direktor von Christian Dior, war ein alter Freund der Fürstenfamilie. Er bot Stephanie einen Platz in seinem Team an, und sie konnte einige Monate lang in dem führenden Modehaus Dior in der Avenue Montaigne Erfahrungen sammeln. In dieser Zeit wurden ihre Professionalität, ihr Verhalten und ihre Arbeit einhellig von ihren Arbeitskollegen gelobt. Am Ende der Ausbildung eröffnete Stephanie selbst ein Geschäft mit einer Badekollektion, die sie in Zusammenarbeit mit ihrem Freund, Alix de la Comble, entworfen hatte. Diese erste Kollektion mit dem gleichen Namen wie ihr Unternehmen „Pool position" fand großen Anklang.

Um den Verkauf ihrer Kollektion zu fördern, nahm Stephanie sogar ein Angebot des berühmtesten Modemagazins in Frankreich, „Elle", an und ließ sich in ihrer eigenen Kollektion abbilden. Gerüchten zufolge fand dieser Schritt nicht die ungeteilte Zustimmung Fürst Rainiers.

Nach diesem ersten Unternehmen entschloß sich Stephanie, noch einen Schritt weiter in das künstlerische Leben einzudringen. Ihre erste Schallplatte „Ouragan" kam sehr schnell unter die ersten 50 der Top Charts und war in ganz Europa einen Sommer lang in aller Munde. Die nächste Schallplatte war weniger erfolgreich. Stephanie zog in die Vereinigten Staaten, wo sie hoffte, ihre Fähigkeiten mit Gesangs- und Tanzunterricht zu verbessern. Leider endete dort auch ihre musikalische Karriere.

In den letzten 10 Jahren mußte Fürst Rainier die Last der Verantwortung allein tragen.

Unterdessen hatten Reporter und Photographen die Welt über die verschiedenen Liebesgeschichten der Prinzessin auf dem laufenden gehalten. Paul Belmondo, Sohn des berühmten französischen Filmschauspielers, war ihre erste Liebe. Er war ein ruhiger, guterzogener junger Mann, der ihr zweifellos half, das psychologische und emotionale Gleichgewicht, das seit dem Tod ihrer Mutter erheblich gestört war, wiederzufinden. Diese Romanze währte jedoch nicht sehr lange, da Stephanie das Abenteuer einer beständigen Liebe vorzog. Ihr zweiter Liebhaber war ebenfalls eng mit dem französischen Kino verbunden. Anthony war ebenfalls der Sohn eines berühmten Schauspielers, Alain Delon. Diskrete Spaziergänge in den Gärten des Fürstenpalastes und intime Restaurantbesuche wurden schon bald abgelöst von Besuchen in Diskotheken und Nachtclubs. Auch diese Liebesgeschichte hielt nur einige Monate. Die nächste Affäre, mit einem weiteren Kinostar, dem amerikanischen Schauspieler Rob Low, war sogar noch kürzer.

Ende der achtziger Jahre fiel eine neue Leibwache in der Begleitung der unbeständigen Prinzessin auf. Als angehender Schwiegersohn war Mario Jutard weit vom Ideal entfernt. Seine Schwierigkeiten im Privatleben und der unbestimmte berufliche Werdegang standen kaum in Einklang mit den Vorstellungen der Fürstenfamilie Grimaldi. Stephanie lebte jedoch mehrere Monate mit ihm in den Vereinigten Staaten zusammen. Die Prinzessin war sehr verliebt und ließ ihren Verlobten sogar in einem Videoclip auftreten. Kurze Zeit später wurde jedoch Mario Jutard gegen den amerikanischen Musikproduzenten Ron Bloom ausgetauscht. Man weiß nicht, ob Fürst Rainier ihn eine Zeitlang als möglichen zukünftigen Ehegatten seiner Tochter betrachtete, aber im Gegensatz zu anderen Kandidaten wurde er einige Male in Begleitung der Fürstenfamilie in Monaco gesehen und sogar zum jährlichen Zirkusfestival und anderen Ausstellungen im Fürstentum eingeladen.

Doch es sollte noch schlimmer kommen. 1989 gab Prinzessin Stephanie die Verlobung mit Jean-Yves Le Fur bekannt. In einem Pariser Moderestaurant fand eines Abends ein Empfang statt, an dem einige Mitglieder der Familie Grimaldi teilnahmen. Offizielle Photographien wurden aufgenommen. Stephanie zeigte stolz und vergnügt ihren Verlobungsring und turtelte zärtlich mit ihrem Geliebten. Diese Liebesgeschichte dauerte auch nicht lange. Jean-Yves Le Fur verschwand ohne Aufhebens von der monegassischen Bildfläche und aus dem Leben der Prinzessin.

Stephanie lebte sodann mit einer anderen ehemaligen Leibwache, Daniel Ducruet, zusammen und wurde im Dezember 1992 Mutter ihres Sohnes Louis. Zur Zeit scheint ihre Karriere als Künstlerin in der Schwebe zu hängen.

Seit Jahren suchen Psychologen und Journalisten nach den Gründen für die Aufsässigkeit und Unangepaßtheit von Stephanie. Das Trauma, den tragischen Tod ihrer Mutter miterlebt zu haben, wird am häufigsten angeführt. Läßt sich damit die Unbeständigkeit des schwarzen Schafes der Familie Grimaldi erklären? Die Zeit allein kann eine Antwort darauf geben.

Fürst Rainier selbst scheint sich unklar über seine Position zu sein. Die Medien hoben schon bald hervor, daß er seine jüngste Tochter nicht im Krankenhaus besuchte, als sie sein viertes Enkelkind zur Welt brachte.

Im Gegensatz zu ihm nahm seine Schwester, Prinzessin Antoinette, die Mühe auf sich und gratulierte ihrer Nichte persönlich. Die Meinungen über dieses Mitglied der Für-

Ideale Harmonie zwischen Vater und Sohn.

stenfamilie sind geteilt. Zweifelsohne ist Prinzessin Antoinette im Fürstentum sehr beliebt. Bis zum Erscheinen von Fürstin Gracia führte sie die schwere Aufgabe der First Lady hervorragend aus. Nachdem sie bei kulturellen Veranstaltungen, Bällen und offiziellen Eröffnungen immer an der Seite ihres Bruders gestanden hatte, hieß es, daß sie diesen Platz nur ungern für ihre Schwägerin räumte. Ihr Privatleben gibt einen aufschlußreichen Einblick in ihre Charakterstärke und Persönlichkeit. Ihre erste Ehe mit dem monegassischen Anwalt und hervorragenden Tennisspieler Alexandre Noguès wurde 1951 geschlossen. Aus dieser Ehe gingen drei Kinder hervor, Elisabeth, Christian und die 1989 verstorbene Christine. Nach drei Jahren ließ sich Prinzessin Antoinette scheiden. 1961 heiratete sie Charles Rey. Diese Ehe, die 1973 ebenfalls geschieden wurde, blieb kinderlos. 1983 heiratete Prinzessin Antoinette schließlich ein drittes Mal – den zehn Jahre jüngeren Tänzer John Gilpin. Diese Ehe war sogar noch kürzer als die vorherige, da John Gilpin einige Wochen nach der Hochzeit einem Herzanfall erlag. Um sie zu trösten, scharte sich die gesamte Familie um sie – mit einer Ausnahme -, und diese Ausnahme war ihr eigener Sohn, Baron Christian de Massy.

Einige Jahre zuvor hatte der Baron jeglichen Kontakt mit Monaco und der Familie abgebrochen. In „Palace", einem Buch, das Anfang der achtziger Jahre veröffentlicht wurde, offenbarte er die Kehrseite der Familie und des politischen Lebens in Monaco. Seine Berichte, die nicht immer schmeichelhaft waren für seine Mutter und seinen Onkel, bieten sicherlich eine Erklärung für die darauf folgende Entfremdung. Die einzige Person, die sein Wohlwollen fand, war seine Tante, Fürstin Gracia.

Albert: Monacos Zukunft im 21. Jahrhundert.

Oberhäupter nicht mehr herrschender Königs- und Kaiserhäuser

von François Billaut

In geschichtlicher Reihenfolge:

Das französische Königshaus

Kapetinger Dynastie, ab 888 mit Eudes König der Franken und ab 987 König von Frankreich.
Ein Zweig der Dynastie Bourbon-Orléans.
Henri, Graf von Paris; Oberhaupt des französischen Königshauses.
Rechtlicher Titel: Henri VI., König von Frankreich und Navarra.

Seine Königliche Hoheit, Graf von Paris, vor dem Portrait des Ahnherren, König Ludwig XIII.

Der Graf von Paris wurde am 5. Juli 1908 auf Schloß Nouvion-en-Thiérache an der Aisne geboren. Am 8. April 1931 heiratete er in Palermo Prinzessin Isabelle von Orléans und Braganza. Aus der Ehe gingen elf Kinder hervor. Beim Tode seines Vaters, Jean von Orléans, Herzog von Guise, wurde er am 24. August Oberhaupt des französischen Königshauses.

Das österreichische Kaiserhaus

Habsburg-Lothringische Dynastie. 1276 Beginn der Herrschaft über Österreich (Habsburg), 1439 über Ungarn (Habsburg); ab 1804 erbliches Kaiserhaus (Habsburg-Lothringen).
Otto, Erzherzog von Österreich; Oberhaupt des Kaiserhauses von Österreich und Königshauses von Ungarn.
Rechtlicher Titel: Otto I., Kaiser von Österreich, König von Ungarn, Böhmen etc.

Seine Kaiserliche und Königliche Hoheit, Erzherzog Otto von Österreich.

Erzherzog Otto wurde am 20. November 1912 in Reichenau, Österreich, geboren. Er ist der Sohn der letzten österreichischen Souveräne, Kaiser und König Karl und Kaiserin und Königin Zita. Beim Tode seines Vaters am 1. April 1922 wurde er Oberhaupt des Kaiser- und Königshauses. Am 10. Mai 1951 heiratete er in Nancy Prinzessin Regina von Sachsen-Meiningen; sie haben sieben Kinder.

Das portugiesische Königshaus

Kapetinger Dynastie. 1112 von Alphons I. gegründet.
Das Haus von Braganza entstand aus dem Burgunder Zweig.
Duarte, Herzog von Braganza; Oberhaupt des portugiesischen Königshauses.
Rechtlicher Titel: Duarte III., König von Portugal und der Algarve.

Der Herzog von Braganza wurde am 15. Mai 1945 in Bern, Schweiz, geboren und beim Tode seines Vaters, Duarte von Braganza, Herzog von Braganza, am 24. Dezember 1976 Oberhaupt. Das portugiesische Königshaus ist ein Zweig des Kapetinger Hauses, das von König Robert II. von Frankreich gegründet wurde.

Seine Königliche Hoheit Dom Duarte von Portugal.

Das russische Kaiserhaus

Dynastie Romanov (Oldenburg-Holstein-Gottorp).
1613 Beginn der Herrschaft als Zaren.
Maria Wladimirovna, Großfürstin von Rußland; Oberhaupt des russischen Kaiserhauses.
Rechtlicher Titel: Maria I., Kaiserin und Oberste Herrscherin aller Russen.

Großfürstin Maria Wladimirovna wurde am 23. Dezember 1953 in Madrid geboren. Am 22. September heiratete sie in Madrid Prinz Franz-Wilhelm von Preußen, der den russisch-orthodoxen Glauben annahm sowie den Titel Großherzog Michel Pavlovitch von Rußland. Sie haben einen Sohn, Großfürst Georg Mikhailovitch von Rußland. Großherzogin Maria Wladimirovna wurde am 21. April beim Tode ihres Vaters, Großfürst Wladimir Kirilovitch, Oberhaupt des Kaiserhauses.

Ihre Kaiserliche Hoheiten Großherzogin Maria von Rußland und ihr Sohn.

Das deutsche Kaiserhaus

Hohenzollern-Dynastie. 1701 König in Preußen, 1742 König von Preußen, 1871 deutscher Kaiser.

Louis-Ferdinand, Prinz von Preußen; Oberhaupt des deutschen Kaiserhauses und preußischen Königshauses. Rechtlicher Titel: Louis Ferdinand I., deutscher Kaiser, König von Preußen.

Prinz Louis-Ferdinand von Preußen, seine Schwiegertochter Prinzessin Donata und Kronprinz Georg-Friedrich.

Prinz Louis-Ferdinand wurde am 9. November 1907 im Marmorpalast in Deutschland geboren, als sein Großvater Kaiser Wilhelm II. regierte. Am 2. Mai 1938 heiratete er Großherzogin Kyra Kyrilovna von Rußland, die bis 1967 an seiner Seite lebte. Aus dieser Ehe stammen sieben Kinder. Am 20. Juli 1951 wurde er beim Tode seines Vaters, des Kronprinzen Wilhelm, Oberhaupt des Kaiser- und Königshauses.

Das Königshaus beider Sizilien

Kapetinger Dynastie. Karl von Bourbon, 1735 König. Sizilianischer Zweig der Bourbonen.
Ferdinand, Herzog von Castro; Oberhaupt des Hauses beider Sizilien.
Rechtlicher Titel: Ferdinand IV., König beider Sizilien.

Der Herzog von Castro wurde am 28. Mai 1926 auf Schloß Podzamczé in Polen geboren. Am 25. Juli 1949 heiratete er in Giez in den Savoyen Chantal de Chevron-Villette; aus dieser Ehe stammen drei Kinder. Er wurde beim Tode seines Vaters, Rénier von Bourbon-Sizilien, am 16. Januar 1973, Oberhaupt des Hauses beider Sizilien.

Seine Königliche Hoheit Prinz Ferdinand von Bourbon beider Sizilien, Herzog von Castro.

Das italienische Königshaus

Savoyen-Dynastie. 1713 König von Piemont und Sardinien, 1861 König von Italien.
Victor Emmanuel, Prinz von Neapel; Oberhaupt des italienischen Königshauses.
Rechtlicher Titel: Victor Emmanuel IV., König von Italien.

Der Prinz von Neapel, Sohn von König Umberto II. und Königin Marie-José von Italien, wurde am 12. Februar 1937 in Neapel geboren. Am 7. Oktober 1971 heiratete er in Teheran Marina Doria. Der Prinz und die Prinzessin von Neapel haben einen Sohn, Emmanuel Filiberto, Prinz von Venedig, geboren am 22. Juni 1972. Der Prinz von Neapel wurde beim Tode seines Vaters am 18. März 1983 Oberhaupt des Königshauses.

Ihre Königlichen Hoheiten, der Prinz von Neapel, die Prinzessin und ihr Sohn, Prinz von Venedig.

Das französische Kaiserhaus

Napoleon-Bonaparte-Dynastie. Napoleon I., 1804 Kaiser.
Louis, Prinz Napoleon; Oberhaupt des französischen Kaiserhauses.
Rechtlicher Titel: Napoleon VII., Kaiser der Franzosen.

Prinz Napoleon wurde am 23. Januar 1914 in Brüssel geboren. Beim Tode seines Vaters, Prinz Victor Napoleon, wurde er am 3. Mai 1926 Oberhaupt des Kaiserhauses. Am 16. April 1949 heiratete er Alix de Foresta; sie haben vier Kinder. Durch seine Mutter, die ehemalige Prinzessin Clementine von Belgien, Urenkelin von Louis Philippe I., König von Frankreich, ist Prinz Napoleon außerdem ein Nachkomme der Könige

Seine Kaiserliche Hoheit Prinz Napoleon.

Das Königshaus von Bayern

Wittelsbacher Dynastie. Kurfürst, 1805 König.
Albrecht, Herzog von Bayern; Oberhaupt des bayerischen Königshauses.
Rechtlicher Titel: Albrecht I., König von Bayern.

Der Herzog von Bayern wurde am 3. Mai 1905 in München während der Herrschaft seines Großvaters, König Ludwig III., geboren. Aus seiner Ehe mit Gräfin Marie Draskovich von Trakostjan, verstorben 1969, gingen vier Kinder hervor. Herzog Albrecht wurde beim Tode seines Vaters, Kronprinz Rupprecht, am 2. August 1955, Oberhaupt des bayerischen Königshauses.

Das Königshaus von Württemberg

Württemberger Dynastie. Herzog, dann Kurfürst von Württemberg, 1805 König.
Karl, Herzog von Württemberg; Oberhaupt des Königshauses von Württemberg.
Rechtlicher Titel: Karl II., König von Württemberg.

Der Herzog von Württemberg wurde am 1. August 1936 auf Schloß Friedrichshafen geboren. Am 21. Juli 1960 heiratete er auf Schloß Althausen Prinzessin Diane von Frankreich; das Paar hat sechs Kinder. Beim Todes seines Vaters, Herzog Philip, wurde er am 15. April 1975 Oberhaupt des Hauses Württemberg.

Das Königshaus von Sachsen

Sachsen-Dynastie. Kurfürst von Sachsen, 1806 König.
Marie Emmanuel, Markgraf von Meissen; Oberhaupt des Königshauses von Sachsen.
Rechtlicher Titel: Marie Emmanuel I., König von Sachsen, Markgraf von Meissen.

Der Markgraf von Meissen wurde am 31. Januar 1926 auf Schloß Prufening geboren. Am 23. Juni 1962 heiratete er Prinzessin Anastasia-Louise von Anhalt. Ihre Ehe blieb kinderlos, und die anderen Prinzen und Prinzessinnen haben ihre dynastischen Rechte auf Grund nicht standesgemäßer Ehen verloren.

Das Königshaus von Hannover

Brunswick-Lüneburger Dynastie. Herzog von Brunswick und Lüneburg, 1815 König von Hannover.
Ernst August, Prinz von Hannover, Herzog von Brunswick und Lüneburg; Oberhaupt des Königshauses von Hannover.
Rechtlicher Titel: Ernst August V., König von Hannover, Herzog von Braunschweig und Lüneburg.

Der Prinz von Hannover wurde am 26. Februar 1954 in Hannover geboren. Am 28. August 1981 wurde die Ehe mit Chantal Hochuli geschlossen, die vom Oberhaupt des Hauses als gültig anerkannt wurde. Er wurde beim Tode seines Vaters, Ernst August IV., am 9. Dezember 1987, Oberhaupt des Hauses Hannover.

Das jugoslawische Königshaus

Karageorgevitch-Dynastie. 1842 Fürst von Serbien, 1903 König, 1929 König von Jugoslawien.
Alexander, Prinz von Jugoslawien; Oberhaupt des Hauses von Jugoslawien.
Rechtlicher Titel: Alexander II., König von Jugoslawien.

Prinz Alexander von Jugoslawien wurde am 17. Juli 1945 als einziger Sohn von König Peter II. von Jugoslawien in London geboren.
Beim Tode seines Vaters am 3. November 1970 wurde er Oberhaupt des Königshauses. Aus seiner Ehe mit Prinzessin Maria da Gloria d'Orleans und Braganza, die am 1. Juli 1972 geschlossen wurde, gingen drei Kinder hervor; die Ehe scheiterte und wurde 1985 annulliert. Am 21. September 1985 heiratete der Prinz Katherine Batis.

Seine Königliche Hoheit Prinz Alexander.

Das griechische Königshaus

Dynastie Schleswig-Holstein-Sonderburg-Glücksburg (Königshaus von Dänemark). 1863 König der Hellenen.
Constantin II., König der Hellenen, Prinz von Dänemark.

König Constantin wurde am 2. Juni 1940 als Sohn von König Paul I. (1901 – 64) und seiner Königin, Frederika von Hannover (1917 – 81) geboren. Nach dem Tode seines Vaters bestieg er den Thron und heiratete am 18. September 1964 seine Cousine, Prinzessin Anne-Marie von Dänemark.
Nach dem gescheiterten Versuch im Dezember 1967, die Militärdiktatur zu stürzen, mußte seine Familie das Land verlassen. 1973 wurde in Griechenland die Republik ausgerufen, und der König lebt jetzt im Exil in London. Aus seiner Ehe stammen drei Söhne und zwei Töchter.

Ihre Majestäten König Constantin und Königin Anne-Marie der Hellenen.

Das rumänische Königshaus

Dynastie Hohenzollern-Sigmaringen. Karl I. 1866 Fürst, 1881 König.
Michael I., König von Rumänien, Prinz von Hohenzollern.

König Michael von Rumänien wurde am 25. Oktober 1921 auf Schloß Foischor in Rumänien geboren. Er herrschte vom 20. Juli 1927 bis zum 8. Juni 1930 und vom 6. September 1940 bis zum 29. Dezember 1947, als er vom kommunistischen Regime zur Abdankung gezwungen wurde. Am 10. Juni 1948 heiratete er Prinzessin Anne von Bourbon Parma im Königspalast von Athen; sie haben fünf Töchter.

Ihre Majestäten König Michael und Königin Anne von Rumänien.

Das Königshaus von Montenegro

Dynastie Petrovitch-Niegosh. 1860 Prinz, 1910 König.
Nicolas, Prinz von Montenegro, Oberhaupt des Königshauses von Montenegro.
Rechtlicher Titel: Nicolas II., König von Montenegro.

Prinz Nicolas von Montenegro wurde am 24. Juli 1944 in Saint-Nicolas-de-Pelem in Côte-du-Nord geboren. Er ist Urenkel von König Nicolas I. (1841 – 1921). Beim Tode seines Vaters, Prinz Michael von Montenegro, wurde er Oberhaupt des Königshauses. Am 27. November 1976 heiratete er France Navarro; sie haben zwei Kinder.

Seine Königliche Hoheit Prinz Nicolas von Montenegro.

Das bulgarische Königshaus

Dynastie Sachsen-Coburg-Gotha. 1887 Souverän, 1908 König.

Simeon II. König der Bulgaren, Herzog von Sachsen. König Simeon, Sohn von König Boris III., wurde am 16. Juni 1937 in Sofia geboren. Er wurde beim Tode seines Vaters am 28. August 1943 zum König ernannt. Als am 9. September 1946 nach einem Volksentscheid durch die kommunistische Regierung die Republik ausgerufen wurde, verließ der König das Land. Am 21. Januar 1962 heiratete er Señorita Margarita Gomez Acebo y Cejuela in Vevey in der Schweiz; das Paar hat fünf Kinder.

Seine Majestät König Simeon der Bulgaren.

Das albanische Königshaus

Zogou-Dynastie. 1928 König.
Leka I., König der Albaner.

König Leka wurde am 5. April 1939 in Tirana als einziger Sohn von König Zog I. (1895 – 1961) und seiner Königin, der ehemaligen Gräfin Geraldine Apponyi von Nagy-Appony, geboren. Kurz nach dem Tode seines Vaters ernannte ihn eine albanische Nationalversammlung am 15. Mai 1961 im Exil zum König. Als Regierungsoberhaupt im Exil wurde er von Franco anerkannt. Am 10. Oktober 1975 heiratete er Susan Cullen Ward in Toledo; das Paar hat einen Sohn.

Seine Königliche Majestät König Leka von Albanien.